# 古典文獻研究輯刊

## 二二編

潘美月・杜潔祥 主編

## 第13冊

# 清代散見戲曲史料彙編

（方志卷・初編）（中）

趙興勤、趙韡 編

國家圖書館出版品預行編目資料

清代散見戲曲史料彙編（方志卷・初編）（中）／趙興勤、趙韡 編 — 初版 — 新北市：花木蘭文化出版社，2016〔民 105〕
目 58+170 面；19×26 公分
（古典文獻研究輯刊 二二編；第 13 冊）
ISBN 978-986-404-506-8（精裝）
1. 戲劇史 2. 史料 3. 清代
011.08　　105001919

ISBN-978-986-404-506-8
9 789864 045068

古典文獻研究輯刊
二二編　第十三冊　　ISBN：978-986-404-506-8

清代散見戲曲史料彙編（方志卷・初編）（中）

編　　者　趙興勤、趙韡
主　　編　潘美月　杜潔祥
總 編 輯　杜潔祥
副總編輯　楊嘉樂
編　　輯　許郁翎
企劃出版　北京大學文化資源研究中心
出　　版　花木蘭文化出版社
社　　長　高小娟
聯絡地址　235 新北市中和區中安街七二號十三樓
　　　　　電話：02-2923-1455／傳真：02-2923-1452
網　　址　http://www.huamulan.tw 信箱 hml 810518@gmail.com
印　　刷　普羅文化出版廣告事業
初　　版　2016 年 3 月
全書字數　上中下冊合計708 千字
定　　價　二二編 15 冊（精裝）新台幣 28,000 元

# 清代散見戲曲史料彙編

（方志卷・初編）（中）

趙興勤、趙韡 編

# 目次

## 中　冊

下　冊

# 浙　江

## （雍正）浙江通志

**【海鹽州新作大成樂記】**元·黄溍《海鹽州新作大成樂記》：古之釋奠，折俎升觴而已。其爲禮也略，故其用樂之始，莫得而詳。記曰：凡釋奠者，必有合也。説者或以合爲合樂，然則釋奠之有樂，其出於古歟？若其音節器數，則自漢儒未嘗言之。前史所載，元嘉之六佾，特施於太學；開元之宫懸，僅設於兩京。政和造雅樂名大晟，始頒行於天下，而紹興著令，郡邑釋奠，其樂三成。蓋至是而州縣學有事於先聖先師，無不用樂者矣。國家有因有革，存其聲音物器之舊，而變其稱號，以新一代之觀聽，其所謂大成樂是也。海鹽昔爲縣時，既立學而廟祀孔子，逮版圖入職方，朝廷以其地大人夥，易縣爲州，而廟學之制，猶循其故，禮具而樂缺，有司以吏議所不責，久置不講。至元元年夏四月，陳侯某來知是州，首務興舉學政。問其籍，則爲士者百家，爲田者萬畝；問其春秋之事，則有牲幣而無樂。侯爲之惕然，與僚佐諸儒共圖之。僉言儀真有周君者，善樂事，老而不仕，寓跡於雲間，欲正雅樂，非君不可。侯即俾持書幣迎致焉。君曰：樂以導和，不和不足爲樂。僕觀江淮間所用樂，雜出於伶人賤工之手，器不中法，音不中律，左右高下，參差混淆，惡足以致和哉？苟徒損厚費而飾虚文，僕弗爲也。侯曰：作樂以和神，惟君言是聽。君乃爲考其數度齊量，範金爲鐘，而協以古律管，彼此適均，吹其律而鐘自應，至於琴瑟，亦悉自製，惟笙磬之屬，擇善工使受指畫而爲之。集諸生三十有二人，教之肄習，而以明年春二月上丁合奏焉，在列者無不欣豫。於是教授陳陽翁以狀來屬予，書於麗牲之石，用垂永久。蓋古之設教，莫重於樂，非止用於釋奠也。侯之於樂，不但欲辨其鏗鏘，又必求通其義者相與討論之，可不謂知所本乎？諸君子從侯修其時事，周旋升降於堂序之間，必有聞其樂、知其德而鼓舞於鳶飛魚躍之下者矣。是舉也，有功於教，其道甚大，非徒備其闕典而已，可無書乎？（清・李衛：《（雍正）浙江通志》卷二十六，清文淵閣四庫全書本）

編者案：清・許瑤光《（光緒）嘉興府志》（清光緒五年刊本）卷九、卷八十二所載與此略同。

**【酒樓戲臺】**東樓、西樓。《（天啓）慈谿縣志》：東西郭皆有酒樓，東樓自東郭橋至接官亭，西樓乃今山川壇基，宋元以來皆爲戲臺，歌鼓之聲不斷。臺之四面皆樓，樓前商舶雲屯，往往於樓上宴樂。（清・李衛：《（雍正）浙江通志》卷四十三，清文淵閣四庫全書本）

**【寧波社夥】**《（嘉靖）寧波府志》：元日，設香楮、陳果醴，祀神祇宗祖。序拜尊長畢，出拜宗戚鄰里，謂之「賀歲」。里社祈年。元宵，各坊鄉之民，集眾祀里祠，設醮，誦經祈福，境內名雨水會。清明，各家爲青糍黑飯、牲醴祭墓，封土插竹，挂紙錢於顛。立夏，炊五色米，爲立夏飯。端午，爲角黍、駱駝蹄糕，祀其先，親戚各相饋遺。三伏，寺廟皆設醮，婦女走禮神佛。八月，各鄉祠廟爲會祀神，以龍舟競渡，謂之「報賽」，與各處端午競渡不同。九月，在城各坊，盡輿祠廟神像，遊行街市，導以兵仗綵亭、金鼓雜劇，各相競賽，觀者塞路，謂之「社夥」。（清・李衛：《（雍正）浙江通志》卷九十九，清文淵閣四庫全書本）

**【會稽歲時風習】**《（嘉泰）會稽志》：元旦男女夙興，家主設酒果以奠，男女序拜竣，乃盛服詣親屬賀，設酒食相款，曰「歲假」，凡五日乃畢。立春先一日，郡邑官寮畢出，迎春東郊，通衢遊觀，相飲樂。至期，用巫祝禱祠，謂之「作春」，亦曰「燒春」。元宵前二後三夕，比戶接竹棚懸燈，朱門華屋，出奇炫華，豪奢相矜。社日，鄉有社祭。三月二十八日，俗傳東嶽誕辰，蕭之蒙山、餘之黃山，皆有廟焉，男女競往燒香羅拜。大姓皆樓船載簫鼓，鳴榔遊飲，姚人謂之「遊江」。端午日，以角黍相餽遺，設蒲觴，磨雄黃飲之。女子以繭作虎，小兒則綵繩繫臂，綴繡符，簪艾葉。採藥鍊丹者，率以是日。夏至，祀先以麪，蕭山各供茶，曰「夏至茶」。六月六日觀荷，亦乘畫舫，多集於梅山本覺寺。同時又遊容山項里六峰，觀楊梅。八月十八日，蕭山有觀潮之會。重陽登高，蒸米作五色糕，佩萸泛菊，府城剪綵旗，供小兒嬉戲。諸暨飲茱萸酒，必配以豆莢。是日俗忌不相過，必有喪者，乃往哭，且致祭焉，不知所始。越中當三夏旱甚時，有迎龍之賽，不齋虔祈禱，惟飾優伶及小戶少年爲諸神佛怪異，或扮故事。（清·李衛：《（雍正）浙江通志》卷九十九，清文淵閣四庫全書本）

**【嚴州應時儺戲】**《嚴州府志》：元旦，昧爽而興，設香燭，拜天地祖宗。男女成禮畢，親友互相賀歲。立春前一日，縣令迎青帝上牛於東郊，散春花，撒春豆、春米，茹春餅，粧露臺。元宵，各張燈結棚，放花爆，和麪圓薦先，更相賀食。新婦之家，設醴祭床。社日，各鄉爲牲醴祭社神以祈報，畢則飲福。清明，插柳於門寢、竈陘，人簪柳葉，展墓祀祖。立夏日，煑夏粥，亦有饋送者。四月八日，作烏飯。端午，包角黍餽節，懸艾虎，小兒佩壽源道符，門貼符篆，飲菖蒲雄黃酒。六月六日，曬衣曝書。七夕，婦女設祭於庭，穿鍼乞巧。中元，祭享祖先，亦有倩僧作燄口法事者。社日，各鄉設牲醴迎社神閱苗。中秋，設尊罍以觀月華，燕飲至夜分乃止。重陽，炊糍餅薦先，飲茱萸酒。下元展墓。冬至，祭祖於家廟，相見稱賀，如元旦禮。臘月二十四夜，設果送竈，儺戲於街。除夕，懸祖父遺像，奉祀饋節，懸桃符，祀竈，骨肉團圞而飲，坐以守歲。（清·李衛：《（雍正）浙江通志》卷一百，清文淵閣四庫全書本）

**【雍正十三年十一月初二日諭民間喪葬不許聚飲演戲扮劇】**雍正十三年十一月初二日，欽奉上諭：朕聞外省百姓，有生計稍裕之家，每遇喪葬之事，多務虛文，侈靡過費。其甚者，至於招集親朋鄰族，開筵劇飲，謂之「鬧喪」。且有於停喪處所，連日演戲，而舉殯之時，又復在途扮演雜劇戲具者。從來事親之道，生事死葬，皆必以禮。得爲而不爲，與不得爲而爲之者，均爲非孝。是知各循其分，乃能各盡其孝，而初不在以奢靡相尚也。況當哀痛迫切之時，而顧聚集親朋，飲酒演劇，相習成風，恬不知怪，非惟於理不合，抑亦於情何忍？此甚有關於風俗人心，不可不嚴行禁止。著各省督撫等通行，明切曉諭，嗣後民間遇有喪葬之事，不許仍習陋風、聚飲演戲以及扮演雜劇等類，違者按律究處。務在實力奉行，毋得姑爲寬縱。特諭。（清·李衛：《（雍正）浙江通志》卷一百，清文淵閣四庫全書本）

編者案：清·蕭玉春《(同治）永新縣志》（清同治十三年刻本）卷首、清·吳大猷《(光緒）四會縣志》（民國十四年刊本）編首上亦收此諭。另，本書所收「乾隆元年禁喪葬虛糜諭」（《(同治）平江縣志》卷首之二），文字與此全同。

**【寧波知府伍符戒戲劇】**伍符。《獻徵錄》：字朝信，安福人。成化進士。任寧波知府，以古循吏自効，有豪右怙勢橫暴者捕而治之。篤意學校，課諸生講習，所獎拔如聞淵輩，爲時名卿。均傜役，治水利，減筵宴，戒戲劇。考察天下知府，以符爲首。嘗歲祲，符令民下海網捕爲活。海道嗾巡按劾逮，士民七千餘人赴闕，疏符爲民得罪之故，孝宗釋之。擢浙江左參政，仕至直隸巡撫。（清·李衛：《(雍正）浙江通志》卷一百四十八，清文淵閣四庫全書本）

**【後堂無優人】**張漮。《海鹽縣圖經》：字景周，薊州人。正德中以進士知海鹽，涖政三年。民歌之曰：「前堂無吏人，後堂無優人，堂下無犯人。」擢監察御史。（清·李衛：《(雍正）浙江通志》卷一百五十，清文淵閣四庫全書本）

**【周觀政阻女樂入內宮】**周觀政。《(萬曆）紹興府志》：山陰人。洪武中以薦教授九江，擢監察御史。嘗監奉天門，有中使將女樂入，觀政止之。中使曰：「有命。」觀政曰：「有命亦不可。」中使怒而入。已而太祖出，謂觀政曰：「內間慶賀，侑食之樂廢缺，欲令內人肄習，吾已悔之。御史言是也。」永樂初，出爲江西按察使。（清·李衛：《(雍正）浙江通志》卷一百六十，清文淵閣四庫全書本）

**【孫沔杖優人】**孫沔。《宋史》本傳：字元規，會稽人。……知慶州，元昊死，諸將欲乘其隙大舉滅之。沔曰：「乘危伐喪，非中國體。」三司所給特支物惡而估高。優人因戲及之。沔曰：「此朝廷特賜，何敢妄言動眾！」命斬之徇。將佐言：「此特戲爾，不足深罪也。」沔徐呼還，杖脊配嶺南。明日給特支，士無敢讙者。（清·李衛：《(雍正）浙江通志》卷一百七十三，清文淵閣四庫全書本）

**【杜之偉製登歌詞】**杜之偉。《陳書》本傳：字子大，錢唐人。幼精敏，有逸才。十五徧觀文史及儀禮故事，時輩稱其早成。僕射徐勉見其文，重其有筆力，乃啓補東宮學士，與劉陟等鈔撰群書，各爲題目，所撰《富教》、《政道》二篇，之偉爲序。尋除太學博士。皇太子釋奠於國學，時樂府無孔子、顏子登歌詞，令之偉製其文，伶人傳習，以爲故事。之偉年位甚卑，特以強識俊才頗有名當世。陳高祖受禪，除大中大夫，仍敕撰《梁史》。永定三年卒。之偉爲文，不尚浮華而溫雅博贍，所製多遺失，存者十

七卷。（清・李衛：《（雍正）浙江通志》卷一百七十八，清文淵閣四庫全書本）

【張岱日聚諸名士度曲徵歌】張岱。《紹興府志》：字宗子，山陰人。年六歲，雲間陳繼儒命屬對，奇之。及長，文思坌涌，好結納海内勝流。家世通顯，服食豪侈，日聚諸名士度曲徵歌，諧謔雜進。及問以古事挑之，則自《四部》、《七畧》以至唐宋説家叢殘瑣屑之書，靡不該悉。明末，避亂剡溪山，家益落。意緒蒼凉，語及少壯穠華，自謂夢境。著書十餘種，率以夢名，而《石匱書》紀前代事尤備。年六十九，營生壙於項王里。又十餘年卒。（清・李衛：《（雍正）浙江通志》卷一百八十，清文淵閣四庫全書本）

編者案：清・嚴思忠《（同治）嵊縣志》（清同治九年刻本）卷十七所載與此略同。

【唐昭宗與伶人調品篳篥】許寂。《册府元龜》：字閑閑。祖祕，名聞會稽。寂少有山水之好，泛覽經史，尤明易象。久棲四明山，不干時務。昭宗聞其名，徵赴闕，召對於内殿。會昭宗方與伶人調品篳篥，事訖，方命坐，賜湯果，問《易》義。既退，謂人曰：「君在淫聲，不在政矣。」尋請還山，寓居江陵，茹芝絶粒，自適其世。天祐末，節度使趙凝昆季深禮遇之。唐末，除諫議，不起。漢南謂之徵君。（清・李衛：《（雍正）浙江通志》卷一百九十二，清文淵閣四庫全書本）

【戴逵不爲王門伶人】戴逵。《晉書》本傳：字安道，譙國人。少博學，好談論，善屬文，能鼓琴，工書畫，其餘巧藝，靡不畢綜。總角時，以雞卵汁溲白瓦屑作鄭玄碑，又爲文而自鐫之，詞麗器妙，時人莫不驚歎。太宰武陵王晞聞其善鼓琴，使人召之，逵對使者破琴曰：「戴安道不爲王門伶人。」（清・李衛：《（雍正）浙江通志》卷一百九十五，清文淵閣四庫全書本）

【天帝召歌女】賀道養。《南史・賀瑒傳》：道養，山陰人。工卜筮經。遇工歌女人病死，爲筮之，曰：「此非死也，天帝召之歌耳！」乃以土塊加其心上，俄頃而蘇。（清・李衛：《（雍正）浙江通志》卷一百九十七，清文淵閣四庫全書本）

【西湖百戲】宋・白珽《西湖賦》：……别有龍舟兩兩，鼉鼓馮馮。花帽表於御愛，繡袍見於神歆。陳百戲於水面，豎六標於湖心。參前兩後，三令五申。觀者舟兩行如廣陌，迓者錦萬竿如長林。五步一亭，酒旆茶裀，笙歌沸騰，軒鞅紛紜。柳行撲地，花陣排雲。梭門秋千出沒乎翠圍，舞衣歌扇周旋乎香塵。新路習金雞之跖，郊祀大禮，歲則御前百戲，豫於南新路習肆赦之藝。祠山迎寶馬之群。二月八日迎七寶社、馬社，祭於霍山張祠，觀者甚盛。目不暇瞬，步不得循。想見進魚羹之宋嫂，猶多呈鶴舞之優人。剪羅飣採花之籃，範飴爲穿柳之鱗。飾木兵於小桁，串家具於修筠。篙矢激半空之霹靂，紙鳶競九天之經綸。柘彈象弩，畫棍髹盆。「踏混木」、「潑巨盆」，皆水戲。（清·李衛：《（雍正）浙江通志》卷二百六十九，清文淵閣四庫全書本）

【趕趂人】《西湖遊覽志餘》：乾道、淳熙間，壽皇以天下養，每奉德壽三殿遊幸湖山，御大龍舟，宰執從官以至大璫應奉諸司及京府彈壓等，各乘大舫，無慮數百。時承平日久，樂與民同。凡遊觀買賣，皆無所禁，畫楫輕舫，旁午如織。至於菓蔬羹酒，關撲、宜男戲具、鬧竿、花籃、畫扇、綵旗、糖魚、粉餌、時花、泥嬰等，謂之「湖中土宜」。又有珠翠冠梳、銷金綵段、犀鈿髹漆、織藤、窰器、玩具等物，無不羅列，如先賢堂、三賢堂、四聖觀等處最盛。或有以輕橈趂逐求售者。歌妓舞鬟，嚴粧自衒，以待招呼者，謂之「水仙子」。至於吹彈歌拍，雜劇紛紜，撮弄勝花泥丸，鼓板投壺，花彈蹴踘，分茶弄水，踏滾木，撥盆，雜藝散耍，嘔唱息器，教水族飛禽，水傀儡，鬻道術，煙火，起輪，走線，流星火爆，風箏，不可指數，總謂之「趕趂人」，蓋耳目不暇給焉。（清·李衛：《（雍正）浙江通志》卷二百七十九，清文淵閣四庫全書本）

【汪佛奴】《輟耕錄》：汪佛奴，歌兒也。嘉興富戶濮樂，閒以中統鈔一千錠買爲妾。一日桂花盛開，濮置酒，佛奴奉觴。濮有感於中，潸然垂淚曰：「吾老矣，非久於人世者，汝宜善事後人。」佛奴亦泣下，誓無二志。既而濮果死，佛奴獨居尼寺，操行潔白，以終其身。（清·李衛：《（雍正）浙江通志》卷二百八十，清文淵閣四庫全書本）

## （乾隆）杭州府志

【西湖行宮】乾隆十六年春，皇上南巡，浙省臣民歡迎恐後，即於聖因寺西恭建行宮，規制淳樸，恍見堯階舜陛、棟牖松雲之象。二十二年、二十七年、三十年、四十五年、四十九年屢蒙駐蹕，宮門、垂花門、奏事殿、寢宮、後照房，西所宮門、垂花門、望湖樓、戲臺、看戲殿、捲棚……（清·鄭澐：《（乾隆）杭州府志》首卷六，清乾隆刻本）

【元人度柳翠雜劇以皋亭作蒿亭】皋亭名，《唐書》已載。白文公《祈皋亭神》文自注云：皋亭山在東北。至南宋寧宗又標三字爲匾，而宋元人多書作高亭者，一見周必大《南歸錄》，再見汪莘《方壺集》，三見文天祥《指南錄》，四見劉一清《錢塘遺事》，五見鮮于樞《遊記》，六見杜綰《雲林石譜》，七見釋念常《佛祖通載》。更有作蒿亭者，見元人《度柳翠》雜劇。有作皋寧者，見《五燈會元》，要皆非正。《郭北三山志》。（清・鄭澐：《（乾隆）杭州府志》卷十七，清乾隆刻本）

【菊花新曲破】小隱園，在小新隄，舊係內侍陳源適安園。近世所歌《菊花新》曲破之事，正係此處。獻重華宮爲小隱園，孝宗撥賜張貴妃，改爲永寧崇福寺，又名小隱寺。《武林舊事》。思陵朝掖庭有菊夫人者，歌舞爲仙韶院之冠，宮中號菊部頭，然頗不獲際幸。既而稱疾告歸，宦者陳源聘蓄於西湖之適安園。一日德壽按梁州曲舞，屢不稱旨，提舉官從容奏曰：「此事非菊部頭不可。」上遂命宣喚，於是再入九禁。某士演其事以爲曲，名曰《菊花新》。《癸辛雜志》。（清・鄭澐：《（乾隆）杭州府志》卷二十四，清乾隆刻本）

【西湖競渡】西湖競渡，自二月八日爲始，而端午尤盛。是日畫舫齊開，遊人如蟻。龍舟六隻，俱裝十太尉七聖二郎神雜劇，飾以綵旗、錦繖、花籃、鬧竿、鼓吹之類，帥守往一清堂彈壓。立標竿於湖中，挂錦綵、銀椀、官楮以賞捷者。……諸舟競發，先至標所者取賞，聲喏而退。其餘犒錢而已。《西湖遊覽志》。（清・鄭澐：《（乾隆）杭州府志》卷一百九，清乾隆刻本）

## （康熙）錢塘縣志

【三絃細細按吳腔】王士祿：「三絃細細按吳腔，風雨湖船盡掩窗。何似湖樓望遊艇，亂鳧零雁幾雙雙。」（清・魏𡼖：《（康熙）錢塘縣志》卷二，清康熙刊本）

編者案：此詩亦見於清人魏憲所輯《百名家詩選》（清康熙魏氏枕江堂刻本）卷十七，係《西湖竹枝詞四首》之四。趙興勤、趙韡編《清代散見戲曲史料彙編（詩詞卷・初編）》上冊（臺灣花木蘭文化出版社2014年版，第133～134頁）收王士祿詩作，然未收本詩。

【淘眞】錢邑有演唱諸家。又男女瞽目者，多學琵琶，唱古今小說平話

以覓衣食，謂之「淘眞」，亦汴京遺俗也。（清・魏㟲：《（康熙）錢塘縣志》卷七，清康熙刊本）

**【迎婚用優俳司樂】**夕而迎婚，則日中先將空轎迎炫街市，謂之「浪轎」，甚屬無謂。是夕，用優俳司樂，庖人掌禮，謂之「歸房」。男女雜遝，履壼奥覩床笫，叫嘵戲謔，鄙褻不堪。（清・魏㟲：《（康熙）錢塘縣志》卷七，清康熙刊本）

**【柩前演戲鬧靈】**喪禮易而不戚。年高者且呼爲喜喪。……近更有親族斂分，柩前演戲鬧靈者，孝子縗絰營辦，婦女帷簿聚觀，漸而破涕爲歡，猶豪家富室間爲之也。（清・魏㟲：《（康熙）錢塘縣志》卷七，清康熙刊本）

**【民間疾病延歌師樂工禱神】**祭非其鬼，甚於祖先。民間疾病，多不信醫而信巫。禱神則延歌師、樂工五六人，召神設供，舉樂按歌，同於演劇，謂之「燒看」。其酬愿者，無疾亦然，盡日而罷。街巷中一日多至數家，簫鼓之聲，不絕於耳。古稱淫祀，不信然乎？（清・魏㟲：《（康熙）錢塘縣志》卷七，清康熙刊本）

**【錢塘歷代瓦舍】**宋時剏立瓦舍，招集伎樂。謂其來時瓦合，去時瓦解，易聚易散也。凡十七處。沿元明不廢。本朝三十年前猶有數處，雖不比江南秦淮、廣陵、吳閶之甚，往往不絕。聖天子御宇，化行俗美，加以撫鎮大臣厲禁嚴逐，今遂絕響。此足徵熙朝政教之流行，亦民俗漸返醇樸之一證也。（清・魏㟲：《（康熙）錢塘縣志》卷七，清康熙刊本）

**【上元神廟有社火】**正月十五上元節，出售各色華燈，像生人物及花草禽魚，爭奇鬬巧。張燈通衢，設棚架，綴綵懸額，終夕鼓吹，士女駢集。而豪家富室堂宇間，皆懸水晶琉璃，玻瓈雲母料絲，明角彩珠之屬，綴以流蘇寶帶，備極華美。神廟則有社火，煙火鰲山，臺閣戲劇，星布珠懸，皎如白日。猜燈賽花，喧闐輟旦，如是者五日夜。十三至十七止。（清・魏㟲：《（康熙）錢塘縣志》卷七，清康熙刊本）

**【清明前酬神裝演故事】**清明前三日爲寒食節，人家咸插柳簷戶間，小坊曲巷，青青可愛。……前一日婦女出遊，謂之「踏青」。南北兩山展墓者多。……是日，朝廷命城隍之神，行祀孤之禮於鬼神壇，士民往迎於吳山。酬願者各爲神扈從，官吏衛卒香花、旛仗、笙簫、鼓吹，綿亘數里。自吳山迎至虎林門外鬼神壇，已事而歸。□亦裝演故事。（清・魏𡺸：《（康熙）錢塘縣志》卷七，清康熙刊本）

**【緣竿之戲】**三月三日上巳，官民出遊西湖，亦古人修禊之意。是日，男女皆帶薺花。俗傳爲北極佑聖眞君誕辰，觀中修崇醮事，士女競集炷香。有爲緣竿之戲者，竿高數十尺，徒手直上，據竿頂左右盤旋，以腹貼竿，投空擲下，捷若猿猱。聚觀者神驚目眩，而爲此技者如蝶拍鴉翻，蘧蘧然自若也。（清・魏𡺸：《（康熙）錢塘縣志》卷七，清康熙刊本）

**【五月十三日祀神廟宇演戲不絕】**（五月）十三日，祀漢漢壽亭侯。漢壽亭名亭侯，侯爵之小者也。家祝戶禱，廟宇以數百計，演戲不絕。祀神之盛，於斯爲最。《蜻蛉雜志》：萬曆以前，天下皆祀朱虛侯劉章，武林香火猶盛。十八年後，漸移於侯，而朱虛歇絕。按：是日爲公受命之辰，傳爲嶽降期，訛矣。（清・魏𡺸：《（康熙）錢塘縣志》卷七，清康熙刊本）

**【觀潮節優伶百戲】**（八月）十八日，爲觀潮節。枚乘《七發》：將以八月之望，觀濤於廣陵之曲江。……《西湖志餘》：宋時以是日校閱水軍，故傾城往觀。至今猶以十八日爲名，非謂江潮特大於是日也。郡守以牲醴致祭潮神，而郡人士女雲集，幕次鱗比，羅綺塞塗，上下十餘里間，地無寸隙。伺潮上海門，則泅兒數十執綵旗、樹畫傘，踏浪翻波，騰躍百變，以誇技能。豪民富客，爭賞金幣。其時優伶百戲、擊毬、關撲、魚鼓、彈詞，聲音鼎沸。（清・魏𡺸：《（康熙）錢塘縣志》卷七，清康熙刊本）

**【錢塘風俗】**論曰：自江以南道蘇、吳以至於杭，故越西都尉治。而富庶繁劇，則始於錢氏開國。其風俗之盛，莫過於錢塘；而風俗之敝，亦莫甚於錢塘。……然錢塘六朝以前未之顯聞，自唐、宋諸賢以名士之詠歌，發山川之佳秀，乃大著於天下。而奢侈之敝，實南宋開之，可不戒歟？自當時之君臣，溺於晏安而盤遊無度，故其人至今多佚遊。自當時之權貴，園林臺榭，所在紛錯，而雕闌曲檻，故其人至今好華屋。自當時之宮闈，宴賞龍舟，御艦多珠簾錦幕，故其人至今好靡麗。至於歌妓舞鬟，吹彈舞拍，幻人藝士，百戲玩弄，故至今婦女工纖細、優伶多奇技。若夫佳晨令節，月夕燈宵，花朝香市，登高競渡，則傾城縱觀，舟車雜沓，即百物爲之增價。而凡締姻、賽社、會親、送殯、經會、獻神，又爭奇鬭異，眩耀耳目，糜金錢無有紀極，故至今市廛多淫巧。嗚呼，斯豈一朝一夕之故歟！而今人民日已凋敝，力有所不支，往往內虛而外飾者，十將五六也。（清·魏㟲：《（康熙）錢塘縣志》卷七，清康熙刊本）

【小青墓辯】又小青墓辯。吳農祥曰：「孤山有小青墓，吳下之士撰爲傳奇、誌銘。」或云：「虞山邑子僞爲之，隱情字也。」或云：「鍾姓言鍾情也。俗傳不實，流爲丹青。近世文士有以孤山訪小青墓爲題者，良可噴飯也。」（清·魏㟲：《（康熙）錢塘縣志》卷十五，清康熙刊本）

【優人僞僧服隱民間以不語惑衆】孫鼛，字叔靜。年十五遊太學，蘇洵、滕甫稱之。用父任，調武平尉，捕獲名盜數十，謝賞不受。再調越州司法參軍，守趙抃薦其才。知偃師縣，蒲中優人僞僧服隱民間，以不語惑眾，相傳有異法，奔湊其門。鼛收按姦狀，立伏辜。（清·魏㟲：《（康熙）錢塘縣志》卷十九，清康熙刊本）

編者案：個別缺字據明代徐象梅《兩浙名賢錄》（明天啓刻本）卷二十一「讜直」《顯謨閣待制孫叔靜鼛》一文補。

【錢肇修嚴懲倚勢豪橫之優人】錢肇修，字石臣，號杏山。少孤，奉母至孝。學問淵博，工詩。年四十遊燕輦下，公卿皆折節與交。登辛未科進士，授河南洛陽令。……巡視北城，治獄多平反。嚴懲奸猾，不少寬假。有優人倚勢豪橫，當路側目。肇修挺然執法，顯貴胆懾，直聲大振。（清·魏㟲：《（康熙）錢塘縣志》卷十九，清康熙刊本）

編者案：清·鄭澐《（乾隆）杭州府志》（清乾隆刻本）卷八十二所載與此略同。

【嚴曾榘彈劾某伶人冒籍銓選得知縣】嚴曾榘，字方貽，號㩳菴，戶部倉塲侍郎沆之子。曾榘少隨父任入太學，登丁酉科鄉試。甲辰成進士，授翰林院庶吉士，改廣西道監察御史。歷臺諫二十四年，不茹不吐，多所建白。每章疏入，內外悉畏憚之。有伶人某冒籍，入貲銓選得知縣。曾榘以縣令民之父母，不可以梨園恣睢民上，特疏極言。而某方倚籍權要，左右代爲彌縫，曾榘幾蹈奏事不實之罪。賴聖上聖明，廉得其事，立罷斥某而嘉其風節。累官至通政使。（清·魏㟲：《（康熙）錢塘縣志》卷十九，清康熙刊本）

編者案：清·鄭澐《（乾隆）杭州府志》（清乾隆刻本）卷八十二、清·張吉安《（嘉慶）餘杭縣志》（民國八年重刊本）卷二十五所載與此略同。

【龔佳育抑伶人驕横】龔佳育，字祖錫，號介岑。起家龍驤衛經歷，知安定縣，用薦入爲戶部主事。歷兵部正郎，遷山東按察司僉事，分巡通永。以政績聞，特擢江南布政使。內遷太常卿，改光祿卿。育歷中外數十年，並居錢穀要地，而育以清介著。洊京卿才二年，朝廷方欲大用，育亦願盡瘁以答主知，乃竟以勤勞卒。朝野咸稔其才，而猶惜其才之未盡展也。育爲令，清逋賦。在戶曹，豁浮糧。任通永日，除經斛重稅，抑伶人驕横。（清・魏𡼖：《（康熙）錢塘縣志》卷十九，清康熙刊本）

編者案：清・鄭澐《（乾隆）杭州府志》（清乾隆刻本）卷八十二所載與此略同。

【裘自謙屏除淮王女樂】裘自謙，號養齋。由諸生貢入成均，以積分高第得謁選四川鹽課司提舉。……乃轉淮王右長史。淮王初封廣州，正統間賜以黃□尙方劍，遷豫章饒郡，頗驕縱。自謙抵任，廣綜古藩服得失，上《金鏡錄》。又屏除教坊女樂，輔王敦正誼、遠聲妓，王悉從之。（清・魏𡼖：《（康熙）錢塘縣志》卷二十，清康熙刊本）

【余古諫光宗罷俳優觝戲】余古，光宗初罷拾遺補闕官，近臣罕進言者。紹熙二年五月，古以布衣上書曰：「間者，側聞陛下宴遊無度，聲樂不絕。晝之不足，繼之以夜。宮女進獻不時，伶人出入無節。宦官侵奪權政，隨加寵賜。……陛下果能以漢文帝爲法、唐莊宗爲戒，即乞昭示詔旨，嚴下約束，除太常樂工立定員數，凡俳優觝戲，皆放而爲民；美女麗人，自今無獻，宴開以時，酒進有數，宦官不得干預朝政，佞倖悉去，忠良並進。問安侍膳之餘，宮庭燕閒，講讀經史，怡神養性，享名教不窮之樂，固嵩嶽無涯之壽，豈不休哉！（清・魏𡼖：《（康熙）錢塘縣志》卷二十，清康熙刊本）

編者案：清・鄭澐《（乾隆）杭州府志》（清乾隆刻本）卷八十三所載與此略同。

【徐伯齡諳音律】徐伯齡，字延之，博學強記，洞曉音律，尤工樂府。嘗雜集瓷瓦數十枚，考其音之中律者奏曲一章，俄頃而協。所著有《蟫精集》二十卷。（清・魏𡼖：《（康熙）錢塘縣志》卷二十二，清康熙刊本）

【吳農祥爲文】吳農祥，字慶百，宮詹太沖長子。生三歲，夢醒輒啼，啼竟輒喃喃自語。至五、六歲方止乳，媪諦聽之，所言似類永樂初靖難事者。少時異敏，一覽成誦。……既稟父遺訓，亦自以出。與王、許子弟爲群，在裘馬褏屐間，非其好也。鍵戶讀書，欲以著述成名。茹經涵史，馳騁百家，然不妄作。常語人曰：「爲文當有關輕重，非偶然者。」故雖伶人、賈豎，應其請乞，皆有挽世末流、咨嗟愛惜之意。（清·魏𡼏：《（康熙）錢塘縣志》卷二十二，清康熙刊本）

【沈括著述】《周易解》二卷、《春秋機括》一卷、《樂論》一卷、《樂律傳》一卷、《樂器圖》一卷、《三樂譜》一卷、《長興集》四十一卷、《夢溪筆談》二十六卷、《諸敕式》二十四卷、《集賢壁記詩》二卷、《清夜錄》一卷、《良方》十卷、《靈苑》二十卷、《存中詩話》、《忘懷錄》、《修城式約》、《熙寧春元曆》、《使遼圖抄》一卷，並沈括著。字存中。（清·魏𡼏：《（康熙）錢塘縣志》卷三十二，清康熙刊本）

【徐伯齡著述】《大音正譜》十卷、《醉桃佳趣》二十卷、《香臺集注》三卷、《舊雨堂稿》二卷、《蟫精雋》二十卷，並徐伯齡著。字延之。（清·魏𡼏：《（康熙）錢塘縣志》卷三十二，清康熙刊本）

【竹閣】竹閣，舊址孤山。唐白居易所作，杭人因祀公於此。宋徙置北山報恩院，已廢爲倡樓。明嘉靖二十四年，太守陳一貫又易祠白公，且曰：「白公守杭，亦屬意聲伎。其詩有云：『故妓數人頻問訊，新詩兩首倩流傳。』奉以祀公，似無不可，況故址乎？」遂祀之。（清·魏𡼏：《（康熙）錢塘縣志》卷三十三，清康熙刊本）

## （嘉慶）餘杭縣志

【昌黎壽誕梨園牲酒】清·董作棟《啓蒙書院記（節錄）》：學校之設，所以興德行、育人材，厥繫匪細。官是者皆科名，文行士出入是門，無刑名利欲薰染之習，其樂善也。……先生名大夏，歸安人，於書院之成也，落而爲之記。乾隆五十五年歲次庚戌南至後三日。

按：此文石刻嵌昌黎祠壁，末附刊七行云：「餘杭學十路齋夫額領工食銀二十兩，向年盡抵債利。今蒙閔老爺代償債本銀一百兩，其原領工食銀齋夫等情愿充公，以十兩爲昌黎伯祠壽誕梨園牲酒之用，藉祝恩主長生；以十兩爲啓蒙書院延師膏火，勒石爲據，違者稟官究逐。此亦可見十路齋夫之義舉。（清·張吉安：《（嘉慶）餘杭縣志》卷五，民國八年重刊本）

【朱文藻百步廟觀演劇】清·朱文藻《遊徑山記（節錄）》：徑山在餘杭

縣北五十里，山有東西二徑，故稱雙徑。《武林志》有三說，一謂天目必經之徑，一謂餘杭、臨安會通之徑，一謂唐國一禪師開山時來此徑塢，適符「遇徑則止」之兆。其山重岡複，嶺不產雜樹，惟叢篁密篠，山山有之，數不可以億萬計。山中無人雜居，僅有此寺主寺之僧，別山延請，其餘僧房自相傳襲世守。原分十八房，今存者七房，而稻粱稍足給者惟松源。與之埒者往有梅谷，今不逮矣。余館汪氏振綺堂，見插架有《山志》，讀之神往。與余同好者，則天潛主人爲尤篤，遂有同遊之約。……早飦後，各乘肩輿進南門出北門，途經新嶺，與杭僧茶話；又經白社莊，土名麻車頭村，店沽白酒一飲；又經村社，土名百步廟，觀演劇；又至斜坑，觀水碓。上山步五里，嶺路盤旋，沿溪行，溪有龍潭，深不可測，四山萬竹參天，暮色蒼然。將至寺，懸崖有羅漢石，即杲禪師說法處，石壁有「聖壽無疆」四大字。（清・張吉安：《（嘉慶）餘杭縣志》卷八，民國八年重刊本）

**【山谷村氓群聚觀劇】**清・陳夢說《兩遊洞霄宮記（節錄）》：乾隆己丑陽月，有事於餘杭之南湖。《志》曰：「上南湖西界洞霄宮。」洞霄宮者，道書所稱三十六洞天之第三十四洞天也。其址在大滌山天柱峰下，故舊名天柱宮，又名大滌洞天。建於漢，興於唐，盛於宋，禋祀崇隆，殿宇輪奐，與嵩山崇福爲天下宮觀之首。……過前時所經村落，男女雜沓，群聚觀劇，金鼓之聲，響震山谷，殊不若風雨中之泉聲、舂聲，饒有別韻也。（清・張吉安：《（嘉慶）餘杭縣志》卷十六，民國八年重刊本）

**【變服尋親】**董錫福，字善慶。少嗜學，弱冠爲諸生試，輒高等。……子文溥，字時行。少以父遠遊，觀梨園變服尋親事歸，語母輒涕下。（清・張吉安：《（嘉慶）餘杭縣志》卷二十七，民國八年重刊本）

**【桂宮秋本事】**章楹撰《蘂碧別志》略曰：蘂碧者，老屋纔數楹，在春熙堂西偏。前爲綺疏，砌下故有古桂一株，高二十餘尺。蔭金星草，亭午透日光纔如錢，莓痕錯石根亦如錢，滿軒常一碧也。軒後張一榻，吳越間風雅之士過虹川，繫纜河曲，輒憩息此軒。或鍥其楣間，曰「蘂碧」云。少司農儀封先生撫吳時，攝浙閩制府事，觀風首錄虹川。虹川旋買舟來吳，上謁，留之滄浪亭。卒業時，公所識拔吳士宋照、蔣恭棐、李文銳、李錦先已館亭中，虹川至，相得驩甚。已而，宋、蔣諸公先後皆捷去，虹川竟得而失焉。

王栢村灝、張蓮庵果浚皆旁縣大夫也，爲邑有聲而雅耽詩。聞虹川名藉甚，栢村先貽以序，且手札招遊天目山，虹川遂之潛，州官舍一見，大驩。已而，兩大夫皆詣虹川，信宿懷謝山房，相對談詩。栢村方徵澧，一日薄暮，大雪中走急足百里外，召虹川，至則握手云：「適得句，思君屬和耳。」遂劇飲而罷。禹航前時學者多文讌之集，楹及虹川輩爲七子課，謂之皆蘭堂後集。壬辰春，俞子勝侶暴卒青山客邸。邸距郭外二十餘里，諸子買舟泝苕溪往視含殮，舟及門，虹川發聲長慟，見者無不酸鼻。虹川好客，擅一藝者輒館於家，累月追陪不倦，故所蓄書畫篆刻極多。及盆花小景，結構精妙，皆客所爲也。辛卯鄉試，闈中訛言，夜當有火厄，人情洶洶，或欲抉扉去。虹川亟走入余席舍中，舉所攜酒共酌。余曰：「脫有警，奈何？」虹川曰：「爲是來耳。即事急，與子共命，差不惡。」遂並坐。而席舍隘甚，肩相摩也，因劇談至漏下數十刻，更抵背坐睡，侵曉始別去。楹幼時貌類虹川，始入鄉校時謁禹航，學博韓翊鴻延佐，韓望見詫曰：「此絕似鮑某。」時楹未識虹川也。後二年，亡友俞勝侶舉社課於綠野亭中，會者二十三人，而虹川獨厚予，自是日益暱，而毀譽遇合亦時相近。邑有吳生者，能爲戲劇，嘗譜《桂宮秋》四折，寫虹川及余相厚善之意，亦一佳話也。虹川詩詞逸者不少，偶記春日泛舟西子湖得一絕，時無紙筆，因以小錯刀子刻其舷上云：「春波漾漾小船搖，搖過西陵樹裏橋。翠袖擁鬟魂欲斷，軟鉤香處阿誰雕？」已而據舷微吟，自謂快絕。好事者圖其景於箑。成都李公捷，其父丞禹航也。捷與其兄公拔酷嗜虹川及楹，兩人數招飲署中。一日新秋，楹及虹川皆著白袷衣、持小團扇入座。既小醉，兩李生更出咂酒，期盡興。咂酒者，本西南蠻峒所釀，其味至醇釅。甕大如五石瓠，以細竹筒吸飲之，不以盞也。以余時爲錄事，折芙蓉一枝傳觴，花到者即簪花牛飲甕邊。是日皆極醉，所飲幾兩石。明日，虹川曰：「蘇子瞻死後五百年無此樂矣！」李生歸蜀，手抄余及虹川詩文各數十篇，總爲一集，題曰《聯珠》，後聞梓於蜀中。虹川之卒於乙未八月也。初無纖毫疾，薄暮小飲後，綴范公賦已得轉韻數十聯，從容就寢。中夜一欠伸竟逝，人無知者。先是甲午冬，虹川夢魚首人致一函曰：「龍宮徵君爲記室。」夢中謝不赴，而彼固邀之。覺而以其事不經，祕之。今豈仍入水晶宮耶？余與虹川交契相對，惟說詩命酒，酒中多以射覆爲觴政，穿穴子史，互以巨觥相沃。虹川歿後兩月，余夢與虹川飲舟次，虹川舉令曰：「請道一古人，增一字復爲一人者。」即云：「呂蒙，呂蒙正。」余舉盃復令曰：「李廣，李廣利。」虹川沈思頗久，乃更云：「李克，李克用。」余又復令云：「馮道，馮道根。」忽聞鳴鉦聲，遽驚覺其語皆書所未思及者，誠異事也。懷謝山房在安樂山西麓，虹川手自經營，地僅畝許，而遊者應接不暇。落成未一載而虹川歿，今扃鐍焉，花闌石筍，茂草齊腰矣。余有《懷謝山房歌》紀之。（清・張吉安：《（嘉慶）餘杭縣志》卷二十七，民國八年重刊本）

編者案：章楹，字柱天，號苧田，浙江新城人。雍正癸丑（十一年，1733）進士，官青田教諭。著有《浣雲堂詩鈔》三卷、《諤崖脞説》五卷。見《兩浙輶軒錄》卷十九、《清文獻通考》卷二百二十七「經籍考」等。

## （光緒）富陽縣志

**【報社演劇之時賭博】** 其宜懲者，首爲溺女。……其次爲賭博，往或因報社演劇之時，偶一爲之，猶可謂逢場作戲也。今則遊手好閒之人，竟以賭爲恒業，患貧患盜，其漸不可究詰。（清・汪文炳：《（光緒）富陽縣志》卷十五，清光緒三十二年刊本）

## （光緒）分水縣志

**【城隍廟戲臺】** 城隍廟，在縣治西北。元至正二年縣尹林炳重建，浙江儒學提舉段天祐撰《記》。……光緒二十年邑人王憲斌、濮啓筠、劉汝賢等募貲重建戲臺，傅德選有《記》。……我民之所以報神者，春秋享祀，黍稷酒醴外，惟是演劇報賽，聊合乎吹豳擊壤之禮意云爾。廟前故戲臺，經風霜剝蝕而棟折榱崩久矣，若不急爲修理，將奏樂無庭，何以迓答神庥？紳耆王憲斌、濮啓筠等有感於此，緣設捐冊集貲構材，鳩工僝功。經始於八月，告成於十月，歌臺舞榭，煥然一新。憲斌等之樂事赴功，與邑人士之醵金相助者，均不可沒其實也。並勒諸石，俾共此臺於不朽云。（清・陳常鏵：《（光緒）分水縣志》卷二，清光緒三十二年刊本）

**【鞭春演劇】** 鞭春：每歲立春前一日，知縣具朝服率僚屬迎春於東郊，詣芒神前，行二跪六叩首禮。執事者舉壺爵酌酒授長官，酹地，復行二跪六叩首禮畢，同各官飲春酒、演劇。舁芒神土牛，鼓樂前導，衆官隨後迎至公署。奉芒神於儀門東，土牛在西。衆官詣芒神前揖，安神。次日，按立春時刻鞭春。知縣具服朝服，率僚屬詣芒神前，行二跪六叩首禮。初獻爵，亞獻爵，終獻爵，叩首，興，復位。又行二跪六叩首禮畢，至牛前揖，各執綵鞭

擊土牛三匝，禮畢回署。（清·陳常鏵：《（光緒）分水縣志》卷五，清光緒三十二年刊本）

【賓興演劇】賓興：每科鄉試前，擇期延科舉生員至期設宴。縣堂儀門外設月橋，結綵棚，插桂枝。諸生公服至，知縣率僚屬迎於堂檐下。行禮畢，就席，知縣主席，僚屬席東向，諸生席西向。酒三行，演劇畢，諸生起揖，辭行，鼓樂前導，知縣率僚屬送至儀門外，揖別。武場亦如之。（清·陳常鏵：《（光緒）分水縣志》卷五，清光緒三十二年刊本）

## （宣統）臨安縣志

【歲時祈報則賽會演劇】臨俗夙稱古樸，自燹後，地浮於人，遂日趨奢靡而無底止。婚姻則女索重聘，男爭妝奩，彼此論財，毫不爲怪，甚至家無擔石亦必擁綵輿、喧鼓樂，以相媄效。喪事，孝子錦衣肉食，以侈崇佛道、宴集賓朋爲事，更有惑於風水之說，停柩廢葬，致生種種流弊者。歲時祈報，則賽會演劇，村里徧及。因之，民力愈困，風俗日偷。是在賢宰整肅於上，士夫化導於下，庶教化行而風俗可期良美也。（清·彭循堯：《（宣統）臨安縣志》卷一，清宣統二年刊本）

【扮春官以導芒神】春日。先日迎春，次日鞭春，扮春官以導芒神，士女聚觀如堵。（清·彭循堯：《（宣統）臨安縣志》卷一，清宣統二年刊本）

【嚴嵩家樂】明·高時《劾嚴嵩疏（節錄）》：刑科都給事中臣高時謹題，爲再瀝愚忠，乞賜大彰乾斷，闢除私黨，杜絕姦萌，益隆聖政事。照得禮部尚書嚴嵩，立心姦險，制行卑汙。先該本科給事臧賢論嵩貪婪姦佞，不職不忠，阿諛郭勛，甘爲門客，每每與勛門下死士、逆黨張綵等曉夜羣聚，不知議謀何事，未易測度。……嵩又蓄養女樂男戲各數十人，朝夕扮演律禁君臣故事，如唐明皇遊月宮、宋太祖訪趙普諸般雜劇。父子宣淫，刑于之道安在哉？……世蕃專溺酒色。與官生中書□豆等十餘人狂歌酣飲，狎此南來戲子錢乾等八人，各賞銀五十兩，替納涿鹿、定邊等衛農民。（清·彭循堯：《（宣統）臨安縣志》卷八，清宣統二年刊本）

【優人演曇花作劇】明·張京元《遊臨安記（節錄）》：徑山者，兩目之徑也。在餘、臨西北境，去省百里，遥遊者頗不易至。戊申正月，余行視漕，公餘令劉君導之遊。……是日盡爲霧障，縱觀雲海，抵掌清言，信宿徑山，殊盡兩竹雲巒之勝。臨安遣吏來迎，謀爲東目遊。取道西麓，朝露甚濃。行萬山中，重重廻合，一曲一迷，前睇不見出處，後顧不憶入處。約行五十里，暮雨淙淙，始抵。昭明庵主人趣行酒，優人演《曇花》作劇，觀閻羅殿追訊奸邪，髮盡上指。余生平直腸快口，不諧時俗，顧質之冥冥，不須掩覆。因笑世上曲心人，瞞人瞞己，不能瞞閻羅老子，與受身後泥犂，何如任生前毀謗耶？宿小樓，夜雨不歇。（清·彭循堯：《（宣統）臨安縣志》卷八，清宣統二年刊本）

## （雍正）寧波府志

【張伯鯨禁祭賽燕飲演劇】張伯鯨，字澣伯，江都人。萬曆進士。調繁來鄞，清執有幹略。抵任，謁城隍神，誓云：殃一無辜，行一不義，有一於此，禽獸不啻。懲俗奢靡，祭賽燕飲，毋得演劇。禁元宵燈火。僮僕不得服綾綺。濬城河，以其砂礫護長春塘。尤重兩鄉水利，瀦洩修築，皆躬督察。西津壩碑記尚存。嘗斷冤死獄，釋盜所株連七十五人。（清·曹秉仁：《（雍正）寧波府志》卷十八，清雍正十一年刻乾隆六年補刻本）

編者案：清·汪源澤《（康熙）鄞縣志》（清康熙二十五年刻本）卷八所載與此略同。

【馮家正家畜歌伶】馮家正，字瑞鯉，慈溪人。祖詢，父其美，皆邑諸生，兩世俱以孝友聞。家正登崇正四年進士，授中書舍人，遷工部主事，歷遷禮、兵二部郎中。家正素善文，倔強豪放，不受約束。晚乃益肆力於詩古文，旁及樂府詞。其群從家畜歌伶，家正集諸名士填數十闋，授伶人，尅日呈伎。家無擔石，怡然也。（清·曹秉仁：《（雍正）寧波府志》卷二十六，清雍正十一年刻乾隆六年補刻本）

編者案：此馮家正，即馮家禎，因避明崇禎帝諱而作「家正」。此處所記，與本書所收《馮家禎長於度曲》條（清·楊泰亨：《（光緒）慈谿縣志》卷三十，清光緒二十五年刻本）相彷彿，唯詳略有差。

## （康熙）鄞縣志

【樂僮優好伎】宋·章望之詩：是水爲佳境，中城枕碧湖。樓臺萬室近，物象幾州無。太守恩千里，新亭望一都。地勞吾卜築，景與眾遊娛。宇色低欄外，波光上屋隅。鴛鴦宜繡幙，翡翠失深蘆。九夏荷開簟，三秋芰洗盂。山林何處異，江海此情孤。夜氣寒蟾媚，晴暉落日疎。畫橋斜映柳，細草亂縈蒲。漁棹開浮藻，風簾散戲凫。野僧留曠蕩，行子過踟蹰。逸興攀銀漢，明眸湛玉壺。圖經終煥越，歌詠已流吳。壯觀嘉時敘，招來好酒徒。樂僮優好伎，唱女桀名姝。閉戶誰能事，宜人正丈夫。樂邦方美俗，鼓舞荷唐虞。望之，字民表，浦城人。光祿寺丞。（清・汪源澤：《（康熙）鄞縣志》卷六，清康熙二十五年刻本）

編者案：此詩題作《眾樂亭》，個別字句據宋人張津《（乾道）四明圖經》（清刻宋元四明六志本）卷八校改，不一一出注。

【伶人甘倫以先聖論語爲戲白】楊珏，字君寶。紹定二年登進士第。初尉上虞，調贛州教授，廪餼不給，捐私橐以助，教育兼至。郡守徐琛嘗會宴，有伶人甘倫以先聖《論語》爲戲白，琛寘於罪。知饒州、德興，縣境多姦民，前令往往墮其機穽，去者、死者接踵，珏言於憲使趙崇徽，追捕之，姦乃屏跡。（清・汪源澤：《（康熙）鄞縣志》卷十三，清康熙二十五年刻本）

編者案：清・曹秉仁《（雍正）寧波府志》（清雍正十一年刻乾隆六年補刻本）卷二十所載與此略同，然未提及伶人姓名。

【胡宗憲幕府沈明臣】沈明臣，字嘉則，號句章。少爲諸生，數奇不偶，遂攻詩古文。胡宗憲督師浙、閩，偕山陰徐渭辟置幕府。宗憲使酒善罵，明臣嶽嶽不少阿。嘗燕將士爛柯山上，酒酣樂作，請爲《鐃歌》十章，援筆立就，釃酒高吟，至「狹巷短兵相接處，殺人如艸不聞聲」，宗憲起，捋其鬚曰：「何物沈生，雄快乃爾！」即命刻石山上。又仝遊武夷山，酒半，宗憲遽命召歌伎。度伎將至，明臣輒挽宗憲起曰：「明公醉矣，樂不可極。」促從輿即行。已（編者案：此處疑闕一「而」字），挾策走湖海，往來吳、楚、閩、粵間，富於吟詠。是時山人以詩顯名者松陵王叔承、吳門王穉登，及明臣爲最。明臣群從，若大學士一貫、方伯九疇、一中，皆以文章居顯位，推獎並至，故其晚年聲氣益廣焉。（清・汪源澤：《（康熙）鄞縣志》卷十七，清康熙二十五年刻本）

【一場雜劇也好笑】宋左丞相許國公前沿海制置大使判慶元軍府事吳潛墓。縣南郊外有墓，其石坊鐫潛官位。按：潛《家傳》：潛，宣城寧國人。嘉定丁丑狀元。

寶祐四年以觀文殿大學士來判慶元。開慶元年八月開閫海道，九月乞歸，進封崇國公，拜左丞相，進封慶國公，改許國公。忤賈似道，斥置循州，預知死日，有詩云：「生在湖州新市鎮，死在循州貢院中。一場雜劇也好笑，來時無物去時空。」景定三年十一月詔歸，葬於宣城柿木山之原。則鄞之有墓，乃同姓者妄鐫舊墓石坊以傅會，其僞無疑。（清・汪源澤：《（康熙）鄞縣志》卷二十四，清康熙二十五年刻本）

## （光緒）鎮海縣志

**【三月望後東郊賽社】**三月望後，東郊賽社，金鼓喧闐，彩仗鮮明，觀者如堵。城廂內外各處懸燈射覆，演戲迎神。（清・于萬川：《（光緒）鎮海縣志》卷三，清光緒五年刻本）

**【冬至大族宗祠演戲祀神】**冬至，各家具香燭以祀神祇。其大族宗祠亦有演戲用鼓樂、具牲醴以祀者。《雍正府志》。（清・于萬川：《（光緒）鎮海縣志》卷三，清光緒五年刻本）

**【九月社夥會】**九月社夥會，參神送聖，迎燈走馬。（清・于萬川：《（光緒）鎮海縣志》卷三，清光緒五年刻本）

**【立冬打鬼胡】**立冬，打鬼胡，花帽鬼臉，鐘鼓劇戲，種種沿門需索。（清・于萬川：《（光緒）鎮海縣志》卷三，清光緒五年刻本）

**【禁女擡閣說】**《禁女擡閣說》：吾邑每年三、四月間有東嶽會、都神會，以報闔邑平安爲名，皆各市肆商賈及文武衙門營兵、胥役糾貲出會，鼓樂旗蓋，在所不禁。惟以娼家婦女豔服扮擡閣，高立歌唱，則最爲惡習。蓋廛市之流，類多輕薄，見妓女則目眩心醉，於是聚飲戲謔、賭博抽頭，種種耗財以至失業。其少年子弟，尤易於蠱惑，因臺上之目挑，成桑間之私約。一生淫蕩之根，實萌於此。且遠近遊民，聞有女擡閣，結隊而至，路途擁擠，行人多致傷跌。而富豪者更有載他處之妓泊舟於衙頭，聯舟喧譁，舉國若狂，生事在所不免。余嘗謂女擡閣之弊與無恥男子演串客戲，皆爲敗壞風俗。地方官必當出示嚴禁，違者治罪，慎毋從俗而置之不聞，宜思此亦正人心之大防也。《芝紉老人筆記》。（清・于萬川：《（光緒）鎮海縣志》卷三，清光緒五年刻本）

**【城隍廟戲臺】**城隍廟在縣東南七十步，梁貞明二年建。……乾隆三十九年首事王仁一、陳昌壽等同住持僧省三募貲重修。……戊子夏五，住僧省三慨然有恢宏之志，爰集紳士王仁一等請於邑侯陳印簿弁序，勸募城鄉士庶及閩省漁商，共得千有餘金。住僧鳩工庀材，焦勞罔倦。正寢陛高丈許，增廣尺餘。頭儀兩門及戲臺、後殿重添榱桷，盛施丹雘。復因捐資不敷，不辭竭蹷，以勷厥成。（清·于萬川：《（光緒）鎮海縣志》卷十三，清光緒五年刻本）

【東嶽宮戲臺】東嶽宮，四都一啚，妙勝寺隔河。光緒元年，里人余鴻潮、王大德重修，新建戲臺，甃築石塘。（清·于萬川：《（光緒）鎮海縣志》卷十四，清光緒五年刻本）

【治水判官黃公忌辰鄉人演戲】治水判官黃公祠，一都六啚武功村，祀宋浙東轉運使判官黃恕。……鄭兆龍《記》：鎮邑濱海，神祠以百數，而惟我靈緒鄉石山之黃公廟獨應祀典。公襄人。……遇公忌辰，廟下十堡，每歲以次演戲仰妥公靈，而戴姓獨出田五畝，爲冬至日享祀之費。其志尤足嘉也。（清·于萬川：《（光緒）鎮海縣志》卷十四，清光緒五年刻本）

【演劇女投江】投江女父，老諸生，貧甚，以女質於豪。豪貪，轉鬻定鎮，充歌伎，演劇兵子家無虛日。女苦之，飲恨不言也。順治八年五月廿一日，戲於市。父立觀道旁，疑其貌若女。女見父輒抱持而哭，兵子格止之。女惟曰：「亟贖我。」父輒走於豪，而壓以兵威勢，不可復歸。母哭，自沈於井。訃聞於女，心隱痛之外，若不經意者。廿五日乘舟遷鎮，艤於浮橋，一躍入水。董守諭詩序。（清·于萬川：《（光緒）鎮海縣志》卷二十六，清光緒五年刻本）

【跳槽】跳槽。《丹鉛錄》：元人傳奇以魏明帝爲跳槽。俗語本此。（清·于萬川：《（光緒）鎮海縣志》卷三十九，清光緒五年刻本）

【扯淡】扯淡、掃興、出神。《遊覽志餘》：杭人有諱本語而巧爲俏語者，如胡說曰扯淡，有謀未成曰掃興，無言默坐曰出神。自宋時梨園市語之遺，未之改也。翟灝曰：「扯淡當作哆誕，於義庶有可通。」（清·于萬川：《（光緒）鎮海縣志》卷三十九，清光緒五年刻本）

【作獺】作獺。《敬止錄》：不惜器物曰作獺。南唐張崇帥廬州貪縱，伶人戲爲人死，被冥府判云：「焦湖百里，一任作獺。」（清·于萬川：《（光緒）鎮海縣志》卷三十九，清光緒五年刻本）

【呆木大】呆木大。俗謂不慧者爲呆木大。大讀作駄，去聲。《輟耕錄》院本名目有此。（清・于萬川：《（光緒）鎮海縣志》卷三十九，清光緒五年刻本）

【牽郎郎拽弟弟】牽郎郎拽弟弟。張懋建《石癡別錄》：兒童衣裾相牽，每高唱云云。初意其戲詞，後見《詢芻錄》，乃知爲多男子祝辭。（清・于萬川：《（光緒）鎮海縣志》卷三十九，清光緒五年刻本）

## （光緒）餘姚縣志

【鐙節邑廟演戲】（元月）十三以前，婦女用香燭茶果，夜請天僊或紫姑，問吉凶休咎。十三日鐙節。案：今鐙節邑廟演戲，城鄉大姓宗祠張鐙設供，羅列珍玩，雜奏音樂，遊人徹夜。（清・周炳麟：《（光緒）餘姚縣志》卷五，清光緒二十五年刻本）

【東嶽生辰賽會】三月二十八日，東嶽生辰。自十二日至二十日禮拜之會，分爲數十社，每社數十百人鳴金曳幟而唱佛號，邑中叢祠，無不徧至。（清・周炳麟：《（光緒）餘姚縣志》卷五，清光緒二十五年刻本）

【關帝生辰賽會】端午，其節物爲蒲艾、繭虎，其飲食爲花糕、巧糉、雄黃酒。十三日，關帝生辰，里社亦多拈香賽戲。（清・周炳麟：《（光緒）餘姚縣志》卷五，清光緒二十五年刻本）

【姚江春社賦】清・黃宗羲《姚江春社賦并序》：歲丙寅，余以先忠端公入祀鄉賢，留城東數日。值賽神之會，舉國狂遊。憶癸未於袁令座上，施忠介言：「吾姚禮拜，聚眾至數萬，將有揭竿之變。」余云：「遊人鳥合，非白蓮無爲之比。」言猶在耳，忠介已爲千古人物。余龍鍾曳杖，雖繁華過目，而悽愴滿懷，因爲賦之。

原夫祠廟之設，東嶽無兩。固天帝之孫，五嶽之長。而怪書僻說，遂以爲收召魂魄，主帥魍魎。伊黔首之無知，唯禍福之是仰；咸歌舞以接神，杳風雲以肸蠁。至姚江之迎賽，尤人情之狂蕩。

時當暮春，芳草煙交，桃花紅染。柳同心而未折，鶯囀嬌而猶慊。於是金鼓鏦錚，旌旟舒捲。節進退以佛號，聲搖屋瓦；別隊伍以懸鐙，走及奔犬。焚香則十里之霧，明燭則列星之閃。儼細柳之軍容，恍上林之敷衍。

城東五里，有廟巍然。十六之日，四方畢瞻，厥隊維百，一隊數千。蓋十萬之人，於此周旋，紅塵四合，歌吹沸天。則有漂絮村姬，膏粱纖弱；娣姒乎襄王巫，姊妹乎陳思洛。已捐團扇，不施紺幕；臉汰芙蓉，氣澄蘭蒻；

髮光可鑒，流波似鍔。釵則紫玉槃龍，裙則金泥簇蜨。綷縩之聲，若風度壑。平日紅閨深閉，錦車呵導者，至此而遊人下走，不免肩挨而履錯；眞粉黛之如土，目睛爲之銷鑠。

爾乃飛鳧競渡，群龍出戲；五彩陸離，鱗甲鋒利；爭先競捷，濤狂浪厲；隱隱塡塡，共驚風雨之驟至。《虞初》故事，院本俗演；改陸從舟，施輪暗轉；孤鶻旦末，樂工不選；乃命稚女充賦，粉子蒙遣；漚珠槿豔，神心繾綣。

至若夜以繼晝，素月流天。士女雜沓，鐙火連延；暗中環珮，陌上金鈿。而江上神燈，復顯異其間；初明滅於空翠，旋瀲豔於野田。大炬前導，碎火分傳；若近若遠，若散若聯。聲啾啾而似語，燄冷冷而無煙。昧者以爲神之往來，不知靈氣發洩於山川也。

念哲人之在昔兮，以釀亂爲深憂；余答以無庸兮，此不過傖父之春遊。去之四十四年兮，今復見於城陬；悲哲人之箕尾兮，將謂吾何求？

亂曰：鄭女芍藥，曹盱婆娑，成風土兮；三春花鳥，千古文章，爲藻黼兮；夜月神絃，空江巫笛，今猶古兮。（清・周炳麟：《（光緒）餘姚縣志》卷五，清光緒二十五年刻本）

**【白首誰同傀儡場】**清・鄒尙《正月十七夜看鐙詩》：白首誰同傀儡場？漫遊街市恣徜徉。低頭學步春泥滑，短足隨人夜路長。顧影不知天有月，踏花空惜地無香。衰年發興翻愁苦，好被山梅笑老狂。（清・周炳麟：《（光緒）餘姚縣志》卷五，清光緒二十五年刻本）

**【堂戲】**九月十二日，兩城秋賽，迎城隍神，農復留傭刈晚禾。冬至前後，各鄉村祠廟鼓樂演劇，名曰「堂戲」。（清・周炳麟：《（光緒）餘姚縣志》卷五，清光緒二十五年刻本）

**【里社報賽】**（知縣）程明愫《餘姚縣修學記庠序（節錄）》：學校所以明人倫，倫明而民親，實人心風俗攸關，非僅爲子衿肄業而設也。……今夫起精舍、飾觀宇，佞仙佛者好之。里社報賽，竿木角觝，百戲競作，徼福漁利之徒好之，而皆不免於達人之哂。至於崇修學校，士大夫爲之提唱，無不油然感、翕然應者，以是知倫理素具於人心，莫謂今之不古若也。（清・周炳麟：《（光緒）餘姚縣志》卷十，清光緒二十五年刻本）

## （光緒）慈谿縣志

**【京都慈谿會館戲臺】**京都慈谿會館，在宣武門南兵馬司中街。咸豐九年，邑人馮福恩捐銀二千兩購王相國鼎宅改築之，計大、小屋三十餘間。……國朝來，吾邑宦京師者少而旅寓多，縫人俗竟稱爲成衣會館焉。余自咸豐己未抵京應禮闈試，同鄉人有觴余於會館者，見戲臺一座，尚在院中。移奉文昌栗主於東廂，其門外則仍浙慈會館也。（清・楊泰亨：《（光緒）慈谿縣志》卷五，清光緒二十五年刻本）

**【上九里廟演戲之所】**上九里廟，縣西南四十里，車廄半隩。祀漢黃公。《採訪册》。廟在宋馮尚書世亨墓之麓，面溪而建。溪中三小方石，演戲立柱之所，洪水不壞，靈異若此。禮部馮儒士建威靈顯赫額，因而史、孫等姓左立關聖、文昌二像，右奉龍神、天妃之宮，煥然一新。《天啓志》。（清・楊泰亨：《（光緒）慈谿縣志》卷十五，清光緒二十五年刻本）

**【馮家禎長於度曲】**馮家禎，字瑞鯉。《雍正志》。《思舊錄》：字吉人。《馮氏譜》：號退菴，生時祖夢庭前大鯉，故名。祖詢，字漸川。少孤，事母孝，與弟析產，推腴取瘠，有還遺金、焚逋券諸善行。《馮氏譜》。父其美，有學行。家貧，恒資館穀養親，暮年猶不廢舉業。至再膺封典，迺已兩世，並邑諸生。家禎中崇正四年進士，由中書舍人册封周藩，擢部曹。《雍正府志》：歷遷禮、兵二部郎中。陳時政，多所建白。幼工屬對，《馮氏譜》：六歲時祖與客弈，以「客敲碁」命對，應聲曰：「子擊磬。」客拊其額曰：「子非池中物也。」長而文名大起。其後林居，好獎勵後進，遊其門者多成名士，衣冠中嘗以風流倜儻見推。《雍正志》。晚乃益肆力於詩古文，旁及樂府。其群從家畜歌伶，家禎集諸名士填數十闋，授伶人，尅日呈伎。家無擔石，怡然也。《雍正府志》。（清・楊泰亨：《（光緒）慈谿縣志》卷三十，清光緒二十五年刻本）

編者案：此處所記，與本書所收《馮家正家畜歌伶》條（清・曹秉仁：《（雍正）寧波府志》卷二十六，清雍正十一年刻乾隆六年補刻本）相彷彿，唯詳略有差。馮家正即馮家禎，因避明崇禎帝諱而作「家正」。

**【方華欽在官不演戲】**方華欽，字景安，號竹南。嘉慶五年舉人，考取景山官學教習。以知縣分發陝西，歷署洋縣、南鄭、靖邊、石泉、沔縣知縣，留壩廳同知，授洛川縣知縣。……手錄《年譜》，自謂在官不用大刑、不坐夜堂、不演戲、不作生日、不買妾，至應酬餽送，尤生平所短也。（清・楊泰亨：

《（光緒）慈谿縣志》卷三十二，清光緒二十五年刻本）

**【西樓戲臺】**東樓、西樓。縣東、西郭皆有酒樓，東樓自東郭橋至接官亭；西樓乃今山川壇基，宋、元以來皆爲戲臺，歌鼓之聲不斷。臺之四面皆樓，樓前商舶雲屯，往往於樓上宴樂。《浙江通志》。（清·楊泰亨：《（光緒）慈谿縣志》卷四十三，清光緒二十五年刻本）

**【西樓戲臺之勝】**東、西郭皆有酒樓。東樓自東郭橋至接官亭；西樓乃今山川壇基，唐、宋、元以來皆爲戲臺，臺之四面爲樓，伎者居之，南北百戲，歌鼓之聲不斷。樓前商舸百貨雲屯，往往於樓上取樂。（清·楊泰亨：《（光緒）慈谿縣志》卷五十五，清光緒二十五年刻本）

**【立冬打鬼胡】**九月社夥，會參神送聖，迎燈走馬。立冬打鬼胡，花帽鬼臉，鐘鼓劇戲，種種沿門需索。其婦人則爲人家拗髮髻，薙婦面毛，習媒妁，伴良家新娶婦。（清·楊泰亨：《（光緒）慈谿縣志》卷五十五，清光緒二十五年刻本）

**【元宵賽燈百戲並作】**元宵自十三日夜始，街各設竹棚綵障，懸燈其上。祠廟皆盛張燈，遊觀達曙。或以火藥爲錦樹之戲，至十八日乃止。《嘉靖府志》。賽燈百戲並作，慈谿縣舊景。衢歌巷舞，往來如晝。《雍正志》。（清·楊泰亨：《（光緒）慈谿縣志》卷五十五，清光緒二十五年刻本）

**【鬧秧歌】**十三日始，每夕兒童黏五色燈唱歌，謂之「鬧秧歌」。俗呼若鸚哥。（清·楊泰亨：《（光緒）慈谿縣志》卷五十五，清光緒二十五年刻本）

**【四月賽會】**四月賽都神會，以望後至月盡日止。卜日，舁神像，導以儀仗金鼓，臺閣巡城，及近城鄉里□之。四月半，會所經由，盛設牲醴，張燈召優人逆祭，謂之「酌獻」。各鄉則以二月望至三月望賽社。會北鄉有龍神會，臺閣尤盛。有高至三丈者，謂之「高臺閣」，率十年一會。會以秋冬之交。（清·楊泰亨：《（光緒）慈谿縣志》卷五十五，清光緒二十五年刻本）

**【九月社夥】**九月在城各坊，輿祠廟神像，遊行街市。導以兵仗綵亭、金鼓雜劇，各相競賽，觀者塞路，謂之「社夥」。（清·楊泰亨：《（光緒）慈谿縣志》卷五十五，清光緒二十五年刻本）

【祀先用樂演劇】冬至，各家具香燭以禮神祇及先祖仕宦之家，有具牲醴以祀者。《嘉靖府志》。《鄞縣志》云：巨族有宗祠者潔牲醴以祀其先，用樂演劇。無祠則祀於家。按：此亦鄞、慈同者。（清・楊泰亨：《（光緒）慈谿縣志》卷五十五，清光緒二十五年刻本）

【跳竈王】臘月，乞頭（按：乞人之魁謂之「句頭」。《鄞縣志》作「墮民」，爲稍異。）戴幞頭，赤鬚持劍，沿門毆鬼，謂之「跳竈王」。新增。按：今赤鬚持劍，蓋爲鍾馗像。其曰跳竈王，不知取義，亦不知所昉。鄞以墮民越多貧婦，並同其目。其於古者逐疫之意一也。（清・楊泰亨：《（光緒）慈谿縣志》卷五十五，清光緒二十五年刻本）

## （光緒）寧海縣志

【正月演劇敬祖迓神】正月則演劇敬祖迓神，亦設筵席，衣冠瞻拜。年終各自爲祭，毋庸聚拜。間有用生卒月日設祭以享。（清・王瑞成：《（光緒）寧海縣志》卷二十三，清光緒二十八年刊本）

【元宵城鄉演劇】歲時禮儀：元旦早起，庭設香案，男女禮拜神祇及祖宗祠廟。越日，男子序拜尊長，出謁親鄰，謂之賀歲。市不貿易，杯酒往還者浹月，曰「歲酒」。立春先一日，邑令率丞尉以綵仗迎春於東郊，祭勾芒神。至日鞭土牛，曰「打春」。頒春於士夫家。元宵，燔桑柴，謂之「燀址界」。市廟里社結綵張燈，演劇敬神，至二十乃止。正月十五謂元宵，城中演劇十四起，鄉間十三起。（清・王瑞成：《（光緒）寧海縣志》卷二十三，清光緒二十八年刊本）

## （光緒）嘉興府志

【寂寞梨園曲】國朝陽雍建《南湖有感》詩：佳人何縹渺，綠水夜光浮。寂寞梨園曲，蕭疏竹徑秋。滌愁還問酒，乘興一登舟。鄉夢蘋花冷，浮生愧浪遊。（清・許瑤光：《（光緒）嘉興府志》卷十二，清光緒五年刊本）

【旱澇演劇以齊衆心】債田以耕之佃戶。向時，人尙謹愿，除實租外，照田根立券者曰虛租，有預議折實米數、不論水旱者曰實租。視豐歉爲盈縮。年來奸猾成風，順成之歲，且圖短少；小涉旱澇，動輒連圩結甲，私議納數，或演劇以齊眾心，或立券以爲信約。偵有溢額者，黠者遂群譟其家，責其抗眾，否則陰中以禍。是國家以旱潦爲憂，而奸佃反因以爲利也。懲薙此風，則公

私並受其福矣。《烏青鎮志》。（清・許瑤光：《（光緒）嘉興府志》卷三十二，清光緒五年刊本）

**【喪葬用優劇非禮】**將葬，姻友咸送，或設路祭。至用優劇爲戲，非禮也。窶戶多火葬，拾骨以瘞，毫不知痛。（清・許瑤光：《（光緒）嘉興府志》卷三十四，清光緒五年刊本）

**【楊炳撲滅花鼓淫劇】**楊炳，字子萱，江西新城人。議敘官於浙，先任嘉興，移秀水。爲政持平恕，而除暴不畏彊禦。三店鎮有演習花鼓淫劇者，協營弁撲滅之。幾罹禍，卒搗其穴，四境肅然。有《惜味軒詩》四卷。後以玉環同知殉難省城。《忠義錄》有傳。（清・許瑤光：《（光緒）嘉興府志》卷四十二，清光緒五年刊本）

**【張濂後堂無優人】**張濂，字景周，薊州人。進士，正德中知海鹽縣，涖政三年，民歌之曰：「前堂無吏人，後堂無優人，堂下無犯人。」擢監察御史。《浙江通志》。（清・許瑤光：《（光緒）嘉興府志》卷四十三，清光緒五年刊本）

**【徐彝承工度曲】**徐懋學，……子彝承，號石琴，詹事府主簿。稟承庭訓，讀書儲經濟。道光壬寅海氛熾，郡城騷動，上《防夷策》五條。尤嗜讎校《史記》、前後《漢》、《文選》及蘇詩，均有評本。於許氏《說文》多所心得，段註未安處補正若干條。他若書畫金石、文房古玩、賞鑒款跋稱精當，餘事工圍棋、度曲，時或引商刻羽、放浪湖山以爲樂。癸卯，修築郡城并澉浦礮臺，捐縉錢，親畚挶利濟，鄉里交口賢之。孫傳經、傳政，亦能世其業。于《志》兼補纂。（清・許瑤光：《（光緒）嘉興府志》卷五十三，清光緒五年刊本）

**【金汝珪儉約自持不召優伶演劇】**金汝珪，字同侯。父犖，文行重一邑。乾隆壬辰成進士，授吏部文選兼考功司主事。尋丁母憂，扶櫬歸葬。時南陽夏鎮間河水驟溢，狂飈陡起，船欲覆，家人掖汝珪，將呼他舟載，汝珪抱棺，痛哭不肯去。服闋，由郎中擢江南鹽巡道。在江南五年，累署藩臬，儉約自持，未嘗一召優伶演劇。被議歸，卒年五十一。（清・許瑤光：《（光緒）嘉興府志》卷五十四，清光緒五年刊本）

**【張鎬被縛城隍廟戲臺柱】**張鎬，字湘舟，秉性剛直。咸豐庚申九月初六日，被擄至南城隍廟，不屈，反縛戲臺柱，抵死罵不絕口，面如生。事聞，奉旨入本邑忠義祠。《楓溪小志》。（清・許瑤光：《（光緒）嘉興府志》卷五十五，清光緒五年刊本）

【內務府召民間優伶演劇】陸秉樞，字眉生。道光丁未年進士，選庶吉士，授編修。歷官山東、貴州、江南諸道御史。轉給事中，巡視中、西兩城。充乙未會試同考官。卒贈光祿寺卿銜。其在諫垣也，有言內務府召民間優伶演劇者，《疏》劾近習藉端獻媚、大臣不知匡救，語甚切。至福建邵武府城陷於賊，守將逃避，昌言請誅。中西和議成，極言夷情叵測。又疏諫京師設立夷館。又再疏諫巡幸木蘭及請復京倉舊制。請懲餘姚奸民，請禁候銓官假稱親老告近與議團防、獎忠節、劾貪吏諸疏言，皆切直有古諫臣風。（清・許瑤光：《（光緒）嘉興府志》卷六十一，清光緒五年刊本）

【伶人王綺得劉眞人像】劉卞功，紹興丁卯七月衣青衣至嘉興府治東南隱眞道院，自言姓劉，居濱州，留數日去，雲堂柱間題四十三字，字畫透柱，如點漆，刮墨和劑能療人疾。乾道間，眞人復來，住望吳門外畫工家。自起藁繪其像，後爲伶人王綺所得。一夕，綺夢眞人叱之曰：「汝留我在此，許時如何？」綺驚寤，訪諸隱眞，始知顚末，遂歸焉。徽廟時，屢詔不起。守臣奉旨寫眞，眞人即自題一詩於上，特授高尚處士。劉《志》參《檇李詩繫》。（清・許瑤光：《（光緒）嘉興府志》卷六十二，清光緒五年刊本）

【歌兒汪佛奴】褚琬珍，字楚玉。祖母沈氏，入《嘉興才媛傳》。琬幼承懿訓，留心翰墨。適選拔生程文浩，工詩，早卒。《桐溪詩述》。案：元時有汪佛奴，歌兒也，濮院濮樂閒娶爲妾。一日濮有感於中，酒闌淚下，佛奴問故，濮曰：「吾老矣，汝宜善事後人。」佛奴亦泣下，誓無二志。既而濮死，佛奴獨居尼寺，操行潔白，以終其身。事載《輟耕錄》。究以其爲歌兒也，爰附才媛之末，以不沒其人云。（清・許瑤光：《（光緒）嘉興府志》卷七十九，清光緒五年刊本）

【趙子固歌古樂府自執紅牙以節曲】趙子固，清放不羈。好飲酒，醉則以酒濡髮，歌古樂府，自執紅牙以節曲，其風流如此。又嘗目姜堯章爲詞家申、韓。《研北雜志》。（清・許瑤光：《（光緒）嘉興府志》卷八十七，清光緒五年刊本）

【鄭端簡家規雖宴貴客不使粉墨粧場】鄭端簡家規，雖宴貴客不使粉墨粧場。雖給用有羨，不營子母之利。雖子姓繁衍，無一人入歌妓之室者。此規至今行之，誠縉紳家久遠之藥石也。《見只編》。（清·許瑤光：《（光緒）嘉興府志》卷八十七，清光緒五年刊本）

## （乾隆）海寧州志

**【喪事用聲樂】**喪事尙佛老，用聲樂。殯之日，主喪者犯忌亦避。大家行喪，親友醵奠，務以華靡相高，至有用綵閣優伶爲前導、簫鼓闐咽者。貧者火葬成風。（清·戰效曾：《（乾隆）海寧州志》卷二，清乾隆修道光重刊本）

**【平安戲】**二月春社，民間於春分前後醵金，具牲醴祀土穀神。祀畢，即爲社飲。會無定期，至有競爲優戲以樂神者，名平安戲，觀者盈衢，漸啓里中遊閒好事之端，弊習宜禁。（清·戰效曾：《（乾隆）海寧州志》卷二，清乾隆修道光重刊本）

**【海神聖誕演戲慶賀】**八月十八日，海神聖誕。自十六日起禮懺，演戲慶賀。誕日致祭，祭品禮節與戊日同。兩配兩廡，祭品各十道。天后宮、水仙閣、雷殿俱用素供。（清·戰效曾：《（乾隆）海寧州志》卷六，清乾隆修道光重刊本）

**【許令典禁梨園】**許令典，字同生，萬曆丁未進士。令上饒，調繁無錫，並有惠政。左遷去，二十年浮沉中外。晚守淮安，以廉著。任未五月，會中璫出鎮，即日引疾歸。搆東垞、西垞於黃山之麓，自號兩垞外臣，野服策杖其間，與販夫牧豎雜坐問答，不知爲大夫也。邑有大利害，輒陳當事，無不以一言爲重。家居絕綺紈、禁梨園、簡宴會。詩文取達意而止。雅擅書法，不欲與時競工。年六十五寢疾，戒其子勿求諛墓，作自祭文，題二絕句而逝。（清·戰效曾：《（乾隆）海寧州志》卷十一，清乾隆修道光重刊本）

**【朱氏嫠居不觀劇】**朱氏。沈斗光繼妻，年二十六寡，事邁姑孝。撫前妻子基如己出。嫠居三十五年，惟以女紅爲事。里中每演劇，鄰婦相邀往觀，氏以未亡人，從不與也。（清·戰效曾：《（乾隆）海寧州志》卷十四，清乾隆修道光重刊本）

## （光緒）桐鄉縣志

**【彈鬱輪袍】**《彈鬱輪袍》：夤緣謀舉首，彈出《鬱輪袍》。伊人喜禪寂，

斯事豈稱高。（清・嚴辰：《（光緒）桐鄉縣志》卷首二，清光緒十三年刊本）

**【春臺戲】**二月二日，祀土地神，人戴蓬草以辟頭風。賚所藏年餻食之，云令人健，名撑腰餻。是日下瓜茄菜種。初八日，俗傳祠山大帝生日，前後必有風雨，謂之「請客風、送客雨」。十二日，爲百花生日，名花朝，用綵繒繫樹，忌雨。古以十五日爲花朝，今俗以十二日當之。十九日，觀音誕，私禁屠宰。春分日忌雨。諺云：「春分無雨病人稀。」是月兒童競放紙鳶。諺云：「楊柳青，放風箏。」鄉村好事者醵錢演戲酬神，名春臺戲。（清・嚴辰：《（光緒）桐鄉縣志》卷二，清光緒十三年刊本）

**【花賭】**北柵當江浙之交，每於臨河空曠處所搭蓋蓬廠，晝夜聚賭，並招徠蘇、常一帶花船演習女戲，名曰「花賭」，引誘良家子弟，而盜賊亦溷跡其間，大爲民害。（清・嚴辰：《（光緒）桐鄉縣志》卷二，清光緒十三年刊本）

**【城隍廟戲臺】**城隍廟在縣治西北，明宣德六年知縣趙中建，天順元年知縣張泰重拓。……同治四、五年間，知縣富拉渾收取各圖鄉捐，僅建一大殿間架及寢宮三間。至九年，署知縣戴枚始與邑紳嚴辰廣勸邑人集資重建大殿、外軒、兩廊、戲臺、頭門、二門，東南隅六鄉土地祠、蠶神祠、雷祖殿，西南隅三公祠。土木丹雘，期年而成。嚴辰有《記》。（清・嚴辰：《（光緒）桐鄉縣志》卷三，清光緒十三年刊本）

**【索度明王廟劇場】**索度明王廟，在青鎮壽聖寺東，鎮人祀爲土地神。相傳神爲吳大帝。……咸豐十年，遭粵匪蹂躪，未燬。光緒四年，里人醵資大加修葺，煥然一新，並拓東面圍牆以擴觀劇之場。（清・嚴辰：《（光緒）桐鄉縣志》卷三，清光緒十三年刊本）

**【修眞觀戲臺】**修眞觀，在青鎮望佛橋西。宋咸平元年，道士張洞明剏建，元末兵燬。明洪武間稍葺之。……國朝康熙十五年，道士徐鐸銘隨穹窿法師施亮生應召入都，裕親王賜書修眞觀額。……二十二年，建玉皇閣。六十一年，改元武殿爲東嶽行宮。乾隆十四年，重建山門，稍移而北，臨河剏建戲臺。咸豐十年，遭匪毀後僅存東偏兩殿。同治四年，里人吳學浚集資重建大殿、山門、戲臺並玉皇閣殿旁月樓，頓復舊觀。（清・嚴辰：《（光緒）桐鄉縣志》卷五，清光緒十三年刊本）

【王鳳生禁花賭】王公鳳生，字竹嶼，安徽婺源縣人。監生，僑寓江甯白鷺洲上。以通判仕浙，留心吏治，勤求民隱，需次至十六七年之久。凡浙中有大疑獄及水旱災荒，大吏輒以任之。歷權蘭溪、平湖縣事，皆有惠政。嘉慶十一年，權烏鎮同知篆，實兼轄桐鄉之青鎮。俗尚賭博，每於臨河搭蓋蓬廠，晝夜聚賭，演唱女戲，名曰「花賭」。公親往捕，得首犯發縣懲辦，賭風遂戢。（清·嚴辰：《（光緒）桐鄉縣志》卷十，清光緒十三年刊本）

【陸秉樞諫止內務府召民間優伶演戲】陸公秉樞，字辰吉，號綸齋，一號眉生，烏鎮人。生十年而孤，稟承祖訓，有神童之目。十三歲遊庠，見賞於學使江右陳公用光，爲作蹇修，聘同鄉汪提軍道誠之女，里人至今豔稱之。道光癸卯舉於鄉，丁未成進士，入詞垣。咸豐壬子大考，前列記名，遇缺題奏，旋授山東道御史，調貴州、江南兩道。升工科給事中，調禮科，掌戶科印。……任臺諫數年，章凡數十上，皆能見其大。其尤著者諫設京師夷館，諫阻巡幸木蘭，諫止內務府召民間優伶演戲，有五不可之疏。事雖皆不行，而公之直聲震天下，夷酋聞之，皆爲歎服。（清·嚴辰：《（光緒）桐鄉縣志》卷十五，清光緒十三年刊本）

【奇烈記本事】妙圓比邱尼，出家濮院之新陸庵。道光十四五年間，有惡少陸安者屢挑之，冒稱檀越，侮其住持，意欲得而甘心焉。一日，率眾往，尼聞而雉經死，其住持葬之庵西桑地上，沈歸鋤茂才作《奇烈記》傳奇記其事。咸豐初，岳古香明經援例聞於朝，得邀旌典，附祀節孝祠。新纂。（清·嚴辰：《（光緒）桐鄉縣志》卷十五，清光緒十三年刊本）

【乾隆五十四年西河演劇棚傾壓死觀衆】康熙五十九年庚子正月，濮院南新街燈彩大盛，觀者肩摩踵接，惟見燈光如晝，夜景晴明，樂而忘反。無何，風狂雨驟，火滅棚催，簷溜成渠，進退無路，遂至前人失足，後人山倒，哀號之聲四振，而糜體絕臏者不可勝計。鄭耕餘《燈市紀異》詩云：「折脇斷臂不知數，馱歸死者百餘家。」又云：「路旁尚有屍橫臥，檢點猶餘十三个。」讀之不勝慨然。乾隆五十四年己酉，西河演劇，觀者聚於涼棚下，棚忽傾，有壓死者，有足爲棚所壓倒懸於岸而死者，有身受重傷扶歸而死者，至於斷肢毀體，不可勝數，可慘殊甚。各坊設水龍以防火災。癸丑五月二十日，試於會龍漾，觀者聚於長木橋，橋欄忽傾，溺死者數人，洵可哀也。可

爲好事者戒。以下《濮鎮紀聞》。（清・嚴辰：《（光緒）桐鄉縣志》卷二十，清光緒十三年刊本）

## （光緒）重修嘉善縣志

【梨園村】奉四中區諸村莊陸莊村。……梨園村。俗呼鄒官人帶。昔有鄒姓，好聲樂，教優伶，曾居是村，故名。（清・江峰青：《（光緒）重修嘉善縣志》卷三，清光緒十八年刊本）

【陳幾亭家訓堂中不演劇】潔梁堂，在東亭橋東北，儀部陳幾亭居。儀部家訓，堂中不演劇。適有違其訓者，命水滌之，因名潔梁堂。（清・江峰青：《（光緒）重修嘉善縣志》卷三，清光緒十八年刊本）

【關帝祠戲臺】風涇關帝祠，在治東北奉四中區，距城一十八里。國朝順治三年，居民因常平倉基承佃創建。……雍正七年，邑人汪承霙修。戈《志》。乾隆己卯，僧定輝募貲，里人程緒祖、張正鑒、戴賓、程永思等倡捐，建後殿、觀音殿、文昌閣、書廳、僧房、韋尊者殿、三仙殿、戲臺、頭門。（清・江峰青：《（光緒）重修嘉善縣志》卷六，清光緒十八年刊本）

【武帝廟戲臺】甯和道院，在治西一百步。……咸豐間兵毀。同治間知縣傅斯懌築山門，修葺正殿，改爲武帝廟，並建戲臺，旋毀。（清・江峰青：《（光緒）重修嘉善縣志》卷六，清光緒十八年刊本）

【城隍廟戲臺】城隍廟，在縣治東。……乾隆十九年，羽士王安捐資重建大寤樓。三十三年，重募鑄鼎爐一座。五十六年，知縣舒泰然勸紳士募一文會，重建戲臺、兩廡并修葺殿堂。（清・江峰青：《（光緒）重修嘉善縣志》卷七，清光緒十八年刊本）

【皮工觀劇以利刃刺演秦檜者】楓涇鎮每上巳賽神，邀梨園演劇。康熙癸丑，演秦檜害岳武穆事，忽一人從眾中躍出，以利刃刺演秦檜者死。其人業皮工，所操即皮刀也。送官訊之，對曰：「與梨園從無半面，實因秦檜可恨，初不計其眞假也。」有司憐其義憤，以誤殺薄其罪。《三岡識略》。（清・江峰青：《（光緒）重修嘉善縣志》卷三十五，清光緒十八年刊本）

**【優人扮戲諷諫殺酷吏林宏龍】**（明）林宏龍，溪人，令嘉善。性嚴酷，作生革鞭，斃人不可勝計。小吏周顯發其奸，假他事殺其家十八人，雖孕婦、幼女、館客皆不免。顯別弟訟冤於監司，獄久不決。會中官與藩臬宴，一優扮雪獅子出，一優曰：「獅則美矣，怕烈日，必無日地可跳。」因問何地，曰：「惟嘉善可耳！」眾詰其故，曰：「嘉善林知縣打殺一家十八人而不償命，非有天無日地乎？」時問官亦在坐，相顧竦然。罷宴，迄論宏收繫，磔於市。（清·江峰青：《（光緒）重修嘉善縣志》卷三十五，清光緒十八年刊本）

編者案：清·許瑤光《（光緒）嘉興府志》（清光緒五年刊本）卷八十七所載與同略同。

**【賽神莫盛於楓涇鎮】**賽神莫盛於楓涇鎮，始於乾隆癸巳，至戊戌，更踵事增華。間三四年，輒一爲之。擇童子十歲以下貌端好者，遍扮諸天列宿，盡態極妍。衣皆奇麗，珠以萬計，金玉以千計。其有不足，則假諸鄰邑，互相誇耀，舉國若狂，費幾累萬。至期，士女空巷往觀，百里內聞風而來者舟楫雲集，河塞不通，一時傳爲勝舉。然廢業耗財，莫此爲甚。當事者能禁而革之，亦挽回頹俗之一端也。（清·江峰青：《（光緒）重修嘉善縣志》卷三十五，清光緒十八年刊本）

**【僧西嘉教鸚鵡度曲】**僧西嘉，道光時居化成庵。性頗瀟灑，諷經之外，兼工清歌。嘗畜一鸚鵡，教之度曲，己爲擫笛，字字入拍，隔院聞之，與人無異。後爲某紳富所賞，酬以百金，強奪以去。乃易人擫笛，而鸚鵡噤口無聲，不得已仍歸西嘉。後鸚鵡死，爲封土以瘞之。新纂。（清·江峰青：《（光緒）重修嘉善縣志》卷三十五，清光緒十八年刊本）

**【張氏子年少解音律】**邑有張氏子，年少解音律。每值清明、中元，婦女野祭夜哭，輒窺伺竊聽。某歲七月望夜，信步入曲巷，聞有哭聲，知爲新孀。亟返，攜所吹簫往，則哭猶未已，乃當門負牆而立，方鼓脣按指，覺哭聲入孔相應，忽若有從後批其頰者，所吹簫墮地如裂，遽負痛歸。面色灰敗，氣纔如縷，向其妻述曰：「吾平日以此爲樂，豈知今大苦耶？」視所批處，紅腫而紫爛，不日殞。其妻哭，先覘戶外無人乃發聲，顧不能守，未終喪而醮焉。（清·江峰青：《（光緒）重修嘉善縣志》卷三十五，清光緒十八年刊本）

**【金孃曲】**庚申寇至斜塘，南柵賭博、花鼓戲，妓船盛集。辛酉春，據城賊目陶姓者至鎮，招妓侑酒。有金孃者，色伎雙絕，見賊即裂眥怒，徒手欲搏之。眾捽之下，欲加重刑，憐其色，不忍強逼。其母泣請，乃牽出。夤夜遁去。姜渤漁、王怡雲作《金孃曲》以美之。（清・江峰青：《（光緒）重修嘉善縣志》卷三十五，清光緒十八年刊本）

## （光緒）於潛縣志

**【城隍廟戲臺】**城隍廟，在縣治西街。……道光十六年，禪源寺僧重建頭門。咸豐十年，遭寇多圮。同治七年，里人盛齡、徐昌周等集資重建戲臺並兩廊、十殿，改塑十二鄉土地，重修大殿暨左右財神、痘神等殿。……十三年，里人張錦和集資重建後殿，並修大殿、戲臺。……二十一年，盛齡捐廟前基地，移建照牆並東、西轅門。二十三年，楊明喜、徐至彬復募資重修戲臺，並於後殿前改造穿堂。（清・程兼善：《（光緒）於潛縣志》卷六，民國二年石印本）

**【包拯祠演劇】**包孝肅公祠在縣署譙樓左，祀宋龍圖閣學士包拯。每歲三月初八日，邑人致祭，出會演劇。今廢。一在惟後鄉丹楓菴右菴內，向有公像。康熙丁丑夏旱甚，祈雨響應，士民建專祠奉之。一在嘉前普照寺。一在塘湖寮車橋，又名永福禪院。《舊志》。咸豐十年，兵毀。同治八年，里人謝應彪募建大殿、戲臺。光緒二年，謝百松募資重修。一在長前法道庄，兵毀。同治八年，里人方策集資重建。一在泗洲橋，一在豐前青石山。《新纂》。（清・程兼善：《（光緒）於潛縣志》卷六，民國二年石印本）

**【東平忠靖王廟戲臺】**東平忠靖王廟，在縣西太陽村，祀唐揚州大都督睢陽張中丞巡，神顯於宋汴京南渡後，谷邑奉祀之。七月二十四日誕辰，居民致祭，聚會酬願，百貨貿易集焉。《舊志》。一在嘉後鄉仁山嶺。均稱東平王廟。咸豐十年，兵毀。同治十年，里人陳有筠、盛紀福、沈茂清等集資重建。光緒十一年，里人陳煥鰲、陳上鰲、沈茂清等集資重建戲臺。一在豐前藻溪，已廢。《新纂》。（清・程兼善：《（光緒）於潛縣志》卷六，民國二年石印本）

**【嘉德後鄉一在仁山嶺戲臺後】**嘉德後鄉，一在仁山嶺橋坎。……一在姚墓村，地四分，有石碑。一在湧村，庄燕窠形，地三分。俱里人姚長啓、李楊基等募置。一在仁山嶺戲臺後，里人張炤、張理中、張濬、李德林等捐

地二畝。西至戲臺東，南北俱至路。（清·程兼善：《(光緒) 於潛縣志》卷六，民國二年石印本）

**【上元節挑燈扮劇】**十五日上元節。十三日爲上燈夜，村民鳴鉦擊鼓，以相娛樂。競賽龍燈爲戲，亦有挑燈扮劇者。上元尤喧鬧，至三更方息。街上門首各掛燈。謂之「燈市」。是夕作粉果食之。謂之「燈圓」。婦女迎紫姑以卜蠶穀。遊燈之人，奔逐街坊，恣爲喧樂。至十八日止，眞太平景象也。《容齋隨筆》云：「西京十五日前後各一日放燈。自錢忠懿王納土於宋，獻錢買二夜，展至十八日止，至今相沿如舊。」（清·程兼善：《(光緒) 於潛縣志》卷九，民國二年石印本）

**【十月各土穀祠皆演劇酬神】**十月初一日，俗咸祀其先，有祭墓略同清明者。初二日，城隍會演劇。三日，各項貨物沿街作市，廟中筵供燈綵，頗爲繁費。次日，迎神賽會。上午出南門，將晚至北門外行宮看劇。初更，迎燈入殿。觀燈之人，各鄉咸集，擁擠諠譁，此夕爲盛。嗣後各土穀祠皆演劇酬神。百日之勞，一日之澤，此報賽之遺，亦豐年之樂也。是月釀秫作酒，謂之「十月白」。（清·程兼善：《(光緒) 於潛縣志》卷九，民國二年石印本）

**【長至日各族祭祠演劇】**長至日，各族祭祠演劇，散胙。祭禮見前。拜揖尊長，亦名亞歲。（清·程兼善：《(光緒) 於潛縣志》卷九，民國二年石印本）

**【周青山後渚橋戲臺前遇賊被戕】**周青山，十年六月十四日，在後渚橋戲臺前遇賊被戕。（清·程兼善：《(光緒) 於潛縣志》卷十二，民國二年石印本）

## （同治）湖州府志

**【戴總管廟前高臺演戲娛神】**明·章嘉禎《德清縣熊侯重修儒學記》：吾德有學以來，屢新屢圮。今上庚戌，豫章熊大夫由東粵高明調吾邑，首加志於學校，夙夜殫慮，捐俸括羨，省歲費、簡廚傳之餘，以鳩庀而葺治之。會永安鄉有神祠之柏，瀕水而半翳，民訛言柏能療疾，爭嚙柏，挹水以飲之，晝夜麏至者以千計，於是施木石絲枲之物山積，旁郡響應若狂。大夫下令捕治，斬柏而散其黨，木石輸官助學工。城內戴總管廟前一高臺，日演戲娛神，百姓嬉嬲。大夫曰：「立撤去臺。」二事先後發與學工之告成，會先殿廡、次橋門、次啓聖祠、次堂皇齋舍，煥然一新。其東南隅更爲文昌樓，五楹矗然雲表。正欞之外，隔水屏以高垣，粉堊翼如，皆大夫肇創，前此未有也。（清·

宗源瀚：《(同治) 湖州府志》卷十八，清同治十三年刊本)

**【魁猾奸黠醵金演戲勾引博徒】**市鎮鄉村，每多魁猾奸黠，武斷鄉曲。春間奮身醵金，搭臺演戲，勾引博徒遊兵。賭博之外，近有旋骰、磨錢、鬭牌、棊勢之類，迷誘良民，爲惡不一，相習成風。窮民墮其術中，賣妻鬻子，或流爲盜賊。(清・宗源瀚：《(同治) 湖州府志》卷二十九，清同治十三年刊本)

**【迎春官轎前分列故事優戲】**立春前一日，官府迎春，各官轎前分列故事優戲，殿以春牛，士女縱觀。按：又設芒神，俗名太歲。至日五鼓，郡守率僚屬鞭春牛而碎之，人皆爭取其土以爲宜田蠶。《烏程劉志》。按：是日，奉芒神供入府城隍廟。立春延客用春餅，兒童競放紙鳶。諺曰：「楊柳青，放風箏。」《烏青文獻》。又有抛毬、踢鞬諸戲。(清・宗源瀚：《(同治) 湖州府志》卷二十九，清同治十三年刊本)

**【清明前數日賽會祀土穀之神】**清明前數日，各村率一二十人爲一社會，屠牲釃酒，焚香張樂，以祀土穀之神，《武康駱志》。謂之「春福」。《浙江通志》引《孝豐縣志》。妝扮師巫臺閣，擊鼓鳴鑼，插刀曳鎖，叫囂隳突，如顛如狂。《武康駱志》。(清・宗源瀚：《(同治) 湖州府志》卷二十九，清同治十三年刊本)

**【東嶽生日扮搭臺閣故事】**(三月) 二十八日，東嶽生日，燒香作會。《南潯志》。或誦經上壽，或枷鎖伏罪，扮搭臺閣故事，迎演數日。《烏青文獻》。(清・宗源瀚：《(同治) 湖州府志》卷二十九，清同治十三年刊本)

**【七月七日金元七總管生日演劇祭賽】**七月立秋日，以井水吞赤小豆七粒，謂可免瘧痢之疾。《烏程劉志》。初七日，金元七總管生日，演劇祭賽。《南潯志》。以紙皁隸焚之，或有結會街迎者。《烏程劉志》。《菱湖志》：「七月七日水會，是水嬉遺風。」是夕，食茄餅或揉麪爲花果鳥獸形，油煤食之，曰「巧果」。閨中擣鳳仙花染指甲。《南潯志》。俗無穿鍼乞巧之事。《烏程劉志》。(清・宗源瀚：《(同治) 湖州府志》卷二十九，清同治十三年刊本)

**【李王會演劇】**安吉李衛公廟，每八月十八日，相傳爲公生日，先期醵金置酒酣宴。演扮先代人物，鼓吹歌唱之聲，晝夜不絕，謂之「李王會」。《湧幢小品》。(清・宗源瀚：《(同治) 湖州府志》卷二十九，清同治十三年刊本)

**【九月初五日祀土地廟百戲具陳】**九月初三日，鄉人儺。《長興張志》。初五日，南潯鎮人祀雙土地嘉應廟。燒香遊覽，士女闐溢，百戲具陳。前後二旬始罷。《南潯志》。（清・宗源瀚：《（同治）湖州府志》卷二十九，清同治十三年刊本）

**【立冬至歲底鄉村社戲】**立冬至歲底數月，鄉村皆演戲酬神，謂之「社戲」。十月以後漸寒，家家類坐火箱。曉起衣著及暮夜臥被，必焙其中。（清・宗源瀚：《（同治）湖州府志》卷二十九，清同治十三年刊本）

**【黃檗】**黃檗，一作黃栢。《談志》：烏程有黃檗山、黃檗澗。《本草》有「檗木」，注黃檗也。《貴耳集》：壽皇賜宰執宴，御前雜劇，妝秀才三人。首問曰：「第一秀才，仙鄉何處？」曰：「上黨人。」次問：「第二秀才，仙鄉何處？」曰：「澤州人。」又問：「第三秀才，仙鄉何處？」曰：「湖州人。」又問：「上黨秀才，汝鄉出甚生藥？」「某鄉出人參。」次問：「澤州秀才，汝鄉出甚生藥？」「某鄉出甘草。」次問：「湖州出甚生藥？」「出黃檗。」「如何湖州出黃檗？」「最是黃檗苦人！」當時皇伯秀王在湖州，故有此語。壽皇即日召入，賜第，奉朝請。按：據此則湖之黃檗名與上黨人參、澤州甘草相埒，乃諸家《本草》言黃檗出處俱不及湖州，何歟？（清・宗源瀚：《（同治）湖州府志》卷三十二，清同治十三年刊本）

編者案：同書卷九十三亦引《貴耳集》中此段文字。

**【書船販賣傳奇演義】**書船。《湖錄》：書船出烏程織里及鄭港、談港諸村落。吾湖藏書之富，起於宋。南渡後直齋陳氏著《書錄解題》，所蓄書至五萬二千餘卷。弁陽周氏書種、志雅二堂藏書，亦稱極富。明中葉如花林茅氏、晟舍淩氏、閔氏、匯沮潘氏、雉城臧氏，皆廣儲籤帙。舊家子弟好事者往往以秘冊鏤刻流傳，於是織里諸村民以此網利，購書於船，南至錢塘，東抵松江，北達京口，走士大夫之門，出書目袖中，低昂其價。所至，每以禮接之，客之末座，號爲書客。二十年來，間有奇僻之書，收藏家往往資其搜訪。今則舊本日希，書目所列，但有傳奇、演義、制舉時文而已。（清・宗源瀚：《（同治）湖州府志》卷三十三，清同治十三年刊本）

**【沙飛船船頂可架戲樓演劇】**沙飛船。《南潯志》：大者曰沙飛船，船頂可架戲樓演劇，謂之「樓船」。每年五月二十日官祭弁山黃龍洞顯利侯廟，例雇此船，往山下演劇。鎮人婚禮迎娶必用之，曰「迎船」。（清・宗源瀚：《（同治）湖州府志》卷三十三，清同治十三年刊本）

【直以戲爲事神之具】《吾學録略》：直省城隍，合祀神祇壇，又以神主厲壇之祀，每月朔、望，守土官詣廟行香，行二跪六叩禮。遇暘雨愆期，則禱於廟。蓋城隍實主一方之治，福善禍淫，本爲理之所有。乃蚩蚩之氓，別有所謂城隍誕日者，迎神出廟，周遊街巷，地方官曾莫之禁，以其出會即《周禮》鄉儺遺意也。然而黄金四目，執戈揚盾，前人已謂儺近於戲，今則直以戲爲事神之具矣。其尤甚者，鑪亭旗繖，擡閣雜劇，或陳古玩以炫富，或飾冶容以導淫，清歌十番，輪班疊進，不惜百家之產，以供一日之觀。更有燃肉燈、裝冥判、縛喬竿、施五采，褻神厲鬼，伯什成群，絶不知愧恥爲何事。此非敬神，實慢神也。又復裝飾小兒，目爲神犯，械手檻軀，謂可保壽命而獲神佑。不知養蒙當教以正，示以恭謹尚恐其頑，乃以赭衣加於髫稚，既爲不祥，自其少日已使之縲絏通衢，及其長成，尚何羞恥？即可因此而免夭殤，父母亦何貴，有此不肖之子？又案：古者廟之有寢，所以施於人鬼也。城隍則鎮星也，乃於寢室中設婦人像與神並坐，號爲神配，奈何以一方正祀之神等於小姑、彭郎，事同兒戲哉？（清·宗源瀚：《（同治）湖州府志》卷四十，清同治十三年刊本）

【演戲祀城隍】城隍祀於壇不祀於廟。廟設木主，稱某府縣城隍之神守土官。朔望行香，以肅穆爲敬。今乃窮極土木之雕飾，裝點禍福之神司。塑像奇怪，演戲喧闐，虛縻金錢，以恣遊眺，褻瀆甚矣，非令典也。（清·宗源瀚：《（同治）湖州府志》卷四十，清同治十三年刊本）

【章昭達每飲會必盛設女伎雜樂】章昭達，字伯通，吳興武康人也。……三年，遘疾薨，時年五十四，贈大將軍，增邑五百戶，給班劍二十人。昭達性嚴刻，每奉命出征，必晝夜倍道，然有所克捷，必推功將帥，廚膳飲食並同於群下，將士亦以此附之。每飲會，必盛設女伎雜樂，備盡羌胡之聲，音律姿容，並一時之妙。雖臨對寇敵，旗鼓相望，弗之廢也。四年，配享世祖廟庭。《陳書》列傳。（清·宗源瀚：《（同治）湖州府志》卷六十六，清同治十三年刊本）

【姚班進言禁工伎出入宮闈】姚班，篤學有立志。擢明經，歷六州刺史，政皆有績。數被褒賜，累封宣城郡公，遷太子詹事兼左庶子。時節愍太子稍失道，班凡四上書諫。其一曰：臣聞賈誼稱選天下端士，使與太子居處出入，故太子見正事、聞正言、行正道，左右前後皆正人也。夫習與正人居，不能無正；習與不正人居，不能無不正。教得而左右正，則太子正；太子正，天下定矣。伏見內置作坊，諸工伎得入宮闈之內、禁衛之所，或言語內出，或事狀外通，小人無知，因爲詐僞，有玷盛德。臣望悉出宮內造作付所司。……《唐書》列傳。（清・宗源瀚：《（同治）湖州府志》卷六十七，清同治十三年刊本）

**【嚴廷瓚劇場以斧斃讎】**嚴廷瓚，字天佩，烏程人。父時敏，以面責其族子暘過，爲暘所恨，紿與出遊，擠之水死，冤未雪。廷瓚稍長，問其母曰：「兒父安在？」母告以故，即慟哭，齧指出血，年十六自爲狀，以父冤控縣。暘賄上官得免，横益甚。廷瓚奉母徙居長興以避之。以訓蒙餬口，置一斧臥內，中夜徬徨，摩其斧而泣。康熙己未，母死。既殯，孝子乃出其斧拜而祝之，遂懷斧歸故里。會村社演劇，暘方高坐觀劇，廷瓚直前，斧其首，首裂。又斧其頸，遂斃。眾大驚，廷瓚叩頭謝曰：「某報讎，非有他也。」遂詣縣自首。縣令高必騰嘉其孝，欲生之。廷瓚曰：「復讎，子職也；抵死，國法也。囚不願以子職廢國法！」縣列上其事，府道、臬司皆曰：「此孝子，不可殺。」欲援昌黎復讎，議請督撫具題，而孝子已死於獄。（清・宗源瀚：《（同治）湖州府志》卷七十七，清同治十三年刊本）

編者案：清・李衛《（雍正）浙江通志》（清文淵閣四庫全書本）卷一百八十四、清・羅愫《（乾隆）烏程縣志》（清乾隆十一年刻本）卷七所載與此略同。

**【袁說友諫言逐退樂人及俳優伶官】**袁說友，字起崖，建安人，寓居湖州。號東塘野士。《家傳》。隆興元年進士。《中興館閣錄》。調建康府溧陽主簿。歷國子正宗寺主簿、樞密院編修官。《家傳》。……光宗即位，說友奏六事：一曰孫爲祖服，當行周期之制；二曰起居郎陳傅良、樞密院編修張方皆一時人望，宜令依舊供職；三曰廣開言路，崇用臺諫；四曰應樂人及俳優伶官權令逐退，終喪後續聽指揮；五曰求言貴於能聽，聽言貴乎能行；六曰嚴父莫大於配天，若行明堂，則於尊父之禮有礙，仍舊講行郊祀之禮。《東塘集》十三。（清・宗源瀚：《（同治）湖州府志》卷九十，清同治十三年刊本）

**【王雨舟寬宥優人】**烏鎮王雨舟，承祖父鉅產，嗜學讀書，法書名刻，盈寶峴樓。騷人墨士，日常滿座。外若放浪，中實介然抉擇。有優人乘醉呼公名辱駡，家人欲詰責之，公不許。一日宴客，召其人歌而侑觴，公語家人曰：「我與客坐，彼獨立而歌不止，辱之也。」公嘗用重値售古鏡一圓，出以示門下客，一不加意，鏡墮地破，其人跼蹐不勝，公慰之曰：「吾前所云重價，紿君爾，實價不過兩許而致，君毋芥蔕於心也。」其厚德類此。《見聞紀訓》。（清・宗源瀚：《（同治）湖州府志》卷九十四，清同治十三年刊本）

編者案：清・羅愫《（乾隆）烏程縣志》（清乾隆十一年刻本）卷十六所載與此略同。

【凌氏且適園演劇】適園，凌氏且適園也。坐落謹一圩北偏，以事歸昭余公。致仕後，作歸來堂，又稱四面廳，爲遊息之所。廳前有一峰石，石高聳，昔以重大不可致，乃演劇，聚千人之力，藉以菲曳之而上。其下有池，池畔爲仙人橋。由橋而行，有仙人洞，亦纍石爲之。繚以周垣，佐以名花。而弁峰以南，層巒疊嶂，皆環拱於右。其西即公自營壽藏。俯瞰盤此漾，波瀾微動，荇藻交橫，亦殊清曠。園客公有賦，未孩公有詩。（清・宗源瀚：《（同治）湖州府志》卷九十四，清同治十三年刊本）

編者案：明・王世貞《弇州山人四部續稿》（清文淵閣四庫全書本）卷五「詩部」所收《凌大夫且適園》謂：「爲園何必廣，聊以答吾寄。勝從蘋洲采，鐵許薌林媲。水石有眞色，桑榆信所植。好雨東南來，百卉欣自媚。時禽宛宛鳴，儵魚悠然逝。念彼非有託，叶此成偶契。谷愚豈眞徙，河清焉可俟。尺鷃與雲鵬，逍遙不相倍。有待終愧煩，無營乃爲貴。」明・王穉登《王百穀集十九種》（明刻本）「清茗集卷下」收有《重遊且適園懷故凌使君稚哲》、「竹箭編卷上」則收有《凌使君且適園》、《答凌使君》，均可參看。

清・羅愫《（乾隆）烏程縣志》（清乾隆十一年刻本）卷六載有凌廸知小傳，謂：「凌廸知，字稚哲，號繹泉，約言長子。嘉靖丙辰進士，歷工部郎中。時朝廷事齋醮，興十壇之後，計琉璃磚瓦百五十萬，非經年不辦。廸知訪得巨璫所貯三殿副料若干，盡勒數報上，刻期而辦。巨璫恨之，中以危法，謫定州同知，署開州里甲，苦一切供應。廸知請立一條鞭法，後龐御史尚鵬用於浙，海中丞瑞用於吴，皆以爲便。遷大名府判，陞常州府同知。罷歸，閉户著書林下三十四年，日校讐群書，雕板行世。年七十二卒。」

【綠牡丹本事】太倉陸世儀《復社紀略》曰：當天如之裒集國表，湖州孫孟樸淳實司郵置。扁舟千里，往來傳送，寒暑無間。凡天如、介生遊轍所及，孟樸每爲前導，一時有孫鋪司之目。兩越貴族子弟與素封家兒，因孟樸拜居張、周門下者無數。諸人亦執贄後，名流自負，趾高氣揚，目無先達。

烏程溫育仁，首輔體仁介弟也，心醜之，著《綠牡丹》傳奇以誚之。杭俗好異，爭相搬演。諸門生病之，飛書兩張先生，求爲洗刷。兩張親莅浙，言之學臣黎元寬。元寬乃南張同籍，聲氣主盟也。因禁書肆、毀板，桁楊書賈，究作傳主名，執育仁家人下於獄。育仁怒。族人在介生門下者，爲溫以介，力求解於兩張先生，不許，獄竟而後歸。當是時，越中皈命社局者，爭頌兩夫子不畏強禦，而婁江、烏程顯開大隙矣。

張鑒書《綠牡丹》傳奇後曰：此吾鄉溫氏啓釁於復社之原，近日讀而知其故者鮮矣。書中以管色爲烏有亡是之詞，其實柳五柳、車尚公，范思訶也，据《復社紀略》，各有指斥。其於越人，疑亦王元趾、陳章侯一流。而吳興沈重者，以在朝則影黎媿庵、倪三蘭，在野則影張天如、楊子常、周介生輩。媿庵當日按試，械時相閽人，究及書肆賈友，而毀板厲禁之。但其詞藻有不能沒者，蓋相國之弟育仁暨二子儼、伉，倩人爲之。竹垞太史云：孟樸渡淮泗、歷齊魯以達於京師，賢大夫士必審擇而定襟契，然後進之於社，豈獨於故鄉兩越而改轅易操耶？想當聯社初，交未克家登戶至，自必以友及友。或間有二三貴族、富兒廁於其間，亦所不免，乃斷曰無數，且曰溫育仁心醜之，直據溫氏之謠而載之矣。《復社姓氏錄》具在，班班可考。嘗聞溫相有子求入社而不可，因作《綠牡丹》以誚之是也。《潯溪紀事詩》注。（清·宗源瀚：《（同治）湖州府志》卷九十四，清同治十三年刊本）

**【災年王維珍奢靡演戲】**前順治七年、八年，湖州水災，巡撫蕭起元疏報程安，俱有漕折四分。十三年水災，巡撫秦世禎疏請蠲，亦有漕折三分。十八年旱災，巡撫朱昌祚疏請蠲銀三分之一。康熙四年水災，巡撫蔣國禎疏請蠲銀三分之一。九年水災，巡撫范承謨至湖。履畝，博採條議，因得合府改折漕糧，且請蠲請賑。設法糴米至湖賑糶，又設廠賑粥，百姓得以全活。十一年，蟲災在八月中，范正在提場部院，劉惟麒代爲委員踏勘會稿，題蠲將白糧改作三年帶徵。十八年蟲災，巡撫陳秉直撥米賑濟，俾一方安堵。二十二年旱荒，巡撫張鵬翮，以二十三年有旨蠲免漕糧，遂請移恩，預蠲本年漕米，百姓更生。五十年來，從未有今年之水災。當端陽，時巡撫王維珍在西湖划龍船，將六橋俱結綵牌樓，十景塘盡札綵闌杆。又用湖船數十隻，聯結鋪板，上懸錦幔，下設彩筵，合省官員，俱看龍船，飲酒演戲，仁、錢兩縣約費銀七千餘兩，以致感召孽龍，自端午起大雨約有半月，平地水漲丈餘。田內積水，高者有五六尺，低者有八九尺。正值種田之時，苗秧盡沒，埂路俱沈，無從車戽。士民人等具呈呼籲，維珍大怒云：「汝等俱係訟師劣衿，捏報災傷，妄圖蠲折。甚至謬辱以爲時雨祥瑞，何得以災傷不祥之語捏控？」又大書告示，不許告災。因諭令車戽補種，遂著圩甲，造送補種田冊拜疏，反嗇爲豐，以四野芃芃入告矣。《蕢恭菴筆記》。（清・宗源瀚：《（同治）湖州府志》卷九十五，清同治十三年刊本）

## （道光）武康縣志

【迎春】立春前一日迎春，各官轎前匄者裝春官，執春花，分別故事。優戲一人，肩春牛往東郊，士女縱觀。至日五鼓，縣主率僚屬鞭春牛，碎之。相與爭拾碎紙，以爲宜田蠶也。立春後，兒童輩競放紙鳶。（清・疏筤：《（道光）武康縣志》卷五，清道光九年刊本）

【舞陽侯廟】清・洪昇《舞陽侯廟》詩：「屠狗何妨老，從龍亦偶然。彘肩能一割，卮酒即千年。古柏遮庭際，湘溪亘廟前。里人賽春社，村鼓正闐闐。」（清・疏筤：《（道光）武康縣志》卷十，清道光九年刊本）

編者案：《洪昇集》卷三《稗畦續集》所收，作《舞陽侯祠》，然與本詩頷聯、頸聯、尾聯字句皆不同。

【狂奴乘里中演劇之機入室犯沈烈婦】沈烈婦，上柏里張姓婦，年十七來歸。姑淫悍，時招匪入室。氏恥之，力諫不悛，語其夫，亦不省。後有狂奴欲犯之，遂自經死，邑人徐夢曾爲作《傳》。略曰：烈婦姓沈氏，武源人。幼以孝稱，性至介，族黨希識其面。年十七歸武康上柏張氏子，其姑淫悍，招群凶入室飲酒，歡呼達旦，率以爲常。氏既悉其情狀，知不能得之於姑，乃語張曰：「此曹豈可令入吾闥耶？且若長大，奈何忍心甘此事。」張昏甚，再三語，不省。嗣是不復言。輒屏居臥室，對青燈，淚瀰瀰下。姑常曰：「新婦介介，殊不快人意。」氏聞之，益盡婦道惟謹。明年春，返母家，不數日即請歸，且以情泣告其父，願以死誓。既歸，會里中演劇，姑與夫皆往觀，獨氏留育蠶。突有狂奴入室犯之，氏倉卒不知所爲，堅持良久，知不敵，乃紿之曰：「此白晝，豈苟合時耶？當待於夜分耳。」奴歡躍去。氏遂經於床側，素粧縞服，顏色如生。（清・疏筤：《（道光）武康縣志》卷二十，清道光九年刊本）

## （乾隆）紹興府志

【趙公阜】趙公阜。《萬曆志》：在縣北二十里。晉永嘉二年石勒亂，太

常伶人趙姓者與其徒二十餘人避地於此。（清·李亨特：《（乾隆）紹興府志》卷五，清乾隆五十七年刊本）

**【元宵鬧以戲劇簫鼓】**元宵，國制弛禁十日，而越中亦頗盛，率前二後五。每至正月十三日夜，民則比戶接竹棚懸燈，大都土製爲多。其紙燈頗呈纖巧，麥幹燈紅燦如火毬，朱門畫屋，出奇製，炫華飾，相矜豪奢。閩三齊之琉璃珠、滇之料絲、丹陽之上料絲、金陵之夾紗羊角、省城之羊皮、燕之雲母毬屏，交錯街衢，往往彌望。而仙釋之居亦垂綵帶，懸諸華燈。好事者復箕斂於市要區，爲煙樓、月殿、鼇山、火架，集珍聚奇。凡器具玩好，人家有一珍麗，必百方索以出，參差陳之，各以意布置，頗有結構。遠望燦爛，近視乃精整。間鬧以戲劇簫鼓，歌謳之聲，諠闐達旦。男女縱遊於道，極囂雜，巨室或由此構訟。極盛者在十五六夜，七則稍稀，八、九更益冷落，燈多懸而不燭。二十日猶有置酒者，謂之「殘燈」。入下旬則相率徹棚仆架矣。（清·李亨特：《（乾隆）紹興府志》卷十八，清乾隆五十七年刊本）

**【迎龍之賽惟飾優伶】**《舊志》：越中當三夏旱甚之時，有迎龍之賽，不齋虔祈禱，惟飾優伶及下戶少年爲諸神佛怪異，或扮故事，珠翠燦然，綺繡陸離，彩巾錦帶飄颺風日中。草龍則覆以錦褾，插金首服爲鱗，指節爲鎖，車馬紛然，盡服飾之鮮麗，侏儒天老慕爲奇貨，爭預迎至家食用之，用以鬭異，爲仙爲怪，其費用率里巷爲伍，度人家有無差派，好事者主其算。大戶競出新奇相炫耀，有一珍麗即侈然德色，長街通衢，迤邐回旋，觀者奔趨，顧盼不給，大約若鬭富。而餘姚則以大江爲界，南、北各一，宗遞相競，各以閥閱名位，假古人相況，交矜誇，甚則相嘲誚，即觸人忌諱不顧，亦大足詫也。（清·李亨特：《（乾隆）紹興府志》卷十八，清乾隆五十七年刊本）

**【李亨特禁演唱夜戲】**乾隆五十七年十月，知府李亨特檢紹郡已禁之案，凡若干件，恐民之久而復蹈也，乃擇其尤爲風俗害者十條，勒石儀門，名十禁碑。俾民知所警惕且以告後之守斯土者：……一、禁演唱夜戲。每遇夏季演唱目連，婦女雜沓，自夜達旦。其戲更多悖誕。乾隆五十六年出示嚴禁，在案。（清·李亨特：《（乾隆）紹興府志》卷十八，清乾隆五十七年刊本）

**【祭儀樂舞】**春秋仲月上丁日，祭獻官散齋二日，致齋一日。前一日，演樂省。牲祭日，三更祭事皆備，鼓再嚴，樂舞生、執事者各立丹墀左右，鼓三嚴，引贊、各獻官廟門外立。通贊唱：樂舞生就位。樂生序立於廟庭奏樂之所。兩司節者分引舞生至丹墀東、西兩階，序立於舞佾之位。兩司節者退至舞生兩班首，持節相向立唱：執事者司事，陪祭官就位，分獻官就位，獻官就位。引贊、引獻官至拜位，引贊退位。唱：瘞毛血。執事者捧毛血由中門出，四配十二哲兩廡由左右門出。瘞於坎，啓俎蓋，唱：迎神。樂奏咸平之曲，麾生揚麾，樂生擊柷。樂作，司節舉節，舞生執籥秉翟而舞，叩首，再叩首，三叩首，興。麾生偃麾，樂盡櫟敔，司節伏節、舞生罷舞。唱：奠帛，行初獻禮。捧帛者捧帛，執爵者執爵，引贊、引獻官詣盥洗所，勺水淨巾，引詣酒尊所，司尊者舉羃酌酒，執爵者、捧帛者在獻官前行。正廟帛爵由中門入，四配帛爵由左門入，各於神案側立。引贊、引獻官亦由左門入，詣至聖先師孔子神位前，樂奏迎平之曲，麾生揚麾，樂生擊柷，樂作，司節舉節，舞生執籥秉翟而舞，獻官跪。捧帛者西向跪，進帛，獻官獻帛，授接帛者，奠於神位前。叩首，興，詣讀祝位，祝位在香案前。引贊、引獻官至祝位，麾生偃麾，樂暫止。讀祝者跪取祝文，退立於獻官左，獻官并各官及讀祝者皆跪。讀祝文曰：維某年歲次某某月某朔，越幾日某官某等敢昭告於至聖先師孔子，曰：維師德配天地，道冠古今。刪述六經，垂憲萬世。惟茲仲春秋，謹以牲帛醴齊，粢盛庶品，祇奉舊章，式陳明薦。以復聖顏子、宗聖曾子、述聖子思子、亞聖孟子配尚饗。叩首，興。麾生舉麾，樂生接奏未終之樂，引贊、引獻官詣復聖顏子神位前跪，捧帛者跪進帛於獻官右，獻官獻帛，授接帛者奠於神位前案上。執爵者跪進爵於獻官右，獻官獻爵，授接爵者奠於神位前。叩首，興。次詣宗聖曾子、述聖子思子、亞聖孟子神位前，儀同復聖，復位。引贊、引獻官至原拜位立，通贊唱，行分獻禮，各引贊引分獻官詣盥洗所勺水淨巾，引詣酒尊所，司尊者舉羃酌酒，各引贊引分獻官至十二哲兩廡神位前跪。捧帛者跪進帛，分獻官獻帛，授接帛者奠於神位前，捧爵者跪進爵，分獻官獻爵，授接爵者奠於總案上。執事者於各神前自奠一爵，叩首，興，復位。麾生偃麾，樂盡櫟敔，司節伏節，舞生罷舞。通贊唱：行亞獻禮。引贊、引獻官詣酒尊所。司尊者舉羃酌酒，詣至聖先師孔子神位前，樂奏安平之曲，麾生揚麾，樂生擊柷。樂作，司節舉節，舞生執籥秉翟而舞，儀如初獻。四配十二哲兩廡，亞、終二儀，胥同初獻，復位。麾生偃麾，樂盡櫟敔，司節伏節，舞生罷舞。通贊唱：行終獻禮，儀同初獻，樂奏景平之曲，樂作佾舞，獻爵諸儀畢，復位。麾生偃麾，樂盡櫟敔，司節伏節，舞生罷舞。通贊唱：飲福受胙。進福酒者捧爵，進福胙者取正壇羊左肩胙，置於盤，引贊、引獻官詣飲福位跪（即讀祝位），捧福酒者跪進酒於獻官右，獻官受飲，以爵授接胙者，由中門捧出，叩首，興，復位。叩首，再叩首，三叩首，各官同。唱：徹饌。樂奏宣平之曲，樂生奏如前式，執事者跪舉籩豆一、器一，舉而徹，兩班司節分引舞生，於丹墀東西相向序立不舞，麾生偃麾，樂盡櫟敔。唱：辭神。樂奏祥平之曲，樂生奏如前式。叩首，再叩首，三叩首，各官同。麾生偃麾，樂暫止，讀祝者捧祝，奠帛者捧帛，各詣瘞所。正廟由中門出，四配十二哲兩廡帛，由左右門出，唱：望瘞。麾生揚麾，接奏前樂。引贊、引獻官、分獻官、陪祭官至瘞所。唱：焚文帛九段。焚訖，麾生偃麾，樂止，復位。通贊唱：禮畢。

崇聖祠同日先祭，無樂舞，餘儀同。（清·李亨特：《（乾隆）紹興府志》卷十九，清乾隆五十七年刊本）

編者案：各家方志中此類記載頗多，兹引此一例，其它方志中相似記載不再引述。

**【老郎廟演戲】**蕺山書院。俞《志》：在蕺山戒珠寺後，明末劉宗周講學於此，名蕺里書院。後爲優人所居，供唐明皇於中，號曰老郎廟。歲五月，每優人一部，必演戲一日以娱神。聚浮浪少年，獿雜遊冶。國朝康熙五十五年，知府俞卿召梨園，捐俸五十金購之，使別居焉。乃創修爲書院，延師聚徒，復置田畝，歲收以供餼廩，彬彬乎絃誦之地矣。（清·李亨特：《（乾隆）紹興府志》卷二十，清乾隆五十七年刊本）

**【蕺山書院演劇】**清·俞卿《蕺山書院記》：越城山與秦望爲主，客者惟臥龍，元微之所謂小蓬萊也。其東北曰蕺山，即越王勾踐採蕺處。晉王內史卜居山椒，嘗捨宅爲戒珠寺。明季念臺劉公直諫放歸，會講山堂，從學者咸稱蕺山先生，而誌其地曰蕺里書院。考古時講學，必有壇坫宗主，若鹿洞、鵝湖。要亦山川靈淑，故能萃聚人文，共傳不朽。兹山書院，文教攸關，非徒山陰道上供人觴詠閒遊也。余始至，按圖索之，輒欲爲盛事。暇日陟其巔，見殿宇中奉梨園主，怪詢之，僉曰：「歲例，千秋節合郡伶工演劇稱慶，獿雜子女，沿山謳唱，如是數月。」嘻，異哉！霓裳羽衣，爲歡幾何，卒不免於漁陽鼙鼓，其不足崇祀久矣。今變讀書譚道之所，爲酣歌恒舞之場，非特此邦士大夫羞也，責實在守土者。因究其由，知書院曾爲王氏別業，以躭清絲竹委諸遊惰民。余滇人也，越宦境也，當郡務叢集而囊底蕭然，曷暇經營及此？但念事有繫於士習民風，而弗力爲廓清，實不遑寧處。爰檄致伶人，捐俸贖還，令移置原像於他處。隨修葺舊宇爲後堂，增造前堂、外軒、兩廡共屋十四楹，并置田十三畝，選諸生有文行者十人，輪收以贍祠事。爰列鄉賢神主於後，若謝文靖、王右軍、唐義士、孫忠烈、汪督學、王文成、沈光祿、沈通政、祁中丞、倪文貞、劉都憲，志予心所景仰也。前奉賢刺史馬茂陵、劉東萊、湯富順、許遼陽，順人情所公好也。落成告奠，重題其額曰蕺山書院。余於公餘登眺之際，民煙繡錯，翠列清環，洵一郡大觀哉！又進諸生從遊其上，相與發明聖賢垂教之旨、儒者修身立行之實，雖不敢謂足以誨人，聊備他山之石耳。所望賢士君子生長斯土者，砥礪立名，儀型後進，繼蕺山一瓣香傳，日有其舉之莫敢廢也。至嗣後宦遊同人，亦祈留心風教，勤修飾而戒蕪穢，又余所深幸也。夫是爲記。（清・李亨特：《（乾隆）紹興府志》卷二十，清乾隆五十七年刊本）

編者案：清・徐元梅《（嘉慶）山陰縣志》（民國二十五年紹興縣修志委員會校刊鉛印本）卷十九亦收此文。

**【衛所官軍之弊】**兵部尚書譚公綸昔爲海道副使，嘗建議云：衛所官軍，既不能殺賊，又不足自守，往往歸罪於行伍空虛，徒存尺籍，似矣。然浙中如寧、紹、溫、台諸沿海衛所，環城之內，並無一民相雜，廬舍鱗集，豈非衛所之人乎？顧家道殷實者，往往納充吏承，其次賂官出外爲商，其次業藝，其次投兵，其次役占，其次搬演雜劇，其次識字，通同該伍放回附近原籍，歲收常例，其次舍人，皆不操守，即此八項，居十之半，且皆精鋭。至於補伍食糧，則反爲疲癃、殘疾、老弱不堪之輩，軍伍不振，戰守無資，弊皆坐此。（清・李亨特：《（乾隆）紹興府志》卷二十一，清乾隆五十七年刊本）

**【土人競爲戲劇以賽神】**敕封靜安公廟。《蕭山縣志》：即護堤侯廟。《萬曆志》：在縣東北十里之長山，宋時建，神爲張，行六，五漕運官也。咸淳間賜額，祈禱甚應，尤有功於海堤。或云神諱夏，宋景祐中工部郎中，受命護堤。二說微不同。觀廟額「護堤」二字，工部說近是。俗謂之長山廟，又云張老相公廟。春秋有司祭，後別建廟於新林浦之北，謂之行宮。今有司各祭於其所。又一廟在山陰三江閘上，稱英濟王廟，不知何代所錫。其他私祀甚多。土人競爲戲劇以賽神，殆無虛夕云。（清・李亨特：《（乾隆）紹興府志》卷三

十六，清乾隆五十七年刊本）

【胡公廟每年八月十三日賽會甚盛】長山頂胡公廟。《諸暨縣志》：俗稱吳公臺，踞一邑之勝。振衣登眺，則山川雲物，環繞襟帶。每年八月十三日賽會甚盛。（清·李亨特：《（乾隆）紹興府志》卷三十六，清乾隆五十七年刊本）

【毋以近娛忽遠猷】劉宗周，字起東，山陰人。……宗周遂告歸，詔許乘傳。將行，疏陳五事：一曰修聖政，毋以近娛忽遠猷。國家不幸，遭此大變。今紛紛制作，似不復有中原志者，土木崇矣，珍奇集矣，俳優雜劇陳矣，內豎充廷，金吾滿座，戚畹駢闐矣，讒夫昌，言路扼，官常亂矣，所謂狃近娛而忽遠圖也。（清·李亨特：《（乾隆）紹興府志》卷五十二，清乾隆五十七年刊本）

【張岱畜梨園數部】張岱，字宗子，山陰人。明廣西參議汝霖孫也。年六歲，汝霖攜之適杭州，時華亭陳繼儒客杭，見岱，命屬對，奇之，謂汝霖曰：「此吾小友也。」及長，文思坌涌，好結納海內勝流，園林詩酒之社，必頡頏其間。岱累世通顯，服食豪侈，畜梨園數部，日聚諸名士度曲徵歌，詼謔雜進。及間以古事挑之，則自四部、七略以至唐宋說家薈粹瑣屑之書，靡不該悉。及明亡，避亂剡溪山。岱素不治生產，至是家益落。故交朋輩多死亡，葛巾野服，意緒蒼凉。語及少壯穠華，自謂夢境。著書十餘種，率以夢名，而《石匱書》紀明代三百年事，尤多異聞。年六十九，營生壙於項王里，曰：「伯鸞高士冢近要離，余故有取於項里也。」後又十餘年卒。（清·李亨特：《（乾隆）紹興府志》卷五十四，清乾隆五十七年刊本）

【王毓蓍設筵伶人奏樂】王毓蓍，字元趾，會稽人。為諸生，跌宕不羈。已受業劉宗周之門，同門生咸非笑之。杭州不守，宗周絕粒未死。毓蓍上書曰：「願先生早自裁，毋為王炎午所弔。」俄一友來視，毓蓍曰：「子若何？」曰：「有陶淵明故事在。」毓蓍曰：「不然。吾輩聲色中人，慮久則難持也。」一日遍召故交歡飲，伶人奏樂。酒罷，携燈出門，投柳橋下，先宗周一月死。鄉人私謚正義先生。《明史》。乾隆四十一年奉旨入祀忠義祠。（清·李亨特：《（乾隆）紹興府志》卷五十六，清乾隆五十七年刊本）

## （同治）嵊縣志

【土地祠有戲臺】稍東為土地祠，有戲臺。（清·嚴思忠：《（同治）嵊縣志》

卷二，清同治九年刻本）

**【前墅廟演戲田】**前墅廟。新纂：在筮節鄉湖頭。乾隆五十九年州司馬魏詩捨基捐建，捐演戲田十畝，又捐輪修田二畝。（清・嚴思忠：《（同治）嵊縣志》卷七，清同治九年刻本）

**【下童廟置田演戲】**下童廟。新纂：在遊謝鄉十里童。乾隆間，童、王兩姓倡建。因仙君祠在強口，不便祈賽，故分建於此，置田演戲。（清・嚴思忠：《（同治）嵊縣志》卷七，清同治九年刻本）

**【朱葉相公廟演戲田】**朱葉相公廟。新纂：在羅松鄉三十五都袁家。袁德顯捐演戲田十餘畝。（清・嚴思忠：《（同治）嵊縣志》卷七，清同治九年刻本）

**【演劇娛潮神】**陳侯諱賢，字愷山，剡西清化鄉人。生於有宋乾道戊子，歿於紹定庚申，葬其鄉之浦橋莊，距所居裁百武。侯生而神靈，能捍水患。歿爲潮神，廟食錢塘江上，累封靈濟善應協惠侯。德祐乙亥，侯孫築亭墓上，奉時祀，侍御史新昌俞淛爲之記。元季，侯裔析遷他邑，留剡者亦東西散處。至前明，葺祠之役乃藉手於史氏。史氏者，陳之姻好也。國朝乾、嘉間，葺祠者再復賴史氏贊成之。歲三月十六日爲侯誕降之辰，子孫上冢畢，祠中演劇娛神，招史氏會飲，以識舊勞。迄於今不廢。（清・嚴思忠：《（同治）嵊縣志》卷七，清同治九年刻本）

**【李德忠觀琵琶記翁媼食糠處嗚咽不能仰視】**李德忠，陶家莊人。幼失怙，事母以孝聞。性嗜酒，醉輒嫚罵人，聞母至，屏息不敢動。家貧，奉甘旨無闕。會嵊饑，德忠在會城爲人司會計，偶出觀劇，適演《琵琶記》，至翁媼食糠覈，嗚咽不能仰視，其儕拉至酒肆，德忠泣不能飲。眾詰之，曰：「吾鄉饑，老母不足饘糲食，吾忍飲酒耶？」即日渡江歸，而母適病，德忠侍疾，調護倍至，十餘年如一日。母卒，營窀穸，去莊五里，中隔溪。既葬，德忠往視墓，天大風雨，溪流驟漲，半涉幾滅頂。卒達墓所，遂廬墓不歸。里人憫其瘁，間致酒食，則受飧反酒，曰：「母在，恒咎余飲酒。今背之，余懼傷母心也。」三年，然後歸。又五年卒。（清・嚴思忠：《（同治）嵊縣志》卷十五，清同治九年刻本）

**【演戲行喪】**喪：始死遷屍於床，三日而殮，不用布絞，用本等服飾。

下有席有褥，上有衾，實棺以絮。四日成服，緦麻以內皆給服，緦麻以外皆給巾帛。受弔時，族及外親皆有奠，乃近有遲久受弔反鼓吹迎賓、開筵宴客者。七七卒哭，皆哭奠，近有延僧道作佛演法度死及演戲行喪者。或旬日，或一月，或數月，擇日而葬，近有惑於堪輿久停柩不葬者，非古禮矣。（清·嚴思忠：《（同治）嵊縣志》卷二十，清同治九年刻本）

【上元民間爲傀儡戲】上元。民間各於祠堂社廟結綵幔、懸花燈，鼇山銀海，爲傀儡戲、獅子戲，窮極奇巧。比戶屈竹爲棚，挂燈於下，爛熳街衢，謂之「街燈」。鄉社人擎一版，版聯二燈，竅兩端而貫接之，長數十丈，前後裝龍頭、龍尾，可盤可走，謂之「龍燈」，又謂之「橋燈」。今橋燈惟金、處等郡尚爲之。嵊無橋燈，其龍燈則編竹爲之。人持一節，龍頭、龍尾亦只各一人持之。或布之溪流，燦然星馳，謂之「速水燈」。先二日起，窮六日夜始徹。（清·嚴思忠：《（同治）嵊縣志》卷二十，清同治九年刻本）

【社日巨族演戲】社日。用牡醴延巫祈於社廟，謂之「燒春福」。巨族演戲，先後不以期限。秋報亦如之。（清·嚴思忠：《（同治）嵊縣志》卷二十，清同治九年刻本）

【百戲橫陳廟門外】清·鮑照《九日偕蘅香應君觀社，遇錢君鳳于，邀歸小憩，遂陪施君南榮、張君星次同登文昌閣（節錄）》：長空夭矯雙龍翔，鼕鼕社鼓喧神堂。百戲橫陳廟門外，士女觀者如堵墻。我來訪俗得酒友，相逢一笑寢殿旁。（清·嚴思忠：《（同治）嵊縣志》卷二十四，清同治九年刻本）

## （光緒）上虞縣志

【霜磨劍本事】張自偉，字德宏，年十二嘗割股療母。順治乙酉入邑庠。庚寅，山寇王思二索餉，擒其父鳴鳳去，自偉追至孤嶺。將加刃，自偉奮臂負父歸，賊猝割父首去。自偉徧覓不得，大慟幾絕，夜夢神以南池告，《家傳》。隨往，果得，始獲殮。誓報父仇，踰年賊赴縣投誠，自偉遇之，舉利刃刺賊中喉死。《浙江通志》。守道沈上其事於朝，詔旌其門。康熙十三年入孝子祠。傳奇者譜《霜磨劍》行世。《家傳》。案：陳泰交、張自偉《省志》入明，今改國朝。（清·唐煦春：《（光緒）上虞縣志》卷十一，清光緒十七年刊本）

【梨園某鬻妻贖所當戲衣】陳赤爲，字夏蓋，以孝義稱。母病，醫藥窮，赤爲夜禱，中庭割臂肉爛湯以進。母卒死，撫膺慟哭，臂創裂，血漬重衣不覺也。康熙間有梨園某負博金，持戲衣質肆庫，主人索之急，某誑妻來虞，將鬻以償。赤爲聞之，即代輸金，妻得完聚。某泣謝曰：「誓世世弗忘公德。」（清・唐煦春：《（光緒）上虞縣志》卷十一，清光緒十七年刊本）

**【孀婦宜禁絶觀劇】**陳氏，袁同八妻。年二十七而寡，生一女，出嫁亦早寡。一日過女，值演戲，女欲隨姑往觀，力止之曰：「處常宜戒，孀婦尤宜禁絶。」養子寅四，戒以做人要如寡婦守身。而寅四亦以強年歿，氏益無倚，卒年八十七。《補稿》。（清・唐煦春：《（光緒）上虞縣志》卷十四，清光緒十七年刊本）

**【城隍廟劇樓】**清・唐煦春《記略（節錄）》：余奉檄抵虞，受篆後，例入廟告虔，土人曰此禱雨祈晴處也。……先是，廟僅大殿數椽，極力籌款興土木，兼得住持僧凌炎、徐城守濟川擘畫，多方相助爲理，始將大殿裝飾既固且完，繼而修後殿及前門並前後劇樓與兩旁僧住客廳各棟宇，先後八、九年間，規模大備。（清・唐煦春：《（光緒）上虞縣志》卷三十一，清光緒十七年刊本）

**【總管廟每歲正月元夕張燈演劇】**總管廟，在十都梁湖鎮，祀宋陳賢。明嘉靖時敕封今爵。……國朝乾隆間燬於火，里人重建，廟貌巍煥，更增於舊。每歲正月元夕，張燈演劇。六月、十月，鼓樂儀衛導從巡遊。三月十六日爲侯誕辰，四方奉牲禱祝者肩摩踵接，幾與曹娥廟香火相埒。新任縣令入境，必先詣廟行香。（清・唐煦春：《（光緒）上虞縣志》卷三十一，清光緒十七年刊本）

**【元宵鼓樂劇戲】**元宵街市懸燈，各社廟賽神，以鼓樂劇戲爲供。陳設古器，奇巧相角。等慈寺月堂上，里中少年於月下較武，聚觀如市。貴遊好事者放煙火爭勝。自嘉靖間倭奴犯境，遂不復再。萬曆《志》。今則社廟演劇如舊，等慈寺燬於粵匪，并無復昔年陳跡矣。（清・唐煦春：《（光緒）上虞縣志》卷三十八，清光緒十七年刊本）

**【春社前後魚龍百戲】**春社前後，各鄉村聚天齊社會，旗幟繡東嶽帝像，以鼓樂導迎，齋戒必虔。所至以酒饌相款洽，謂之「禮拜」。相傳，明季倭奴入犯，各鄉村團練鄉勇演習隊伍，保障一方，有警則交相接應。後太平無事，遂易戈矛爲旗幟，假神道以驅疫，亦保甲之遺意也。《備稿》。國朝李端本詩：「各攜旗鼓戒同儕，禮拜村村堡堡排。計定來朝三界去，幾家投宿幾家齋。」

王煦詩：「天齊古社報春皇，錦繡叢中傀儡場。要把春城細摹繪，貔貅十萬下昆陽。」乃踵事增華，日新月異。乾嘉以來，每禮拜畢，三月中，里人又聚各社各旗，迎東嶽帝於城中及東、西兩鄉，謂之「花迎」。羽葆鼓吹，繡幟錦纖，高蹺文馬，魚龍百戲，約排場二三里許。每年所費甚鉅，雖太平盛事，亦以見風俗之日靡也。（清・唐煦春：《（光緒）上虞縣志》卷三十八，清光緒十七年刊本）

**【每歲六月十月迎社神演劇】**每歲六月、十月兩期，各村迎社神，祈年報賽之意也。所至鳴鉦演劇，親友聚觀，以酒食相款。（清・唐煦春：《（光緒）上虞縣志》卷三十八，清光緒十七年刊本）

## （嘉慶）武義縣志

**【正月賽神】**正月十四日，東嶽、城隍、二郎、花園等廟各有消災會，輪年司值，擺列筵席，結綵爲亭閣，裝扮故事，用旗鼓迎於街市。廟中則僧道齋醮誦經。城鄉婦女約伴遊觀，謂之「抖晦氣」。元宵各家懸燈於門，街衢或接竹爲棚，掛燈其上，笙歌諠闐徹旦。各坊作龍燈，長數十丈，多紮花燈爲人物、亭臺數百盞，迎於街市，以賽神鬬勝。自初十夜起至二十夜止，較他處爲最久。社日四鄉各有社祭，以祀土穀之神。（清・張營堠：《（嘉慶）武義縣志》卷三，清宣統二年石印本）

**【冬至各鄉村演劇報賽】**冬至日人家設祭祀祖先姻親。以白糯米蒸熟搗爲糍相餽遺，謂之「小年」。自收穫畢，各鄉村皆演劇報賽。（清・張營堠：《（嘉慶）武義縣志》卷三，清宣統二年石印本）

**【東嶽宮戲臺】**東嶽宮，在縣東門外，舊名天齊宮。宋乾道四年，將仕郎徐元亮建。後名東嶽宮。……乾隆十二年，建大門三間，左、右廊爲十殿。廊前有池，皆砌以石。池中亭一、戲臺一，相通處有石橋。正殿後建後殿樓閣一座，并左、右廂房，知縣汪正澤仝邑人建，五十四年闔邑重修。（清・張營堠：《（嘉慶）武義縣志》卷五，清宣統二年石印本）

## （道光）東陽縣志

**【梁太傅傳奇】**《浪遊集》、《梁太傅傳奇》。並王乾章著，見《徵獻略》。（清・黨金衡：《（道光）東陽縣志》卷二十五，民國三年東陽商務石印公司石印本）

【父子狀元】王□□□章，弱冠遊庠，家貧未偶，媒者以浦江鄭氏爲字。既聘，而女病□，四肢俱□。女之父欲辭婚，王不可。娶三年而病不起，執王手泣告曰：「君三年來，再生父母也。所恨者不能爲君舉一子。雖然，必有以報君。」自此夜常入夢，笑語如常。有吉，則喜而相告。以此鄉、會中式，章皆預知。忽一夕，語章曰：「吾報君厚德，相隨四十餘年。其數已同，自此與君永訣，不復相見矣。」語次，聲□交下。章亦泣，謂曰：「吾無他言，吾壽几何？願以告我。」鄭曰：「報父子狀元，此其時矣。」章大喜，時子嘉亳已領鄉薦，孫亦能讀書，穎悟過人。因將宋梁太素事，自爲傳奇，按部拍板，令優人習之。曲既成，大會親朋，演劇，至報「父子狀元」，不覺掀髯鼓掌，一笑而逝。至今梨園所唱□王曲也。（清・黨金衡：《（道光）東陽縣志》卷二十七，民國三年東陽商務石印公司石印本）

## （光緒）玉環廳志

【上元製各種花鐙入人家串演戲陣】上元。設盛饌以供祖先，每室皆燃燭，曰「間間亮」。有燒照於除夕，曰「照歲」。亦有上元、除夕均照者，俗亦不等。墓上插竹懸紙鐙。廟宇張鐙尤盛。里社各製龍鐙，鳴鑼擊鼓，旋繞爲戲。按：此惟江南近樂俗者最盛，江北近太俗者則少。製禽獸鱗魚各種花鐙，入人家串演戲陣，笙歌達旦，環觀如堵。夜深握鏡出聽者，曰「聽響卜」。撒黑豆以辟鼠，曰「打老鼠眼」。婦女請門舅姑及簸箕神，即《荊楚歲時記》之卜紫姑也。以卜諸事休咎。訓導陳春暉詩：「春光也到冷官衙，一樹紅梅絢絳霞。笑解幼孫爭爆竹，喜聞少婦卜油花。歌聲暗攙人聲出，鐙影明攙月影斜。薄宦九年羈海島，屢逢佳節倍思家。」（清・杜冠英：《（光緒）玉環廳志》卷四，清光緒六年刻本）

【二月二十二日城隍壽誕演劇】二月二十二日，爲城隍神壽誕。鄰境商販駢集，百貨雜陳，農家器具及家常什物、終年所需用者多取給於此。廟中召優人演劇，市肆皆懸鐙。四鄉男女，此往彼來，絡繹如織。凡七日而罷。（清・杜冠英：《（光緒）玉環廳志》卷四，清光緒六年刻本）

## （光緒）處州府志

【三月三日設祭演劇】三月三日，賽囿山溫元帥廟，舁其像巡街逐疫，所至皆設祭演劇。鬼裝者前導，黃金四目，詭狀殊形，出行春門至下河而回。

（清・潘紹詒：《（光緒）處州府志》卷二十四，清光緒三年刊本）

【清明之前卜吉設醮於城隍廟】鄉俗於清明之前，卜吉設醮於城隍廟，齋戒極誠。鼓吹呼擁，迎城隍神、溫太保神周巡城鄉，所以逐疫，裝扮臺閣前導，彷彿古儺遺意。（清・潘紹詒：《（光緒）處州府志》卷二十四，清光緒三年刊本）

【社後卜吉設醮】社日，鄉社各祭先農，祈穀報賽。社後卜吉設醮，呼擁鼓吹，肩輿溫元帥周巡四隅，扮臺閣前導，拖船於市以逐疫。（清・潘紹詒：《（光緒）處州府志》卷二十四，清光緒三年刊本）

【上元笙歌戲劇】上元自十三夜至十五夜，架鼇山，剪綵張燈，迓土神出遊。笙歌戲劇，雜沓往來，夜闌則止。（清・潘紹詒：《（光緒）處州府志》卷二十四，清光緒三年刊本）

【琵琶記託名假借】郡城姜山懸藜閣，爲元高東嘉撰《琵琶記》院本處，文人每多題詠，亦有因厚誣古人非之者。考《後漢書》註，蔡邕父名棱，字伯直。周氏《書影》云：邕早喪二親，叔父撫之。是邕實少孤也。《蓴鄉贅筆》引周達觀《雜說》云：唐牛相國僧孺子名繁，與鄉人蔡生同舉進士，才蔡生，欲以女弟妻之。蔡已有妻趙氏，力辭不得，遂成婚。氏與趙相得甚歡。蔡後官節度使。則誠蓋借用此事，必以邕名實之，可怪也。持論誠是。前郡守劉在園《詠懸藜閣》詩云：「琵琶一曲寫幽懷，自是千秋絕妙才。歌舞場中傳故事，蔡邕眞個狀元來。」亦爲古人辨誣。然傳奇託名假借，終不能誣古人，特難爲野老村氓解也。（清・潘紹詒：《（光緒）處州府志》卷末，清光緒三年刊本）

編者案：本編所收清人彭潤章《（同治）麗水縣志》（清同治十三年刊本）卷六、卷十五亦敘懸藜閣事，可參看。

## （同治）雲和縣志

【迎神報賽】俗佞神信鬼，病者不問醫藥，專事祈禱巫覡。鳴笳鼓，唱俚語，曼聲徹夜，鄉落尤甚。遠近敬事護國夫人及順懿夫人，五歲迎神報賽，沿街演劇，鼓吹喧闐。鄉落或四年一舉，謂之「大會」。柳翔鳳《迎神瑣聞記》：邑有迎神之舉，由來舊矣。今西門夫人廟神輿木刻有宏治五年款□，或即始於前明，未可知也。其制，以戊、癸之年十月初吉，舁廟中馬氏、陳氏、林氏三夫人，并二四相公像巡閱。邑城分十二紐，九姓人承值，各就市店，陳設行宮，供張演劇，以次而遍。其選班則用七夕。紐姓人各備牲醴禱於神前而後定先期。有白旗者，遍詣城鄉，香火座前，喃喃如巫氏語。得米如千斛，半歸廟中醮事之用。至期迎神，過紐必先鳴金於市。白旗偕戲子、巫人俱就紐家供給。此皆各紐姓祖宗創之，子孫因之，有其舉之莫敢廢也。或曰：「此淫祀也，甚可廢者也。」然余見近日梨園有演夫人戲者矣，麗邑西鄉有唱夫人詞者矣。敘述遺事，俾俗皆知。即郡城茭山有護國馬夫人廟，太平坊有順懿陳夫人廟，萬象山南園有管痘林夫人廟，各有奉祀之期。茭山以七月七日，太平坊以正月十四日，南園以九月十九日，皆有燈會，誠所謂神靈之在天，下如水之在地，無處不有者也。云自前明立廟以來，邑民並受其福久矣。抑又聞之，縣置於明景泰三載，繼閱成宏，號稱富庶。伏臘飲蜡之餘，宜有報賽之舉。計惟糾合數姓人，聯爲紐次，庶出入守望友助，扶持親睦之風，答神庥，培里俗，胥於是乎？在其稱爲紐者，意即鄉鄰，風俗和洽，紐結不解，而爲是名耳！自昔以列於十二紐者爲土著，頭紐前巷陳姓，二紐縣前梅姓。於神到紐之夜，必設鼇山、燈彩、古玩，觀者塡街塞巷，夜闌方散。三紐橫樓柳姓，四、五紐街頭單姓、祝姓、何姓。六紐下宅梅姓。七紐下街柳姓。八紐中街王姓。例粧飾臺閣，迎神歸紐。是日街市駢闐，鼓鉦喤聒，邑人預招集姻親，屆期展玩。九紐楊姓。十紐司前柳姓。十一、二紐下街吴姓、王姓。余懼茲事之失傳也，聯綴舊聞，作爲斯記，使知權輿之所自焉。

又，《迎神會歌》：七夕星明牛女宮，邑人釃酒開神封。西成初徵華忝豐，雙輝椽燭啓簾櫳。人影雜遝地不空，巫師卜筊蒙復蒙。夫人靈感聽最聰，請神示期出繡幪。梨園寫戲皆高工，十月之交精誠通。綵衣來迎光熊熊，霜華逼寒蟄土螽。冬無苦雨堪呼嵩，同巷夜績停相從。有約觀劇息微躬，歌聲舞態何熙雍。但有歡伯無惱公，盡忘衣單心以恫。豪家樂贈臺閣重，□金韉錦絛紅絨。仙童姹女一笑同，頭紐八紐雙頭紅。更選瓊兒騎玉驄，珊瑚明珠懸當胸。誰云文士文在中，舒華不羨初日蓉。元英樂酒拇戰衝，古意本爲酬神功。五靈十界祥雲籠，扶迎報賽如禋宗。十二紐中百歲翁，皆大歡喜尤天鍾。山城百里荷慈鴻，民氣和樂彌虛沖。吾宗忝係柳河東，十度迎神閱歲終。牲醴前陳稽首恭，昔人所貽無終窮。子厚詩吟罔不龔，親鄰里黨敦醕風。美哉曷敢歌邶鄘，日照仙掌寒暉融。三冬餘暇健筆雄，神絃再奏音隆隆。自注：道光戊子，邑人添設臺閣，尤極華麗。（清・伍承吉：《（同治）雲和縣志》卷十五，清同治三年刊本）

## （同治）景寧縣志

【外卸茶堂移建街頭演劇臺後】外卸茶堂，縣北十里，舊在街尾有主

義冢前，久廢。今移建街頭演劇臺後。（清·周杰：《（同治）景寧縣志》卷二，清同治十二年刻本）

【武廟演劇臺】武廟，舊在莘嶺，即武安王廟。明知縣林喬松申請崇祀。國朝順治間，防弁千總郭自成感其威靈，建廟於縣北旗纛廟之左。嘉慶十一年，知縣游朝佐重申恢拓，鼎建正殿五楹，後殿三楹。後殿左爲廟祝，居殿下。左右樓廊各五楹。廊外大門五楹。門内爲演劇臺，外臨通衢。衢外爲屏牆。祀忠義神武靈佑仁勇威顯護國保民關聖大帝。（清·周杰：《（同治）景寧縣志》卷四，清同治十二年刻本）

【渡船頭租肆石爲祝壽演劇之費】香燈田。一土名北岸楓樹梢，租柒石；一土名北岸渡船頭，租肆石；一土名菖蒲灣内，外租柒石。共租拾捌石。内抽渡船頭租肆石，爲祝壽演劇之費。又趙令懋勛撥惠泉庵租捌石附。（清·周杰：《（同治）景寧縣志》卷四，清同治十二年刻本）

【城隍廟演劇臺】城隍廟，在縣北四十步，景泰三年建正寢二殿，殿外左爲廟祝居，右爲育嬰堂。前爲大門，對門爲演劇臺。明知縣程達、陳嚴之、姜師閔、徐日隆，遞有修葺。國朝康熙壬申，知縣朱軫裔修。康熙庚寅，知縣張琢整新正寢二殿，增造穿閣一重。雍正八年，知縣汪士璜修。乾隆廿九年，知縣陳聯拔重修，新建大門三楹，其廟祝居，育嬰堂漸至傾圮。乾隆四十七年，知縣李大鼎即廟祝居、育嬰堂基址併左首園地擴而充之，爲左右兩廊。大門左右添建平屋各二間及拜亭，戲臺、戲房俱重新鼎建。堂皇宏麗，頗壯觀瞻。（清·周杰：《（同治）景寧縣志》卷四，清同治十二年刻本）

【五月十六演劇祝壽】香燈田。士民於正月元宵設花供祭，又於五月十六演劇祝壽，俱各有會，合置香燈租。開後一土名田洋横路下，租貳石；一敬山姜衢阬，租捌石；一基嶺根阬邊，租玖石。此租現作本廟迎燈之費。額坐眾祭户捌畝柒分肆釐。（清·周杰：《（同治）景寧縣志》卷四，清同治十二年刻本）

【護國夫人廟置租以爲迎神演劇之資】（護國夫人廟）一在二都大均，即馬仙浮傘處。里人爲建祠祀之。名浮傘祠。乾隆五十年重新增建，嗣後遞有修葺。置有山租、祀田租，息頗厚。歲收其入，以爲迎神演劇之資。（清·周杰：《（同治）景寧縣志》卷四，清同治十二年刻本）

【上元神廟設祭諸劇雜陳】上元，各堡神廟設祭，放煙火，龍燈、獅仔，諸劇雜陳。案：龍燈之製有二：有滚龍，縛竹爲首，身足連之以布，舞於庭前；有橋燈，長板一片，架燈三盞爲一橋，端軸聯接，負之以行，周巡坊隅，多者八九十橋。遠望見燈不見人，一線夭矯，燦燦如龍。（清・周杰：《（同治）景寧縣志》卷十二，清同治十二年刻本）

【關帝城隍誕辰演戲稱祝】五月十三，爲關帝誕辰；十六，爲城隍誕辰，俱演戲以遞相稱祝。（清・周杰：《（同治）景寧縣志》卷十二，清同治十二年刻本）

【馬孝仙誕辰迎賽演劇慶祝】孟秋七日，爲馬孝仙誕辰，四陲村坊迎賽演劇，共相祝慶。（清・周杰：《（同治）景寧縣志》卷十二，清同治十二年刻本）

【程侯禁優戲】（明中書）潘援（邑人）《程侯生祠記（節錄）》：百司庶政，莫要於守令。守令匪人，則邦本弗固。雖端揆材賢，有不能善其治者。令視守尤親民，故厥職爲尤要焉。令之於民，猶父母之於子也，其感應之機，亦天理人情之不容已者。景甯舊隸青田，景泰間以遠僻難治，析置新邑。民性強悍，爲俗喜爭而善訟。前之令下者率爲鉤餌攟制，不敢出一聲；高者亦多卻怨避謗，汎汎然隨波上下而已。彌久彌敝，將不可救藥。程侯以鄉進士起家作令，廉以禔身，公以予事，驅豪強而約之以法，剗革蠹弊而煦育善良。他如立條約以教民，設十家連坐法以弭寇，獄不待讞而自得其情，役必預訪而編排，舉當其實，吏不忍欺，民無越訟，流逋四歸，里巷生色。至於逐妓女、禁優戲，又所以易置人心、培養民俗，有非俗吏所能爲也。（清・周杰：《（同治）景寧縣志》卷十三，清同治十二年刻本）

## （同治）麗水縣志

【高明撰琵琶記院本處】懸藜閣，在姜山，元東嘉高則誠撰《琵琶記》院本處。董斿詩：「先生贍雅才，遊戲役簡牘。廋詞寫幽意，暖律吹窮谷。曾聞倚聲時，坐擁雙華燭。寶燄忽交花，四照散清馥。至性神鬼感，矧彼蚩蚩俗。莊語世所憎，微言轉可覺。厥體雖俳諧，用意良深篤。豈伊關王流，導淫弛檢束。古閣號懸藜，當年此編錄。衰草羃寒煙，何處尋遺躅？簫管滿山城，正唱中郎曲。」（清・彭潤章：《（同治）麗水縣志》卷六，清同治十三年刊本）

編者案：本編所收同書卷十五、清・潘紹詒《（光緒）處州府志》（清光緒三年刊本）卷末亦敘懸藜閣事，可參看。

**【郡錄事高明彰孝女陳妙珍】**陳妙珍父爲神祠祝史，蚤死。母他適，依大母林氏以居。林嬰末疾，妙珍刲股雜淖糜以進，疾遂瘳。或以告林，林悲泣，疾復作。妙珍計無所出，然香臂上稽顙籲天，乞以身代，不應。夜夢神人來告曰：「剔肝食之則愈矣。」并指右脇示之。覺而視脇，有紅痕如縷。割之，了無所見。妙珍懼，復禱於神，身俯而肝出，亟雜竹萌烹以進，疾頓失。妙珍懲前事，不敢泄，然創甚幾殆。復夢神語，練紙作灰，傅之而愈，時年十四耳。後三年，林壽終，妙珍棄家爲尼，踐禱神時誓言也。後永嘉高明爲郡錄事，以聞，詔旌其居曰孝節庵。月給粟，養之終身。金華宋濂爲作陳孝女碑。（清·彭潤章：《（同治）麗水縣志》卷十二，清同治十三年刊本）

**【三月三日設祭演劇】**三月三日，賽囿山溫元帥廟，舁其像巡街逐疫。所至皆設祭演劇，鬼裝前導者黃金四目，詭狀殊形。出行春門，至下河而回。（清·彭潤章：《（同治）麗水縣志》卷十三，清同治十三年刊本）

**【舊傳高明撰琵琶記於姜山懸藜閣】**姜山有懸藜閣，舊傳元末高明撰《琵琶記》於此。案：【燒雙燭】填至「喫糠」齣，句云：「糠和米，本一處。飛雙燭花交爲一。」而《鄞志》云：「明避亂主於沈氏樓，作《琵琶記》成，清夜按拍歌舞，几上蠟炬二枝光忽交合，遂名樓爲瑞光。」《溫州府志》亦云：「明寓鄞之櫟社，以詞曲自娛。」蓋則誠屬稿於栝，斷手於鄞，故兩地交傳其事。萬季野《鄮西竹枝詞》注云：「明撰此《記》，一夕而成。殆非也。」（清·彭潤章：《（同治）麗水縣志》卷十五，清同治十三年刊本）

編者案：本編所收同書卷六、清·潘紹詒《（光緒）處州府志》（清光緒三年刊本）卷末亦敘懸藜閣事，可參看。

## （光緒）遂昌縣志

**【城隍廟演劇】**城隍廟，在邑東。明洪武年建，嘉靖二十八年，知縣洪先志重建兩廊、六曹，土地祠旁建齋所。四十五年，夏澇，盜起，分守道勞堪遣官致祭。……隆慶元年，知縣池浴德修葺。萬曆十八年，知縣萬邦獻重建。國朝康熙丙寅大水，有錦現於袍之異。四十二年，知縣蘇宴重建。乾隆年間，合邑捐資重修，後屢被水。道光初年，合邑捐資添建參拜亭及東西廳後楹。咸豐八年，被粵寇燬。同治四年，集資重建。城中分四隅，遞年主祭祀事。南隅地方較寬，民居尤密，分兩人主之。每歲上元，主祭者視隅之貧富分設燈彩，自元宵起十七日止。五月十三日爲神誕辰，主祭者及市肆諸人均各遞日演劇，以答神庥。清明、中元及十月朔，祀孤之期，亦敬謹致祭。所有合邑捐置及所助田畝，列外編。（清·胡壽海：《（光緒）遂昌縣志》卷四，清光緒二十二年刊本）

**【瑞蓮堂戲臺】**瑞蓮堂，在邑南君子山麓，祀馬夫人，祈禱輒應。乾隆間重建。同治四年修。光緒九年，毛復裕等倡捐添造百子堂及大門、戲臺。（清·胡壽海：《（光緒）遂昌縣志》卷四，清光緒二十二年刊本）

**【周長有謂科派演劇之財不如爲積穀之用】**《內經翼註》十二卷。長有孫麇生慶棠家藏本。國朝周長有撰，自序。按：長有字邦楨，居北鄉之應村。業儒，不就。棄而學醫，存有《塗鴉集》一冊，間及地理之學。閱其書知天姿卓越，非尋常碌碌者。惜生長山區，無名師益友相切靡，故詞多疵纇，絕少完善之作。然其議論識見，固有一二可採者。如論義倉則曰：「宜歸民理不歸官理，歸官理則徒多侵擾，歸民理則自相稽察。」又曰：「地方演劇科派，勞民傷財，不如以每年科派演劇之財爲積穀之用，數年之後，不可勝計。」其論取士則曰：「可不拘一藝，各盡其所能。」其論武備則曰：「用兵不如重民團，以復先王寓兵於農之意。」至邑宰、胥役諸論，皆能切中時弊。嫉洋煙，惡賭博，各有論說。嫉惡若仇，發於至性，所謂鐵中錚錚，殆其人與。（清·胡壽海：《（光緒）遂昌縣志》卷十，清光緒二十二年刊本）

# 安　徽

## （光緒）重修安徽通志

**【方夢袍禁親喪演劇靈前】**方夢袍，字民賢，桐城舉人。知安遠縣，俗親喪演劇靈前，名曰「餪喪」。夢袍拘其主喪者，荷校以徇。又死者葬已數年，復闢柩，舉骸骨就水刮剔，名曰「洗筋」。禁之不止，乃依律治之，風始革。邑九龍山產茶，歲貢常例外，輒多徵數十萬斤。夢袍請於上官，減十之三，著爲令。民甚德之。《桐城縣志》。（清・吳坤修：《（光緒）重修安徽通志》卷一百八十一，清光緒四年刻本）

## （嘉慶）蕪湖縣志

**【迎春戲劇】**立春，先一日縣官帥丞尉迎春東郊，令色役人舁土牛及芒神。又爲春官，具冠服，控一長耳前導。復雜扮漁、樵、耕、讀四輩，邐迤遶郭行，青旗綵仗，輿衛甚都。村城男婦皆聚阡陌觀之。兒童或持竹枝恤勿牛身以爲笑樂。及日鞭春，色役人取牛腹中所實小牛，鼓吹至搢紳之家，云送春。（清・梁啓讓：《（嘉慶）蕪湖縣志》卷一，清嘉慶十二年重修民國二年重印本）

**【醵錢演劇以奉甪姑】**赭山所祀之神，謂之甪姑。……今之甪姑，其爲姓氏、里居，皆不可考，亦不知何自而起耳。聞其神不過十數年之近，姑如三十許婦人，亦相好道，人帷其前，旛幢若林，農家者流，奉之唯謹。每年場圃畢，多醵錢演劇以娛神，謂稼穡皆神福，然亦未見甚靈異也。（清・梁啓讓：《（嘉慶）蕪湖縣志》卷一，清嘉慶十二年重修民國二年重印本）

**【蕪湖柯班】**邑子弟工度曲者聚而演劇，謂之「柯班」。劉熙《釋名》：「人聲曰『歌』。歌，柯也。歌之言，是其質也。以聲吟詠有上下，如草木之有柯葉也，故兖冀言歌聲如柯也。」又按《說文》「歌」作「哥」，《漢·藝文志》亦作「哥」。《宋書》：「樂府鐃哥，漢舊曲。」梁張纘《南征賦》：「下太乙之靈旗，撫安哥以會舞。」《陳世祖紀》：「樸棫載哥。」《唐·劉禹錫傳》：「屈原作《九哥》。」沈約《宋書》：「凡『歌』字皆作『哥』，蓋『歌』與『哥』古通。」（清·梁啓讓：《（嘉慶）蕪湖縣志》卷一，清嘉慶十二年重修民國二年重印本）

**【供帳演劇爲蕪宰張鷟送行】**張鷟，河南陝州人。雍正五年，由舉人爲蕪宰。在任二年，正直無私，判斷明晰。代貧民賠墊江夫，請免錢糧、火耗，培植士類，振興風教。去任時，沿途供帳演劇送行，至有墮淚者。（清·梁啓讓：《（嘉慶）蕪湖縣志》蕪湖縣志卷十，清嘉慶十二年重修民國二年重印本）

**【吳姬水調新腔改】**元·薩都拉（刺）《過蕪湖和貫酸齋壁韻》：吳姬水調新腔改，馬上郎君好風采。王孫一去春草深，謾有狂名滿江海。歌詩呼酒江上亭，墨花飛雨江不晴。江風吹破蛾眉月，我亦東西南北人。（清·梁啓讓：《（嘉慶）蕪湖縣志》卷二十二，清嘉慶十二年重修民國二年重印本）

編者案：清·曹德贊《（道光）繁昌縣志》（清道光六年增修民國二十六年鉛字重印本）卷十七亦收有本詩，題作《魯港河》。清·顧嗣立編《元詩選》（清文淵閣四庫全書本）初集卷三十四，作《過魯港驛和貫酸齋題壁》。

## （道光）繁昌縣志

**【元宵兒童扮爲雜劇】**元宵。比屋張燈，而燭龍尤盛。鼓吹前導，徧歷親友，家致天仙送子旂一面、燭一對，親友以彩紅禮之。自十三日起爲試燈，十七日爲送燈，俗以酬神兼祈子嗣，復有兒童扮爲雜劇，亦如之。此雖糜費，實太平景象也。（清·曹德贊：《（道光）繁昌縣志》卷二，清道光六年增修民國二十六年鉛字重印本）

**【城隍會優人演劇於廟】**季春，城中士民舁城隍神遍遊城內外。其判官、鬼卒等神，皆以人爲之，塗面綵衣，徒步前導，旂鼓相續，謂之「城隍會」。並召優人演劇於廟。亦有二月行之者。（清·曹德贊：《（道光）繁昌縣志》卷二，清道光六年增修民國二十六年鉛字重印本）

**【蓼花社】**八月社，農民醵錢迎神，召伶人演劇，謂之「蓼花社」，蓋取禾稼既登、報賽稱慶之意。而城鎮鄉民多於是月設綵臺，召道士諷誦黃庭，謂之「燒天香」，亦曰「平安香」。（清·曹德贊：《（道光）繁昌縣志》卷二，清道光六年增修民國二十六年鉛字重印本）

**【二月二日土地生日演劇爲會】**土地祠，在儀門內。每歲二月二日，相傳爲土地生日，演劇爲會，備極誠敬。（清·曹德贊：《（道光）繁昌縣志》卷四，清道光六年增修民國二十六年鉛字重印本）

## （光緒）鳳臺縣志

**【九月鄉民於湧泉庵演劇祀觀音大士】**俗尚儉樸，不侈遊觀。惟三月十五，相傳太山之后誕日，民人多有赴四頂山廟焚香。九月內，土人於湧泉庵演劇祀觀音大士，亦稱盛會。官此土者，向不之禁，殆所謂修其教不異其俗者歟。（清·李師沆：《（光緒）鳳臺縣志》卷一，清光緒十九年刊本）

**【城隍廟戲樓】**城隍廟在縣西南隅，相傳周世宗顯德年建。……若夫山門、戲樓、正殿、兩廊以及群舍，姑留以俟緩圖云爾。是爲記。光緒十三年知縣覺羅錫光率董踵修正殿、戲樓、圍牆，皆告竣，有碑，定遠文生周儀爾撰。……同治年邑侯王公虎臣倡義修復，甫成後□、戲樓而王公遷擢他邑。臨去，猶以不及監修正殿爲憾。（清·李師沆：《（光緒）鳳臺縣志》卷五，清光緒十九年刊本）

**【縣署戲臺】**清·李兆洛《修縣署續記石刻（節錄）》：余既治堂皇，飾門庭，繕倉庫，完寢室，規模粗具矣。因以其餘閒，經營隙地，拓之、補之、垣之、屋之，壘土以爲山，因窪以爲池，羅列怪石，襍蒔竹林花草，館賓焉，課兒焉，讀書焉，譚燕焉。春秋佳日，或獨坐俯仰，良朋晤言。鞅掌煩辱之日，暫得休憩，自覺其適也。其接見賓旅之所，曰「無越思齋」。中院而可爲臺，可陳菊部歌舞以觴客。（清·李師沆：《（光緒）鳳臺縣志》卷十九，清光緒十九年刊本）

**【題桃花扇傳奇】**李玉書。玉書原名紱，字素亭，性至孝，工吟詠。父以事入閩南，卒焉，素亭徒步數千里，尋遺骸歸葬。生平和厚樂易，而取與是非仍介然不苟。閒時吟風弄月，手不釋卷，有雅人深致焉。……《題桃花扇傳奇》：王氣東南已不明，歌殘玉樹選新聲。一江風浪埋金阜，四面雲山擁石城。桃葉渡頭人自潔，梅花嶺上節同清。可憐忠義鬚眉少，輸與青樓俠妓名。（清·李師沆：《（光緒）鳳臺縣志》卷二十五，清光緒十九年刊本）

## （康熙）太平府志

**【迎春粧戲劇】**立春先日爲迎春，粧戲劇，徵女伎爲陽春腳，舁之行。鼓吹迎土牛於東郊，觀者塞塗，俗謂幼者以豆擲牛可無恙。（清·黃桂：《（康熙）太平府志》卷五，清康熙十二年修光緒二十九年重刊本）

**【里儺】**昔方相氏蒙虎目以逐疫，其流爲當塗之臉神。自初春至春暮，競爲神會。以天神像作面具，一人擐甲錦袍金帶爲神狀，數百人擊鉦而張之，緣坊觥巷，跳舞旬餘。俗尚鬼而不擇醫，里民病者，先即許鳴鑼酬願，故神像出則鑼聲數百，前後圍繞，觀者堵墻，塡塞行路。其狼藉飲食、糜費金錢，更復無算。至於湖陽博望之鑼，神衆至數萬，實不可訓。神道設教，豈如是乎？又有疾病小一牘藥，即延僧道巫覡報禮金仙北斗，燒香楮膜拜以爲禱，若醫庸誤投，不怪也。其祠有祠山、文昌、關聖、五顯、都天諸社，每醵錢米、斂會酒食，金鐃攢鼓，列幰張繖，舁神於中，呼哨竟日。老幼雜沓以將事，枕藉而醉，戟手嫚罵，膠轕不可解，扶掖各歸，夙昔而不讎。凡有祈禱，輒演劇於城惶廟，謂之酬願，蕪、繁亦然。繁昌則於二月初六、七、八日城中出賽神會，綵衣盛飾，罡行禹步，牙纛前驅，鐃吹後擁，盡三日始罷，費亦不貲。大約與當塗之臉神、蕪湖之輦會相埒云。歲將暮，則召黃冠書符罡，以除一歲之眚，曰「發檄」。俗通行之。間或俟有閏之歲，用巫覡舉法事，名曰「作福」，繁昌則止曰「謝年」。（清·黃桂：《（康熙）太平府志》卷五，清康熙十二年修光緒二十九年重刊本）

編者案：清·張海《（乾隆）當塗縣志》（清乾隆十五年刊本）卷七所載與此略同，本書已收。

## （光緒）直隸和州志

**【元夕雜鬭管絃於市】**暮爲元夕，坊里神廟燃牌坊燈，好事者扮平臺戲燈、誇多競巧，爲慶豐年之兆。放花炮，雜鬭管絃於市。鄉村舞長龍燈，觀者結綵爲賞紅。是夕陰晴多應往歲中秋。（清·朱大紳：《（光緒）直隸和州志》卷四，清光緒二十七年刊本）

**【三月二十八日東嶽帝誕日演劇】**三月三日，婦女簪薺菜花，時宜淘井，出蠶子，食穀雨茶。二十八日，東嶽帝誕日，燒香燭演劇，出巡賽會，今久停。（清·朱大紳：《（光緒）直隸和州志》卷四，清光緒二十七年刊本）

**【五月平臺會】**（五月）十五日，爲州城隍神誕，鄉民詣廟焚香，紛如蟻附。翼日奉神出巡，土人扮平臺會，或舉燈會，夜燃如晝。（清·朱大紳：《（光緒）直隸和州志》卷四，清光緒二十七年刊本）

**【六月請觀音】**（六月）十九日，女伴多集觀音庵焚香膜拜，街坊或供大士像。廠燈棚，召彈唱雜流說書，謂之「請觀音」。二、九兩月無此勝。是月村農祀田神，曰「做青苗」。（清·朱大紳：《（光緒）直隸和州志》卷四，清光緒二十七年刊本）

**【白露演劇報賽】**（八月）十五日中秋，以月餅餽節。夕羅菱藕、豆芋酥餅祭月。既徹，列樽罍爲中秋之宴。小兒各持月餅望月輪。村童多拾瓦礫堆寶塔。是夕點燈，婦女踏月曰去摸秋。白露候，鄉農刈穫功畢，棉田拾花，收豆穀，餘租釀新米酒。村各演劇報賽，爭先入城。完課，營嫁娶葺屋，里書收花戶抽豐。俗誤秋風。城中好事者以是時開賭鬭蟋蟀勝負，得彩者插金花、提籠而去。（清·朱大紳：《（光緒）直隸和州志》卷四，清光緒二十七年刊本）

**【萬壽令節賜觀劇】**萬壽令節，賜觀劇並遊福海。（清·朱大紳：《（光緒）直隸和州志》卷十九，清光緒二十七年刊本）

## （乾隆）當塗縣志

**【里儺】**昔方相氏蒙熊皮，□□四目以逐疫。其流爲當塗之臉神。自初春至春暮，競爲神會。一人以天神像作面具，擐甲錦袍金帶爲神狀。數百十人擊鉦而張之，緣坊舢巷跳舞旬餘。更可笑者，俗尚鬼而不擇醫，病者率許鑼酬愿。故神像出則鑼聲數百，前後圍繞觀者堵砌，以致廢稽行路，實可厭惡。況其狼藉飲食，糜費金錢，更復無算也。有明哲正直者非誚之，則以不狂者爲狂，惡習幾遍里巷。康熙三十四年，知縣祝元敏爲厲禁禁之，識者稱快，而愚之夫猶大惑不解。至於湖陽博望鑼神，眾集數萬，尤不可訓。神道設教，固如是乎？又有疾稍一服藥，即延僧道巫覡，禮金仙北斗，燒香楮膜拜以禱，若醫庸誤殺，恬不怪也。尤重小兒痘，謂有娘娘神司之。雖悍戾暴慢者，亦加虔敬。以雜色楮糊輿馬狀，祀中堂。痘已，則競演劇刲羊以酬神，爲醫藥誤殺不校，亦歸之神弗歆焉？其賽神有祠山、文昌、關帝、五顯、都天諸社，皆醵錢米、斂會酒食，金鐃□鼓，列幰張幟，舁神於中，呼哨竟日。老少雜沓，以將事枕藉而醉，戟手罵，膠轕不可解，扶掖各歸，夙昔而不讎。凡有祈禱，輒演戲於城隍廟，通謂之「酧愿」。近又於五月初旬謂爲城隍誕日，境內外十坊□賽。每賽則輿服侍衛，費中人產凡幾。即貧乏家都惑於禍福，無難色。設有睦婣任卹之舉以及鰥寡孤獨之賑、存亡繼絕之誼，雖素封不無恡也。歲將暮，則召黃冠，書符詈咒，以除一歲之眚，曰「發檄」，曰「謝土」，通行之。（清·張海：《（乾隆）當塗縣志》卷七，清乾隆十五年刊本）

**【馬神廟與戲臺】**縣治在城之中，塗山拱峙其前，黃山屏蔽其後，東南諸山環遶於左，西北大江縈帶於右。蓋自山川龍脉結府治，再起結縣治，靈秀之氣，畢鍾於此。中爲正堂。……西廡之西北首爲馬廐。馬神廟一間。戲臺一座。東西馬號各十間。（清·張海：《（乾隆）當塗縣志》卷十一，清乾隆十五年刊本）

## （乾隆）望江縣志

**【元宵爲俳優假面之戲】**元宵，比屋張燈，好事者復箕斂於眾，爲煙臺月殿、鰲山走馬之類。又製爲龍燈，蜿蜒數丈，人持一節，環繞街市村落。間又或爲俳優假面之戲，鼓樂喧沓，老幼逐之，爲樂累夕方止。屑米爲丸食之，曰「燈團」，又曰「元宵果」。（清·鄭交泰：《（乾隆）望江縣志》卷三，清乾隆三十三年刊本）

**【演劇祈神當禁】**吾邑土風尚樸，不肯爲無益之謀。二三十年前，江潮以時盈縮，故有年頻書民享魚米之利。每春秋祈報及求嗣立禁之事，率乞靈二氏，或演□以邀神。此風一倡，波流不已。尊二氏者金鼓□五七日，好演劇者甚或經旬。糾首類屬少年，把臂一呼，從者四應。相率排門斂□，坐索不休。有少□□，則必擯斥詬□，使不齒於人。士民畏之，遂成難。反即遇災歉，猶不少衰。夫下有王彥章，則野無鼠□；上有西門豹，則俗絕巫風。是不能無望於主持名教者。（清·鄭交泰：《（乾隆）望江縣志》卷三，清乾隆三十三年刊本）

**【烈婦邵氏乘家人觀劇自經殉夫】**邵氏，名周貞，邵其德女也。家貧，女勤紡績、種蔬菜以養父母。平居不苟言笑，里婦咸重之。許字常某之子掄三。及掄三疾故，女潛知之，號哭絕粒，欲往奠婿靈。父母以道遠，固止之，女益悲不自勝。已而，佯寬父母意。里中演劇，家人邀女往觀。女願獨看門戶，乃沐浴，衣履悉更新潔，自經於旁舍，年十七歲。（清・鄭交泰：《（乾隆）望江縣志》卷七，清乾隆三十三年刊本）

## （道光）續修桐城縣志

**【龍燈上繪人物雜劇】**製為龍燈，長數丈，篾紮，中空，或紗、或紙糊其外，或繪鱗甲，或繪人物雜劇於上，每人持一節，街市旋舞。又有船燈、車燈、馬兒燈、採茶燈、麟鳳燈、獸燈、魚燈，金鼓喧鬧，看燈者爭放，火花飛爆，謂之燈節。（清・廖大聞：《（道光）續修桐城縣志》卷三，清道光七年修十四年刻本）

**【胡其愛負母觀劇】**胡其愛，家貧力傭。母陳痼疾，必晨起進食。復出米蔬，叩鄰媪代炊午飯，乃往傭。遇肉食必裹以遺母。同傭者分餉之，亦不受。村鄰演戲，必負母往觀。母歿，負土成墳，寢苫以死。劉大櫆為之傳。（清・廖大聞：《（道光）續修桐城縣志》卷十一，清道光七年修十四年刻本）

**【方夢袍禁靈前演劇】**方夢袍，字民賢，乾隆癸酉舉人，由教習授江西安遠令。邑故有饑喪之俗，凡親死，於靈前演劇。夢袍拘其主喪人，荷校以徇。又邑中死者葬數年，復闢柩舉骸骨就水刮剔之，名曰「洗筋」，禁之不止。夢袍乃於紳士蹈此習者依律治之，風始革。（清・廖大聞：《（道光）續修桐城縣志》卷十三，清道光七年修十四年刻本）

**【左光斗命優人演椒山記以試父意】**左出潁，號碧衢。少屢試不偶，而於當世之務未嘗不深究得失，語諸子曰：「無以爾父之不效也。」而治經不力，間取史論斷，以課諸子，命之曰《拾餘錄》。雲間陳子龍、夏允彝，讀而嘆其絕識，以為此諸子忠孝之所自出也，為之序以行世。子光斗，遘璫禍逐歸，誓以身殉國。時出潁已八十，又慮親老未可以殉，因日設酒，命優人演《椒山記》以試其意，而出潁意甚壯。後光斗冤雪，予三代請誥命，出潁年八十四，猶及見之。贈太子少保。子九人，光斗居中，餘知名者光先、光明。孫及曾孫百餘人。子姓之盛冠江北。（清・廖大聞：《（道光）續修桐城縣志》卷十七，

清道光七年修十四年刻本）

## （同治）太湖縣志

**【元宵爲俳優假面之戲】**十五日，粉米爲團曰元宵相贈遺。神廟并各街市懸放花燈，有鼇山、走馬及製爲禽獸、花草之屬。龍燈長數丈，人持一節，通體明炬，蜿蜒街巷。又爲俳優假面之戲，鼓樂喧闐，老幼競逐，爲樂達旦。（清·符兆鵬：《（同治）太湖縣志》卷三，清同治十一年刊本）

**【家人半係優伶】**又奏：東省知府中有罷病不職者，一係泰安府廷璐，一係東昌府熊方受。廷璐已經勒令告病，而熊方受尚未之及。聞其買妓作妾，家人半係優伶，終日隱昏，廢弛公事。請飭交撫臣秉公查察。諭曰：程國仁係屬漢人，於廷璐滿員則加以參劾，熊方受漢員則意存袒護，著即行查明，據實參奏。（清·符兆鵬：《（同治）太湖縣志》卷二十，清同治十一年刊本）

**【有鬻子入梨園者曹錫鸞捐貲贖之】**曹錫鸞，字啓庭，監生。敦行，門內不有私財。性善好施，嘗自顏其堂曰從善。每歲置棉衣、棺木，周濟貧乏。壬申、甲戌歲饑，出數百金平糶，全活無算。外來饑民，恒給錢米，資之出境。有鬻子入梨園者，捐貲贖之，不責償，又指囷以貸。族人邑建敦善堂，慨助千金。其他修建，靡不竭力，以觀厥成。（清·符兆鵬：《（同治）太湖縣志》卷二十四，清同治十一年刊本）

**【曹氏拒演劇爲壽】**候選州同黃正基妻曹氏，樂昌知縣昌穎女也。年廿九而寡，事孀姑汪極孝。延師教子承鉞，不吝厚修。自飯脫粟，以豆粥間之。性寡言笑，子姪輩以事造請闑門，與言不踰閾。其嚴肅如此。乾隆二年奉旌，戚里賀者咸欲演劇爲氏壽。氏愀然曰：「不聽絲竹音三十年矣，豈以垂老改此度哉？」終不許。卒年七十有一。（清·符兆鵬：《（同治）太湖縣志》卷二十九，清同治十一年刊本）

**【搬做雜劇以縱觀】**明·周璽《論內侍劉瑾等奸邪疏（節錄）》：題爲糾治群邪以正朝綱，以隆聖治事。臣等猥以凡庸，待罪言路，靜思身計，非不知緘嘿足以自容，多言適以取禍，而受國委寄，食君廩祿，事有當言而不言與勢有可慮而不慮，將來大壞，極弊不可救藥。彼群奸者，剉屍分骨，固無辭矣。……先帝光輔新政，何乃各恃其技能工巧、言辭捷給，每早退朝，輒引聖駕，或泛海子，或遊南城，或縱騎射，或放鷹犬，或盛排筵席而酣飲，或搬做雜劇以縱觀，或進新聲以逞奇，或獻果核以乞賞，凡所以蠱惑心志、變移性習者，蓋無所不用其極。（清・符兆鵬：《（同治）太湖縣志》卷三十八，清同治十一年刊本）

**【梨園子弟盈階庭】**清・李世治《莫溺女歌》：風飄飄，雨蕭蕭，湖人溺女何輕澆？天屬至親骨與肉，孰忍自斬其根苗。風習習，雨溼溼，湖人溺女何偏急？萬物疇不欲其生，戕賊爾類胡悲及。古者男女皆稱子，明乎父母無異視。南容曾以兄子娶，聖人之言較如此。一牲羽，割庖廚，君子聞聲有不旨。市有殺人群且駭，況迺掩殺在毛裏。我聞江南風氣靡，嫁女每求裝盛麗。家家傳效戒勿舉，閭巷蓐婦爭相師。甚至一街十數舍，終夕三四溝瀆委。以斯推之村里地，奚翅雞狗等閒棄。何如隨緣薄匳送，亦得親戚謀歡醉。吳公一犬尚堪牽，奚必牛馬因兒累。荊布操作亦云賢，珍飾安事壻家媚？又聞土俗競鄙論，溺女容易成男孕。女怖速死不重來，惑說每動艱嗣聽。豈知天道必無差，殺女那得生男應？嗚呼！高禖禱賽紛冥冥，白衣貝葉勞翻經。檀施橋廟祈神靈，梨園子弟盈階庭。丹藥麐種購倩娉，人間百法乞佳嬰。爾於天性施殘忍，陰陽造化本同然。殺女生男吾不信，哀哀孑孑我湖人。十餘年來寇盜頻，世亂生輕恩義薄，荒田鬼火青燐燐。喪亡既無數，妻子安足顧。至今鰥曠多，強半乏迎娶。笄年蹔難逢，金釵買老嫗。生齒滋益稀，人倫亦乖誤。獨不見漢時緹縈傷父繫，上書贖罪哀文帝。爲除肉刑免其死，假使有兒未必濟。復不見曹娥投水抱父屍，蔡邕碑題絕妙詞。幾嗟生男或不孝，父母骸櫬拋蒿藜。再觀杜陵老，作詩抒懷抱。痛彼從軍人，一去不歸早。具言生男惡，反是生女好。生女猶得嫁比鄰，生男埋沒隨百草。噫吁嘻！懸弧設帨各有時，生男勿喜女勿悲。花木雨露無偏潤，爺娘空費別妍媸。我歌此歌爾諷詠，古來亦有賈彪爲縣令。其地民窮不鞠女，賈命舉之佐賈姓。更有鄭渾宰邵陵，是時天下少豐登。民間產育無存活，法行令止鄭亦稱。我非干譽二公比，生理願得全其美。破胎毀卵聖王禁，焉肯容人殺其子。我歌此歌互相語，急砥頹流慎勿阻。有渝吾約將繩汝，勸爾湖人莫溺女。（清・符兆鵬：《（同治）太湖縣志》卷四十三，清同治十一年刊本）

## （道光）休寧縣志

**【金挻終身不觀劇】**金挻，中市人，慷慨負氣誼。痛蚤失怙恃，終身不觀劇。友於之愛，至老彌篤。光明磊落，人畏其耿介，咸不敢告以私。（清·何應松：《（道光）休寧縣志》卷十五，清道光三年刻本）

**【監生吳懷眞妻程氏終身不觀劇】**監生吳懷眞妻程氏。率口女，適商山。夫亡欲殉，姑苦諭之，於是布蔬終身，儺劇不一寓目，撫子孫成立。（清·何應松：《（道光）休寧縣志》卷十六，清道光三年刻本）

**【鴛鴦傳奇】**程再繼妻汪氏。藏溪女，名美，幼許聘汊口再繼。其妹許聘榆村程華，俱在室。妹夭，父嫌繼貧，貪華富，欲以美改適華。美以死誓，父不能奪，再繼白於官，得遂初盟。繼早卒，美苦志撫子成立。初美逼於父命，欲自盡，忽有鴛鴦飛集於閣，里人異而聚觀之，得救不死。時有《鴛鴦傳奇》。守節三十七年，壽七十有二。（清·何應松：《（道光）休寧縣志》卷十六，清道光三年刻本）

**【城隍廟戲臺】**清·何應松《重修休寧縣城隍廟碑記（節錄）》：城隍廟在邑治之東，始建於明洪武辛亥。……亭之前添設戲臺，俾歌舞有地，士民祈報以將誠也。（清·何應松：《（道光）休寧縣志》卷二十二，清道光三年刻本）

**【程世繩乘鄉間演劇智擒巨盜】**休寧率口程世繩，字準存，舉康熙□酉鄉薦，任京山知縣，清正愛民。邑常有巨盜，莫可蹤跡。公肅廟，責以幽明分治，宜爲匡勷。夜夢神，袍笏輝煌，目盻手指，顧壁間竪一大梁、四小梁，纏以斧索。公默解悟，不露聲色。適遇鄉間演劇，暗囑役於群聚中連呼梁大、梁四，即時應聲，擒獲服罪。人以爲至誠所感云。（清·何應松：《（道光）休寧縣志》卷二十四，清道光三年刻本）

## （同治）祁門縣志

**【正月扮儺演劇】**正月元日，集長幼列拜神祇，鳴鉦出行。飲屠蘇酒，謁祠宇，交相賀歲，儺以驅疫。立春前一日，官長率屬迎春東郊。造土牛，覘厥色，以卜水旱。聽民扮劇相從。立春日，官長祀太歲，行鞭春禮，儺。上元夜，廟宇張燈，或扮龍燈鉦鼓遊於里巷，以慶元宵。十八日，祀越國汪

公，有演劇者。（清・周溶：《（同治）祁門縣志》卷五，清同治十二年刊本）

【船會扮十二神誦嗊囉曲以驅疫】五月初一日稻會，以綵楮製元帥像，舁遊四隅。船會扮十二神，誦嗊囉曲以驅疫。（清・周溶：《（同治）祁門縣志》卷五，清同治十二年刊本）

【六月六日迎神賽會】六月六日，曬衣服書籍，農祀田祖。以是日陰晴卜秋成旱澇。邑東迎神賽會。（清・周溶：《（同治）祁門縣志》卷五，清同治十二年刊本）

【閏歲中元節演目連戲】七月中元節祀祖，設盂蘭會，閏歲則於是月演劇。名目連戲。（清・周溶：《（同治）祁門縣志》卷五，清同治十二年刊本）

【中秋前後數日多演劇報賽】八月中秋，夕設瓜果拜月，或以瓜相饋。取其瓜瓞多子以祈嗣也。前後數日多演劇報賽，又縛稻草為龍，插香周徧，數人共持舞之，至溪澗東向送之，以祈豐年。（清・周溶：《（同治）祁門縣志》卷五，清同治十二年刊本）

【鄰舍演雜劇王諷弟子無敢出戶視者】王諷，字大忠，居城西。年十二，日記數千言。受學汪禔，夜坐達旦，不設枕席。禔曰：「王生可任重致遠也！」事師甚敬，嘗應試，聞師疾，亟歸視湯藥。及沒，哀號如子。其自為師，亦甚嚴。鄰舍演雜劇，諸生無敢出戶視者。嘉靖丁酉，領鄉薦第一。與湛若水論學，若水善之。選授秀水教諭，守令具車幣助之行。尋告歸。時吏部尚書嚴，稱諷為聖世名儒，才堪大用，薦為國子博士，不赴。薦南京大理評事，又不赴。卒於家。著有《宗朱錄》、《三立齋集》、《秀水集》。見《府志・隱逸》、《舊縣志・儒林》。（清・周溶：《（同治）祁門縣志》卷二十三，清同治十二年刊本）

## （道光）來安縣志

【來安歲時演劇】元旦，五鼓拜天地。設茶菓、焚楮帛，隨祀祖先。拜尊長，鄰里、親識相拜。上元日張燈，或結隊為龍燈，或扮故事雜劇，聲歌簫鼓，連夕不絕。十六日夜，由安樂橋出北關，名曰「走百病」。清明掃墓祭奠，插柳踏青。三月二十八日，祭東嶽廟，賽會演劇，香火極盛。四月八日，浴佛，食不落莢。五月端午，食角黍、飲雄黃酒，小兒女繫五色線於手足，燒蒼术、白芷、艾於盆。六月六日，曝衣衾書籍。七夕乞巧。是月望祀先，道家設盂蘭會。中秋設瓜菓、酒餅，拜月歡飲。九月九日，食糍糕、飲菊酒。十月朔日，祭墓，焚冥衣，謂之「送寒衣」。冬至祀祖先，士大夫拜於公，民間不相拜。十二月初八日，以諸菓、雜豆煮粥啜之，謂之「臘八粥」。二十四日，祀竈，掃舍宇。數日間，鄰里以禮物相餽遺。除夕易門神、桃符、春聯。拜天地、祀祖先。插松栢枝於門，老稚團飲曰守歲。四季祭火神，鄉村祭土神，猶有修禳社會遺風。士大夫守禮之家，婦女不觀燈市井，不燒香寺觀，不冶遊山，尤爲近古。（清·符鴻：《（道光）來安縣志》卷三，清道光刻本）

## （光緒）宿州志

**【文昌帝君廟戲樓】**清·邵景舜《重修文昌帝君廟記（節錄）》：天下之器，不用之則敝，苟爲天下必用之，器偶敝而必復於新。顧器有一時之用，有萬世之用。一時之用則武功是，萬世之用則文教是。……有文昌帝君廟，在城艮方，創建已久。乾隆間僅三楹，州牧王公拓其基，新之。東連雉堞，西列闤闠，載在州乘，炳焉可稽。至乙卯歲，州牧楊公復創官廳，以爲官紳祭祀齋居之所。每春秋二仲，官紳畢集，禮儀卒度，濟濟然，秩秩然焉。迨嘉慶癸酉，州牧劉公復倡首捐廉，聽輸者得千餘緡，於二門外繚以垣牆，更建樓於門，歲時演劇，以答神貺。（清·何慶釗：《（光緒）宿州志》卷三十三，清光緒十五年刊本）

## （嘉慶）蕭縣志

**【喪葬演劇】**喪三日出訃布，近用木屏，俗有以紙錢掛門者。遇七，延僧道，修經以薦亡者。親知弔賻入門，迎以鼓樂，甚有演劇者。棺槨椁多杉少。殯之日，丹旌綵罩，粉翣冥器，無不窮極工巧。導以緇眾及優人扮演，觀者塡路。既葬，抔土封墓。三日，詣墓前伏聽，謂之復三。（清·潘鎔：《（嘉慶）蕭縣志》卷二，清嘉慶刊本）

**【里社燕會伎樂雜奏】**里社燕會之交，陳設殊盛。果殽備具，伎樂雜奏，主者競爲賽尚，一筵輒費數緡。邇來物力維艱，侈風漸革，士庶雅會，悉趨簡易矣。（清·潘鎔：《（嘉慶）蕭縣志》卷二，清嘉慶刊本）

【迎春戲劇】立春前一日，用青幡幘，或結綵亭故事。又用綵製爲採菱船，倡優扮演前導，官僚、師生簪花飲酒，迎春於東郊。立春之時，以五綵春鞭鞭土牛，俗曰打春。取其泥覆諸竈上，蟻不生焉。（清・潘鎔：《（嘉慶）蕭縣志》卷二，清嘉慶刊本）

## （乾隆）含山縣志

【正月演春】正月。立春前一日，迎春東郊。各門採傳奇已事，肖人肖像，齊集關聖廟前，名曰「演春」。遠近童叟，競觀爲樂。老農視土牛方色以占所宜，視勾芒帽鞋以占閒忙。散春花、春枝。田家擊長秧鼓。各官宴畢，導入縣治前。詰朝，鞭牛如制。元旦，男婦夙興盛服，祀家神畢，視歲吉所向，提火拜廟。親友更相賀歲。本日占候，宜清和無風爲上，有風則宜東方、北方。人日，以陰晴占疾病；穀日，以陰晴占豐歉，前此如初雞二犬之說亦然。上元前數日，市燈之家剪紙爲燈，綴以彩色如蓮花、雪花等類入市賣之。稍有力者，或繪紗、或料絲、或羊韖、或屏、或山，以新異相尚。或聚族爲龍燈；或横綳於衢而垂燈於其下，藏詩謎以試推測。自十三四夜爲試燈；十五夜爲正燈，家製元宵相餉；十六夜婦女出遊，曰「走百病」，然亦尋常有之，紳士家及稍有體者皆禁。（清・梁棟：《（乾隆）含山縣志》卷二，清乾隆十三年刊本）

【五月關聖誕辰演劇】（五月）關聖誕辰演劇誦經。（清・梁棟：《（乾隆）含山縣志》卷二，清乾隆十三年刊本）

## （乾隆）霍邱縣志

【城隍廟戲樓】城隍廟，縣治西，久經傾圮。乾隆十二年，知縣錢以銓捐俸，士民樂輸，督修生員林嵇、姚起灝、胡士豐、王夢麒。重修正殿三間、捲棚三間、十王殿十間、土地祠三間、獄神祠三間、東西角門二座、垣墻一圍。丹房五間、外拜殿三間，監生汪淳修。時辰樓、戲樓，監生鄭昊修。大門樓三間，貢生李文佩修。（清・張海：《（乾隆）霍邱縣志》卷三，清乾隆三十九年刊本）

【演劇賽會宜急爲禁止】祭祀：《洪範》八政，祀居於先，稽之祭法，凡能禦災捍患及有功烈於民，與夫民所瞻仰暨民所取財用者，咸祀之。非是族也，不在祀典。今國家釐定典常，首重聖廟，其次山川社稷、城隍里社、聰明正直之神，皆得春秋報賽。雨暘時，若應答如響，惟有肅恭承事，以交神明而已。若夫愚民惑於鬼神之說，淫祠是黷，演劇賽會，奔走若狂，有損無益。當官所宜急爲禁止者也。（清·張海：《（乾隆）霍邱縣志》卷五，清乾隆三十九年刊本）

## （嘉慶）舒城縣志

【元宵雜百戲酺聚爲樂】正月十五日爲元宵，作粔籹，名元宵兒。張燎雜百戲酺聚爲樂。簫鼓喧闐，金吾不禁。其夕也，迎紫姑以卜將來蠶桑並占眾事。（清·熊載陞：《（嘉慶）舒城縣志》卷十一，清嘉慶十一年刻本）

【孔雀記傳奇】古詩中《孔雀東南飛》篇，爲廬江小吏焦仲卿妻作，義夫節婦，稱之者無異辭。乾隆末，華亭姜兆翀曼傭，爲舒城學博時作《孔雀記》傳奇，獨責仲卿殉妻忘親。《記》中附會雖多，而此論甚有益名教，不可不傳。或曰，曼傭之仲弟，蓋篤於夫婦之好者，二親垂老，中年喪妻不娶。曼傭之作傳奇，實有所諷云。（清·熊載陞：《（嘉慶）舒城縣志》卷三十二，清嘉慶十一年刻本）

編者案：同書卷十九載有姜兆翀小傳，謂：「姜兆翀，號儒山，華亭舉人。乾隆乙巳，由景山教習任舒教諭。蒞任勤課督，評騭不稍假借。癸丑年，以文廟頹壞，與邑紳謀改造，親歷四鄉，勸捐得三千餘金，乃鳩工庀材，修大成殿，改建兩廡，正欞星門。向復捐俸百餘金，整理泮池。經營三載，位極勞瘁。功垂成，以親老告終養歸。將行，以學宮功未竣，留詩勸勉，復刻《修學紀略》。舒人於其去，皆捧酒賦詩爲餞送。後有賈客至華亭，音問常往來不絕焉。」

【城東下七里河演劇】乾隆庚戌天中節，城東下七里河演劇，有女渡河，惡少爭渡，舟覆溺者九十餘人。（清·熊載陞：《（嘉慶）舒城縣志》卷三十二，清嘉慶十一年刻本）

## （光緒）霍山縣志

【上元前後打十番唱花鼓詞】上元前後，鄉民多結彩燈，打十番、唱花鼓詞，爲舞獅遊龍之戲，輒數夜不息。他如迎春賀歲，端陽插艾，重九登高，臘八食粥，念三祀竈，皆習行，無異他處。（清·秦達章：《（光緒）霍山縣志》卷二，清光緒三十一年刊本）

**【秋收既畢演劇賽神】**境內寺觀頗多，樹頭花前，稍有影響，則香火祈禱不絕。秋收既畢，無豐歉必醵金作醮，演劇賽神。此乃相沿積習，不獨霍境爲然。（清・秦達章：《（光緒）霍山縣志》卷二，清光緒三十一年刊本）

**【瞽者傳】**《瞽者傳》：衛瞽者，商城人。咸豐時，聞縣西千羅地俗可避兵，遂邀相者彭叟以星命術至千羅，爲人說忠孝善惡事，參以禍福中之數，十餘年不倦，尤於婦之有不孝、姑之有不慈者，兄弟之有不友恭、娣姒之有不和順者，善言巽入，而人喜敬聽。瞽故有妻，不娶，曰：「吾不以吾累若，又豈以若累吾哉？」及以術遊，微有得，則以寄給伯叔兄弟之耕鑿者，己則終歲不歸。彭相者有籧篨疾，與約爲兄弟，兩人相依，俯仰如蛩駏形。得衣服酒食，必以先相者。相者歿，瞽持喪年餘，居常冬不爐、夏不扇，終夜危坐，不著席。善鼓琴，自言壯歲術□光黃。適甲乙有宿怨，將搆巨釁，因星命□得解之。事已，甲乙不知。人知，餽以金，不受。久之，世亂，故僦居千羅，年七十八，無病終於白馬山麓人家。同時有祝老者，善歌謳，善言勸世，其事略與瞽者同。（清・秦達章：《（光緒）霍山縣志》卷十一，清光緒三十一年刊本）

## （乾隆）廣德直隸州志

**【康熙五十五年增造關帝廟戲樓】**關帝廟，楊《志》：在州治左，知州孟希聖建。李《志》：康熙五十五年，知州周在建捐募重建，增造戲樓。（清・胡文銓：《（乾隆）廣德直隸州志》卷十二，清乾隆五十九年刊本）

**【乾隆五十五年建造關帝廟戲樓】**關帝廟。……一在西門外朝斗坊，俗名郎步街。官員往來送迎，俱集於此。舊無寢殿，乾隆五十五年，知州胡文銓倡捐建，并造戲樓。（清・胡文銓：《（乾隆）廣德直隸州志》卷十二，清乾隆五十九年刊本）

**【乾隆五十六年重修東嶽廟戲樓】**東嶽廟。……雍正十一年，道士葛宏祖等修，今寢殿又圮。乾隆五十六年，知州胡文銓捐廉重修大殿，其前殿併戲樓現亦募修。（清・胡文銓：《（乾隆）廣德直隸州志》卷十二，清乾隆五十九年刊本）

**【昭妃廟賽會】**昭妃廟，《萬曆志》：即張真君妃。舊另立廟於東門外二里許，每歲二、五月，州民迎眞君輦入東廟會昭妃，必盛陳旗鼓，扮故事，謂之賽會，其費甚靡。嘉靖四年，判官鄒守益遷妃西廟後，遂合祠焉。舊址遷學後元妙觀於其地，本廟遂廢。後州民復買東空基，立昭妃廟，迎神賽會，一仍其初。（清・胡文銓：《（乾隆）廣德直隸州志》卷十二，清乾隆五十九年刊本）

**【乾隆五十六年建造東平王廟戲樓】**東平王廟，在州東北八里許。……明萬曆年建，尋燬。里人重建正殿，因號東平王殿，祀唐御史中丞張巡。乾隆四十九年，州判左宜勸捐重修，有《記》。一在州城朝嶽坊，乾隆四十八年，旌德縣人市民居爲會館，中奉王像，亦遂稱東平廟。五十六年，復於館東拓址建殿及戲樓。（清・胡文銓：《（乾隆）廣德直隸州志》卷十二，清乾隆五十九年刊本）

**【皇太后聖壽節地方臣民恭賀禮儀】**乾隆三十六年十一月二十五日，恭逢孝聖憲皇后八旬萬壽聖節，安徽巡撫接准部文，遵奉諭旨：自初八日至二十九日，俱穿蟒袍補服。其常朝處，仍穿朝服。因會同藩、臬二司議，自二十二日至二十八日，黎明穿朝服，率領文武官僚齊赴萬壽宮坐班。其二十五日，係聖母皇太后萬壽，正日五鼓即行慶賀禮。州奉憲知照隨檄，建平縣一體遵行。敬設萬壽宮於忠節坊。二十一日，詣天壽寺，恭迎龍牌至宮供奉。二十二日，官僚分文東、武西坐班。至二十五日五鼓，并率紳士、鄉耆以次列堦下，行三跪九叩首禮，丹墀內優人奏《普天同慶》之曲。又設經壇於正誼書院，集僧道諷誦經典七晝夜。每日辰刻，知州率僚屬拈香，至文武衙門。城內各坊，命優人奏曲。及街市張設燈綵，亦自二十二日至二十八日，凡七日。（清・胡文銓：《（乾隆）廣德直隸州志》卷二十一，清乾隆五十九年刊本）

**【皇帝聖壽節臣民恭賀禮】**乾隆四十五年八月十三日，恭逢皇上七旬萬壽聖節，安徽巡撫接准部文，內開禮部咨儀制司，呈請穿蟒袍補服一月。奉旨：著仍照舊例，欽此。欽遵舊例，於八月初十、十二、十三、十四、十五、十六、十七等七日穿蟒袍補服。其常朝處，仍穿朝服。州奉憲知照隨檄，建平縣一體遵行。謹選天壽寺大殿作朝賀所，正中供奉龍牌，兩廊鋪設經壇，選集僧人，虔誦《無量壽經》七日。每日合州文武官朝服，各率僚屬齊赴朝賀所坐班，隨詣經壇拈香。十三日五鼓，并率紳士、鄉耆行三跪九叩首禮，丹墀內優人奏《普天同慶》之曲。文武衙門、城內各坊，優人奏曲。街市張

設燈綵，亦自初十日至十七日，凡七日。（清・胡文銓：《（乾隆）廣德直隸州志》卷二十一，清乾隆五十九年刊本）

【賓興禮】賓興禮：每逢鄉試之年，知州於七月上、中二旬內，擇吉餞送科試優等生員赴省應試。十日前，遣人送柬訂期。屆期，會僚屬於節愛堂，俱蟒袍補服，生員俱公服。既至，各三揖。吏目安席丹墀下，命優人倣《鹿鳴》遺意，奏曲數闋。迨徹饌，仍各三揖。優人於儀門內張設綵幔作月宮形，扮嫦娥一、侍女一，手執桂叢，候生員從月宮過，各以一枝予之。既徧，知州率僚屬送至西門外濯纓橋畔，各飲以三爵。飲徧，生員畢行，知州與僚屬乃反。（清・胡文銓：《（乾隆）廣德直隸州志》卷二十二，清乾隆五十九年刊本）

【迎春禮】立春前一日，設勾芒神像併春牛像於東郊，知州率僚屬朝服出迎，反鎖頭門。及抵神前，陳祭品致祭，行二跪六叩首禮。祭畢，並詣演武廳後廨，換蟒袍補服。知州出廳，書吏班役以次跪參。又選童子四人，扮風、調、雨、順四神像至廳前，作婆娑狀。少頃，知州暫退。俟廳上列酒筵，官僚乃偕出，吏目安各官席酒。既行，優人奏《陽春》之曲。輿夫先以綵亭舁勾芒神像入城，官僚繼之。至迎春橋，皀隸請匙鑰，速詣治前，開頭門。於儀門首陳設香案，安芒神及春牛，官僚至，向神再揖。次日立春時刻，各官仍穿蟒袍補服，詣神前，行二跪六叩首禮。鼓人跪捧鼓，請擊鼓三聲。知州擊鼓畢，偕僚屬脫補服、撩蟒袍，手執綵鞭，繞春牛者三匝，各舉三鞭而退。（清・胡文銓：《（乾隆）廣德直隸州志》卷二十二，清乾隆五十九年刊本）

【演春】立春前二日，城內各坊以金翠繡綺飾兒童，裝扮故事，加帷幙，眾舁之，集天壽寺候贊廳點閱，曰「演春」。（清・胡文銓：《（乾隆）廣德直隸州志》卷二十二，清乾隆五十九年刊本）

【城隍生日優人演劇匝月】州人以四月十五日爲城隍生日，市人迎賽，遞歷四城，四日而徧。優人演劇，或至匝月。（清・胡文銓：《（乾隆）廣德直隸州志》卷二十二，清乾隆五十九年刊本）

【禁淫祠演劇】清・貢震《禁淫祠》（乾隆十六年十二月）：建邑人民好鬼，祠祭紛繁。祠山之廟，城鄉多至數十處。每元宵有會，二月初八有會，而各處神會集場，無月不有。張燈演劇，宰牲設祭，每會數十百金不等。此外，如五猖會、龍船會，俱係妖妄之鬼。觀音會、地藏會，亦大開戲場，名目極多，浮費尤夥。至城隍神，爲一邑之主，聰明正直，福善禍淫，不可干以私情，豈宜近於兒戲？乃建俗每至孟夏之月，舖戶居民，醵錢敬戲，多至四五十檯。男婦雜沓，曉夜不散。復於是月十三日迎神賽會，扮演醜怪，使村農婦女聚觀戲笑，既不遵功令之明肅，復不畏神道之尊嚴，以此求福，適足取禍。況山僻之邑，地瘠民貧，所產惟稻、麥、棉花，衣食、交際、昏喪費用，俱出其中，雖加意撙節，尚虞凍餒，何堪有此無益之費？儘有溫飽之家，一經值會，舉債破產，數年間家資因而蕩廢者。若家本貧乏，不能賠墊，同會即百般凌辱，其受累更何可言。尤可恨者，神會一興，奸棍乘機開賭，招致匪竊、酗酒、打降，擾害鄉閭。値巡保甲，漁利容奸，其糜費又十倍於酬神矣！然此非必鬼神之說，人人信奉也。直緣地棍，把持勒派，希圖醉飽，倡此蠱盛人心。而邑中大姓，公堂租利頗多，餘積足供揮霍。商農之家，每會必有羈腳銀兩，重利盤剝，亦悉用以諂鬼，遂致積習相沿，牢不可破。不思人鬼，初無二理，果爲正直之神，必不因奉承而降福，□淫昏之鬼，彼亦何能爲禍？譬如鄉保調處一事，得幾文錢、喫幾杯酒，任意左袒，顛倒是非，人如此則不成人，鬼如此豈復成鬼？而鄉民惑於邪說，脅於棍徒，寧使妻子饑寒，不顧官私逋欠，而必不敢短少神會一文。噫，何其愚也！夫閥閱名家，舉動爲一鄉取法，果其公費贏餘，用以設義學，請師訓課子弟，賑鰥寡、卹孤獨、周貧乏，使通族秀者踴躍功名，樸者優遊耕鑿，家聲從此丕振，較之以前人，蓄積族姓脂膏，浪費於神廟中，博數日酣嬉之樂，其得失何啻萬里！望族果能行此，眾姓自必從風。神會銀穀，原係眾姓貲財，即以分借眾姓，薄收利息，積少成多，公擇鄉黨中忠厚老成人主其事，有無可以相通，豐凶由此有備。古者鄉鄰風俗之美，不難再見。地方去一大害，興一大利，自足感召天和，吉祥畢集，何用窮奢極侈，徼福於渺茫之鬼神爲也。知縣莅任三年，熟聞此風，歷經諭禁。今入夏雨愆米貴，比戶窮愁，尚有棍徒借敬神名色歛錢演戲者，隨經究治，稍爲歛戢。時屆窮冬，恐故態復萌，現在稟請立石永禁，合再詳悉曉諭。城隍、土地，本係正神，理宜虔祀。祠山雖非祀典所載，自是當方土神，並聽民間歲時致祭，但不得仍前，聚集多人，糜費物力。其每年元宵會、神童會、冠子會、五猖會、七聖會、龍船會諸名目，以及高井廟、分流廟、高塘廟、魯班廟、彭城山等處集場，永行禁止。知縣爲地方人心風俗起見，仰遵功令，俯寬民力，不憚懇切，開示士民。當共相戒勉，盡洗前此好鬼惡習，庶不負諄諄示戒之意。倘有頑梗之徒，仍蹈前轍，本犯重懲。該廟僧道、戲頭人等，一體嚴究。値巡保甲得賄狥隱，加倍治罪。《建平存稿》。（清·胡文銓：《（乾隆）廣德直隸州志》卷四十三，清乾隆五十九年刊本）

【每會演戲四五檯不等】十七年正月十一日條上督撫，其一云嚴禁淫祀，以節浮費。城鄉祠山各廟，每歲正月有四十八會，每會演戲四五檯不等。而城西一廟，去年買燈四百餘盞，宰牛十三頭，祭品類十損，數百人醉飽者三晝夜，計費千餘金，多出公會銀穀盤放生息，臨時復按戶科派。其鄉間各會，亦費至百金或數十金不等。至二月八日，俗稱祠山誕辰，各保例有祭賽，極其繁侈，城中宗氏一姓排酒至八百餘席。定埠呂氏一族宰鵞至二千餘隻，歲歲傳爲盛舉。每月各廟輪設集場，向有定期，彼此不易。至期，會首歛錢演戲，四方遊手畢集，乘機開賭偷竊，擾害最甚。《建平存稿》。（清·胡文銓：《（乾隆）廣德直隸州志》卷四十三，清乾隆五十九年刊本）

【雲潤礎觀劇喪命】湖州南潯鎮祇園寺後有隙地一區，草蕪中，土稍隆起，上立石，題曰：無爲州生員雲潤礎墓。土人言，雍正間，雲生過其戚家，買得一婢，年十餘歲。將載歸江左，泊舟寺前。適寺演劇，觀者雲集。生適市。婢向岸窺伺，見人畏縮，似被拐掠者。無賴子因共詰舟人曰：「莫是拐子？」舟人怒其妄也，謬應曰：「然！」未幾生至，眾遂蜂擁。生見勢急，躍起。巡市奮走，眾益譁，追及之，拳楚交下。又牽婢登岸叩之，婢驚惶，不能出一字。眾見生且斃，曰：「不如焚之。」遂共舁舟於寺後空地，聚薪投雲於火，舟子亦被縛焚死。有間，婢稍稍道其故，眾始駭走。明日，其戚家聞有是事，鳴之官，株連甚多。爲首者伏誅。其兄孝廉訴之部，奉部檄，即焚處立墓並勒石，戒踐牧焉。此余甲戌歲親歷其地，紀其顛末云。（清·胡文銓：《（乾隆）廣德直隸州志》卷五十，清乾隆五十九年刊本）

【目連傳奇中所扮分屍鬼】「七寶」，今僅存趙文敏疏、玉磬及珠，俗遂稱「三寶」焉。乾隆己卯，州役孫某等四人，從道士宋道成賺得「三寶」，向典舖私質錢數十千，道成屢索不得。舊例，每歲二月十一日神誕，陳設「三寶」，人眾聚覩。屆期，知觀尤常華、徐繩仙切責道成。道成急，望城而奔，意欲向四人追取。纔數十步，遇一人，冠服似明時諸生，手持白摺疊扇，彳亍而至，以扇擊道成首，呵曰：「王今回宮，汝尙何往？」道成諦視之，面傅粉墨各半，似演目連傳奇中所扮分屍鬼者。驚問曰：「王何來？」答曰：「王往溧陽。」久語未竟，見神從數千跨城而出，……道成急轉避廟前鐵將軍背後。俄有似緹騎者八人，各執蛇皮木棍導輿而入。道成尾至前殿階下，則道官俞陽陞持門，將入謁。陽陞死已十數年，道成幼時識之，欲從入，止之，不聽。緹騎以棍擊其足，痛楚而號。眾驚視，舁之登床，神魂失據者累日始愈。語眾曰：「陳有乾今爲神役，示我信票，其字皆金色，飛動不可辨識。當押孫某等各受杖，鋃鐺入獄。」陳有乾亦故州役，其獄即今四勿亭也。是月，孫某等四人相繼暴亡，呻吟之際，俱稱萬死。典舖聞之懼，遂送歸「三寶」焉。（清·胡文銓：《（乾隆）廣德直隸州志》卷五十，清乾隆五十九年刊本）

**【關帝顯靈神誕演劇致祝】**橫山麓有關帝廟，明嘉靖時濮陽惟忠讀書其中。深夜作文未竟，燈爲風滅。欲往廟側僧房取火，則黑暗難行。正躊躇間，忽門隙燈光激射，啓視，則神前琉璃燈也。乃以煤紙接火，還至書窗下，坐少頃而睡。次日晨起，念琉璃向無人點，昨夜安得有火？視之，見燈內積塵厚數寸許，中有小穴，蓋煤紙所注處也。惟忠歎爲神異，再拜敬謝。後約族人置田，每歲神誕演劇致祝，至今弗替。惟忠名棐，仕至知州。（清·胡文銓：《（乾隆）廣德直隸州志》卷五十，清乾隆五十九年刊本）

**【乘船至陽圩村東嶽廟觀劇】**郡西五十里陽圩村東嶽廟有大溪，每歲三月下旬，村民演劇敬神。西南村來觀者，必涉溪始得抵廟。乾隆三十六年春，溪水暴漲，觀劇者須船以濟，船載二十餘人，內有挈其子與俱者。子年十一二，甫登船，號泣不止。父惡之，命登岸，而己與眾偕往。船開，傾覆，二十餘人無一生者。因詢是子號泣之故。子言，船中人悉爲鐵索所拘，心悸欲反而口若或捫之，故泣也。眾咸異之。（清·胡文銓：《（乾隆）廣德直隸州志》卷五十，清乾隆五十九年刊本）

# 福　建

## （乾隆）福建通志

**【雍正十三年諭敬慎秋審】**上諭：各省秋審定例，該督撫會同司道等官審錄分晰，情實緩決，矜疑具題，關係最爲重大。向聞外省會審之時，不論案件多寡，務於一日之內，悉行定議，一切俱聽督撫主張，不特守令不敢置喙，即司道亦無一辭，輕重定於俄頃之間，是非決於一人之口。究其實際，督撫亦未詳細了然，不過令幕客創一略節貼於冊上，徒飾觀瞻而已。況有席氈懸綵，鼓吹喧闐，日甫踰中，即退而肆筵行酒，竟有似於宴會之禮者，甚至召令優人演劇爲樂。近來曉明義理者，多各檢點，而此風猶未盡革。夫刑罰者，國家不得已而用之者也。天以父母斯民之責，畀之吾君臣。凡兹犯法獲罪之民，皆吾赤子也。平時不能撫綏化導，使之遵守法度，免於罪愆，已有忝教養之職矣。及陷於刑辟之後，又復視爲泛常，不察情罪之輕重，率定爰書之出入，寬所不當寬，而嚴所不當嚴，以致讞獄不得其平，冤情抑而莫訴，勸懲兩失，兇暴肆行，所謂明刑弼教者安在？清夜捫心，能無愧赧乎？朕自臨御以來，於一切刑名案件，莫不虛衷斂息，詳慎推研。每日所進法司立決本章，悉令內廷管本官員三次覆奏，然後批發。每年秋審朝審時，朕先將招冊細細披覽，及至勾到之日，復面與大學士、刑部堂官等往復講論，至再至三，然後降旨。蓋哀矜惻怛之意，實動於不能已而發於不自知，並非欲博欽恤好生之名於天下臣民也。聖祖當年於勾到日皆著素服，朕亦效行之。凡爲督撫大臣者，受朕封疆之寄，應與朕同此哀矜惻怛之心。乃各省秋審，大約皆於一日之間草草定局，並未博採群議、詳察實情，不過視秋審大典爲具文耳。至於會審之日，雖不便著素服，豈有結綵設席、徵歌演劇之理？此則殘忍性成、不學無術者之所爲。嗣後，各省秋審時，該督撫務率司道等官敬慎周詳，殫心辦理，必使權衡不爽，情罪相符。向來並無限期，何妨多寬時日，安得視爲虛文故套，輕忽民命以供其自便之私。至於會集既久，除日食常餐外，倘有肆筵設席仍蹈從前陋習者，經朕訪聞，必嚴加議處。特諭。（清·郝玉麟：《（乾隆）福建通志》卷首四，清文淵閣四庫全書本）

**【秋收之後優人互湊作淫戲及弄傀儡】**宋·陳淳《北溪集》云：此間民俗，大槩質朴謹畏，然其間亦有奸雄健訟爲善良之梗使不獲安息者。俗尚淫祀，多以他邦非鬼立廟。此邦陋俗，常於秋收之後優人互湊諸鄉保作淫戲及弄傀儡。（清·郝玉麟：《（乾隆）福建通志》卷九，清文淵閣四庫全書本）

**【林孟和諫言反對優人收良民子女以充樂籍】**莆田縣林孟和。禮部主事，時尚書倪謙容優人收良民子女以充樂籍，孟和諫，不聽，遂以其事上聞，調慶陽通判。（清·郝玉麟：《（乾隆）福建通志》卷三十六，清文淵閣四庫全書本）

**【曾喬父好優伎】**曾喬，寧化人。父饒於貲，好優伎，徵歌度曲無虛日，數年蕩盡，至絕食。喬躬負薪資養，取榾柮積床頭，備冬月爲父母禦寒具。或雨雪連晨，飲食不繼，母怨其父，喬輒長跪請曰：「兒自命蹇，於父何尤？今幸壯健，力足供饘粥。父母和美，何用多金爲？」母瘋廢，不能尸饔，喬嘗運米數十里外，蘊火爲午餐，刻期必返。或日短不時至，父輒杖之，跪受不敢怨。有憫其勞苦私飯之者，必舍肉懷歸以奉父母。四十年如一日，辛苦積貲二十金。貸人，人負之，喬亦不取。竟不能娶，食力終身。（清·郝玉麟：《（乾隆）福建通志》卷五十，清文淵閣四庫全書本）

**【晉江優人黃興妻莊氏殉夫】**莊氏，晉江優人黃興妻。興在外，託氏事翁。翁歿，氏賣薪買棺且貸於富室，期俟夫償。及聞夫病篤，氏與夫幼弟偕行，間關五百里扶歸。俄卒，氏悉出敝衣殘器償所貸者，夜服藥而死。鄰人哀之，爲殮而合葬焉。（清·郝玉麟：《（乾隆）福建通志》卷五十六，清文淵閣四庫全書本）

**【與趙寺丞論淫祀書】**宋·陳淳《與趙寺丞論淫祀書》：淳竊以南人好尚淫祀，而此邦尤甚。自城邑至村廬，淫鬼之名號者，至不一。而所以爲廟宇者，亦何啻數百所。逐廟各有迎神之禮，隨月迭爲迎神之會。自入春首，便措置排辦迎神財物事例。或裝土偶，名曰「舍人」，群呵隊從，撞入人家，逼脅題疏，多者索至十千，少者亦不下一千；或裝土偶，名曰「急腳」，立於通衢，攔街覓錢，擔夫販婦，拖拽攘奪，眞如晝刼；或印百錢小榜，隨門抑取，嚴於官租。陰陽人鬼不同途，鬼有何說，欲人之必迎；人有何見，知鬼之必欲迎。凡此皆遊手無賴生事之徒假此以括掠錢物，憑藉使用，內利其烹羔擊豕之樂，而外唱以禳災祈福之名。始必浼鄉秩之尊者爲簽都勸緣之銜以率之，既又挾群富室爲之羽翼，謂之「勸首」，而豪胥猾吏又相與爲爪牙，謂之「會幹」。愚民無知，畏禍懼譴，皆黽勉傾囊舍施，或解質舉貸以從之。今月甲廟未償，後月乙廟又至，後月丙廟、丁廟又復張頤接踵。廢塞向墐戶之用，爲裝嚴祠宇之需；輟仰事俯育之恩，爲養哺土偶之給。錢既裒集，富衍遂恣，爲無忌憚。既塑其鬼之夫婦，被以衣裳冠帔；又塑鬼之父母曰聖考、聖妣；又塑鬼之子孫曰皇子、皇孫。一廟之迎，動以十數像，群輿於街中，且黃其傘、龍其輦、黼其座，人裝御直班以導於前，借擬踰越，恬不爲怪。四境聞風鼓動，復爲俳優戲隊相勝以應之，人各全身新製，羅帛金翠。或陰策其馬而縱之，謂之「神走馬」；或陰驅其簥而奔之，謂之「神走簥」。男女聚觀，淫奔酣鬭。夫不暇耕，婦不暇織，而一惟淫鬼之玩；子不暇孝，弟不暇恭，而一惟淫鬼之敬。一歲之中，若是者凡幾。廟民之被擾者，凡幾番。前後有司不能明禁，復張帳幕以觀之，謂之與民同樂。且賞錢賜酒，是又推波助瀾，鼓巫風而張旺之。至於朝嶽一會，復鄙俚可笑。嶽，泰山魯鎭也，立祠於諸州也，何因？國朝以帝封之。帝以氣之主宰者而言，非有人之謂也。而人其貌也，且立後殿於其後也，何謂？自開闢已有是嶽，而以三月二十七日爲嶽生之辰者，又爲何據？闔境男女混雜，晝夜朝禮，入門則群慟，謂爲亡者祈哀，以爲陰府縲絏之脫慶。侍者亦預爲他日之祈，謂之「朝生嶽」。自以爲報親，而不知其爲辱親；自以爲修善，而不知其陷於惡，與前迎鬼者同一律，皆蠹害風俗、混亂教化之尤者也。某愚區區，欲望臺慈特喚法司開具迎鬼諸條令，明立榜文，并朝嶽俚俗，嚴行禁止，仍頒布諸鄉下邑而齊一之。於以解人心之宿惑，而有風移俗易之美；省民財之妄費，而有家給人足之道，實爲此邦厚幸。（清・郝玉麟：《（乾隆）福建通志》卷七十，清文淵閣四庫全書本）

編者案：宋・陳淳《北溪大全集》（清文淵閣四庫全書本）卷四十四所收文字，與此略有不同。

## （乾隆）福州府志

【大帝生日前後月餘酬愿演劇】閩俗病瘟獨信巫，謂謁醫必死。雖至親亦懼傳染，不相顧問，死亦不發喪。按神，俗稱大帝，像設凡五，其貌猙獰可畏，殿宇煥儼。過其前者，屏息不敢諦視。又傳五月五日爲神生日，前後月餘，酬愿演劇，各廟無虛日。即無疾之人，亦皆奔走呼籲，惟恐怨恫獲罪譴。或疫氣流染，則社民爭出金錢延巫祈禱，謂之禳災。（清·徐景熹：《（乾隆）福州府志》卷二十四，清乾隆十九年刊本）

【上元燈戲】上元張燈，自十一日起至晦日止，十三、十四、十五三夜尤盛。影燈象人物、花果、禽魚，裁繒翦紙及琉璃爲之。廟刹駕鼇山，玲瓏飛動。又爲木架綵棚，妝演故事，謂之「臺閣」。俳優百戲，煎沸道路。簫鼓喧闐，至於徹夜。又有舁木偶像，搖兀而行，謂之「鬬神」。前列長炬，摐金伐鼓，震耀耳目。城市村鎮，廟社俱有之。每出，或至爭道相競鬬，近奉禁止，其風迺息。（清·徐景熹：《（乾隆）福州府志》卷二十四，清乾隆十九年刊本）

【五夜元宵詩】明·謝肇淛《五夜元宵詩》：

（其一）千枝鳳蠟一時懸，共道元宵勝去年。人影漸隨香霧合，月輪還讓彩燈圓。虹橋半起搖星斗，錦障初開試管絃。更說閩山香火勝，魚龍百戲列齋筵。

（其二）綵棚高結綵霞標，火樹銀花第二宵。兔魄却疑今已滿，燈花還比夜來饒。翠翹浮月盤龍動，玉勒嘶風寶馬驕。士女喧闐春似海，更疑圓滿到明朝。

（其三）舞鳳蟠龍百戲陳，寒空如水湧冰輪。三千世界團圞夕，十萬人家富貴春。碧海有天皆紫霧，錦城無地不紅塵。行遊漫道今宵永，漏咽銅壺夜又晨。

（其四）銀燭花開月漸遲，看來已減一痕絲。莫言燈市將殘夜，只當蟾光欲滿時。驄馬壁車尋舊路，紅牙檀板變新詞。春光一夕都衰謝，浪蝶遊蜂尚未知。

（其五）春色闌珊事漸非，賞心誰復惜芳菲？敲闌禁鼓月初上，踏遍殘燈人已稀。楊柳舞多凋綠綺，芙蓉焰少落紅衣。六街尚有餘香在，拾得遺簪信馬歸。（清·徐景熹：《（乾隆）福州府志》卷二十四，清乾隆十九年刊本）

編者案：明・謝肇淛《小草齋集》（明萬曆刻本）卷二十二「七言律詩五」，收有此五首詩，分別題作《十三夜燈》、《十四夜燈》、《十五夜燈》、《十六夜燈》、《十七夜燈》。

## （道光）廈門志

**【內水仙宮端午節演劇】**內水仙宮在菜媽街後，背城面海。端節，龍舟必先至此，演劇鼓棹，名曰「請水」。（清・周凱：《（道光）廈門志》卷二，清道光十九年刊本）

**【正月初九日富家演劇】**（正月）初九日設香案向戶外祀之。爆竹之聲達旦，名曰「祭天」。富家演劇。《閩書》：泉人以是日爲天誕日，廈則稱爲玉皇生日，占一年暴期，以此日爲準。干寶《搜神記》：玉皇，外國王子之成佛者。（清・周凱：《（道光）廈門志》卷十五，清道光十九年刊本）

**【二月初二日街市鄉村歛錢演戲爲土地神祝壽】**二月朔，社師前後入學。初二日街市鄉村歛錢演戲，爲各土地神祝壽。家造蠣房飯爲供。（清・周凱：《（道光）廈門志》卷十五，清道光十九年刊本）

**【五月五日各渡頭歛錢演戲】**五月五日端午，懸蒲艾、桃枝、榕枝於門。……競渡於海濱。龍船分五色，惟黑龍不出。富人以銀錢、扇帕，懸紅旗招之，名曰「插標」，即古錦標意。事竟，各渡頭歛錢演戲，舢仔船爲主，或十餘日乃止。（清・周凱：《（道光）廈門志》卷十五，清道光十九年刊本）

**【中秋街市鄉村演戲祀土地之神】**中秋，街市鄉村演戲祀土地之神，與二月同，春祈而秋報也。夜薦月餅、芋魁祀神及先，親友相餽遺。（清・周凱：《（道光）廈門志》卷十五，清道光十九年刊本）

**【喪葬置酒演劇】**喪葬尤多非禮。罔極之喪，其合於古者固多，然喪次粧飾婢僕如生人，衣以文繡，綠哖之轎，白絹之亭，付諸一炬。初喪置酒召客，演劇喧嘩，以爲送死之禮。……居喪作浮屠，已屬非禮，廈俗竟至演戲，俗呼雜出，以《目連救母》爲題，雜以猪猴神鬼諸齣，甚至削髮之僧，亦有逐隊扮演，醜態穢語，百端呈露，男女聚觀，毫無顧忌。喪家以爲體面，親友反加稱羨，悖禮亂常、傷風敗俗莫此爲甚。（清・周凱：《（道光）廈門志》卷十五，清道光十九年刊本）

**【迎神賽會一年居半】**滿地叢祠，迎神賽會，一年之交，且居其半。有所謂王醮者，窮其奢華，震鍧炫燿，遊山遊海，舉國若狂。扮演凡百鬼怪，馳輦攢力，剽疾爭先，易生事也。禁口插背，過刀橋，上刀梯，擲刺毬，易傷人也；賃女妓飾稚童，肖古圖畫曰臺閣，壞風俗也；造木舟用眞器浮海，任其所之，或火化，暴天物也。疲累月之精神，供一朝之睇盼；費有用之物力，聽無稽之損耗，聖人神道設教而流弊乃至於此，猶曰得古儺遺意，豈不謬乎？（清·周凱：《（道光）廈門志》卷十五，清道光十九年刊本）

**【荔鏡傳婦女觀者如堵】**賽社演劇，在所不禁。取古人忠孝節義之事，俾觀者知所興感，亦有禆於風教。閩中土戲，謂之「七子班」，聲調迥別。《漳州志》論其淫亂弗經，未可使善男女見信哉！廈門前有《荔鏡傳》，演泉人陳三誘潮婦王五娘私奔事。淫詞醜態，窮形盡相，婦女觀者如堵，遂多越禮私逃之案。前署同知薛凝度禁止之。（清·周凱：《（道光）廈門志》卷十五，清道光十九年刊本）

**【說平話】**又有說平話者，綠陰樹下，古佛寺前，稱說漢唐以來遺事。眾人環聽，斂錢爲餽，可使愚頑不識字者爲興感之用。間有說艷書及《水滸衍義》者，宜禁之。施耐菴《水滸》實爲誨盜之書，尤宜禁。（清·周凱：《（道光）廈門志》卷十五，清道光十九年刊本）

## （道光）永安縣續志

**【演劇復迎神】**清·葉文載《遊皆山（節錄）》：平生邱壑心，適性愜幽勝。探奇忘遠邇，遊蹟幾巖磴。斗山領一氈，家園抛三徑。司鐸纔十日，看山喜延亘。側聞皆山奇，形容未易罄。秘書來招邀，郇廚列瓶甑。演劇復迎神，喧闐雜笙磬。（清·孫義：《（道光）永安縣續志》卷八，民國二十九年鉛印本）

## （乾隆）馬巷廳志

**【道觀多報賽】**（元月）初九日，《閩書》：泉人以是日爲天誕。《玉皇本行經》：玉皇以是日度世。干寶《搜神記》：玉皇乃外國王子之成佛者。道觀多報賽。近則里巷寺廟皆有之。（清·萬有正：《（乾隆）馬巷廳志》卷十一，清光緒補刊本）

【三月多迎神賽會】三月初三日，以粿祭祖及神，亦有不祭清明節而以是日代之。是月多迎神賽會。（清·萬有正：《（乾隆）馬巷廳志》卷十一，清光緒補刊本）

【蔡牽與陳教官】清·王崧辰《老薑隨筆》一則：蔡牽之生也，與李忠毅公同里閈。少時同就村塾讀書，蒙師出，則共習擊刺跳縱之術，皆精絕。牽好大言，嘗言他日得志當踞某邑、屠某城、殺某官。公斥之曰：「是賊也。子得志，吾必滅之。」聞者皆笑以爲戲言耳。後牽入海爲劇盜，擾及閩、浙、粤三洋，朝廷爲之旰食。公起行伍，隸水師，歷官至專閫。仁宗御極，專任討牽，閩、浙水軍皆屬焉。公感激主知，誓死自效。其剿牽也，敗之於青龍港，覆之於斗米洋，殲之於鹿耳門，又敗之於三盤，又挫之於調班洋，又大挫之於漁山。其東涌之戰，則礮擊牽從子蔡添來，落海死。大星嶼之戰，則斫牽坐船大桅，焚其篷索，幾獲之。公在洋四十二年，大小數百戰，斬獲無算，牽畏之如虎。賊中爲之謠曰：「甯遇千萬兵，勿遇李長庚。」其威懾賊膽如此。嘉慶十二年冬十二月二十五日，追牽於黑水洋。及之，牽狼狽狂竄，僅餘三舟。公攀舷欲躍上，爲飛礮所中，傷咽喉，遽殞，所志未遂。天下聞者，無不流涕。同鄉邱良功繼公爲大帥，卒碎牽舟，並沈其妻孥於海，殲焉。初牽爲童子，貧甚，嘗貰蔗竿於某肆，斷而賣之，積欠千餘錢不能償。一日賣蔗某廟，猝遇肆主，執而笞之。廟方演劇，觀者如堵，皆噤無言。同安學教官陳某，省垣人，亦在戲座，憐其幼而窮也，取洋番一餅代償所負。牽叩頭謝，詢姓名而去。及爲巨盜，言及陳教官，則感激流涕，撫心呼負負。洎屢爲官軍所敗，官又懸榜街市，購生禽牽以獻者予二品職、賞萬金，乃拊几激昂曰：「吾今有以報陳君矣！」微服携兩健卒，夜闖入陳教官學署，伏地搏顙曰：「請以一場大富貴報君！」陳教官任同安學數十年，龍鍾甚久，忘代牽償債事，亦不知當日受辱童子即蔡牽。扶起問之，牽具道前事，且言受大恩無以報，今聞購某者予二品職、賞萬金，願就縛送官，以酬大德。陳教官聞其爲牽也，大怒，歷數其罪，麾使出。牽請不已，陳教官罵亦不已，牽乃屬兩健卒婉勸之，而自立門外以待。兩健卒復申前說，陳教官罵益烈，聲徹戶外。牽恐爲邏者所聞，怏怏去。牽性喜青，船中帷幃、被褥皆純青色，常以青巾帕首、衣青綢短襖、下著攏袴、腰雙刃，趫捷如飛，與妻某氏相對吸鴉片煙。稍倦，則開底艙取所掠男子，刲胸摘肝炒食之，日嘗數四。餘船貨物充牣薪匱，則取細緞十餘卷以代鉛子，竭則代以番錢。妻亦勇悍善戰，常別率數船爲娘子軍，當者輒辟易收泊。無事則亦開底艙，取所掠男子，擇美好者與淫。哀詞乞宥，則竟縱之逸。牽不敢問，亦不能禁也。吳芝圃太先生，先徵君業師也。嘉慶間任泉州教授，距牽滅僅數年，知其遺事甚悉，嘗爲先君言之如此。（清·萬有正：《（乾隆）馬巷廳志》「附錄」卷上，清光緒補刊本）

## （光緒）漳州府志

**【朝天宮戲臺】**朝天宮，在城南溪沙美，國初時建，祀敕封天后林娘娘，春秋致祭。廟舊二座，乾隆七年，庠生沈時章始倡建粧樓於後。三十三年，庠生沈軒元又倡建戲臺於前。三十七年，貢生沈廷彥募貲重建，廟貌煥然一新。（清·李維鈺：《（光緒）漳州府志》卷八，清光緒三年刻本）

**【徐宗幹嚴禁戲劇】**徐宗幹，字伯楨，號樹人，江蘇通州人。嘉慶庚辰進士，由州縣歷牧守，咸著循績。道光二十四年，授汀漳龍道，至則先齋宿城隍廟，乃即公廨。視事之始，民多途控，宗幹悉摘傳原、被質訊，是非立判。或舉古孝義事，溫語誨導，有兩造抱持對泣求罷控者，訟牒日稀。北溪等鄉素號強悍，漸出掠人財。宗幹召其家長者至，予酒食勸勵，令還鄉，約束子弟，許自新，否且盡殺無赦。因籍其中壯丁姓名爲鄉勇隸官，由是暴民斂跡，行旅得坦涉無患。漳俗迎神報賽，里豪率結彩棚，晝夜演劇，或飾妓鼓吹導引，藉是箕斂貲財，舉國若狂。宗幹悉示禁之，期存古逐疫報功之意而止，尤嚴禁戲劇之導淫、惡丐之群索者。（清·李維鈺：《（光緒）漳州府志》卷二十七，清光緒三年刻本）

**【州人譜黃亮國事爲傳奇】**黃亮國，字輝秋，號鏡潭，原名步蟾，長泰人。嘉慶辛酉拔貢，光祿寺署正，揀發山西，歷任遼、隰、絳、平定、保德、霍、解、沁等州牧，代理河東兵備道，兼山、陝、河南三省塩法道。爲政廉恕明敏，凡有興革，無不捐俸毀家以便民。其在絳也，聞喜有蠹役強篡，既受聘，女訟輿，其令誤坐本夫罪。亮國廉得其情，寘役於法，州人譜爲傳奇。其在解也，有兄弟爭產搆訟，使其跪三義廟，卒相與媿悔。亮國居鄉，慷慨好施，友于尤篤。著有詩文草數卷，藏於家。子存錫，邑諸生，工楷法，喜吟詠，惜享年不永。（清·李維鈺：《（光緒）漳州府志》卷三十三，清光緒三年刻本）

**【諸生陳範妻甘氏不聽演唱】**諸生陳範妻甘氏。夫歿，氏年二十九歲，翁姑俱高年。生事葬祭，恪執婦道，不出閨門，不聽演唱，不戲笑，病不延醫，曰：「吾職盡無憾也。」卒七十四歲。（清・李維鈺：《（光緒）漳州府志》卷三十七上，清光緒三年刻本）

**【沈液金妻謝氏召族鄰童孩演戲於姑床前】**沈液金妻謝氏文娘，十八歸沈，八載夫歿，姑媳相依，慘苦莫狀。姑悼子，屢至絕粒，氏忍痛慰解。姑嘗病，不嗜食，遍求美味以悅之。又病篤，思觀劇解悶，氏計無所出，乃召族鄰童孩爲戲於床前，姑爲之色喜。人謂與老萊子暗合也。姑沒，泣血三年，盡其婦道。卒年五十四。（清・李維鈺：《（光緒）漳州府志》卷三十七上，清光緒三年刻本）

**【城居者好賭蕩戲劇】**南靖縣，男力耕稼，女勤紡績。《通志》。土多肥饒，民近淳厚。《漳南道志》。冠婚喪祭，多依家禮。惟城居者好賭蕩戲劇，鄉處者好毒藥圖賴，深爲習俗之蠹。《縣冊》。（清・李維鈺：《（光緒）漳州府志》卷三十八，清光緒三年刻本）

**【漳州歲時演劇】**漳之俗，歲正月，里閈具茶酒，相娛樂迎神。明燈擊鼓，召巫粧臺閣，往來都市。

元日祭畢，無貴賤，御新衣，詣親賀歲。主人出辛盤共款，醉人相望於道，五日乃止，謂之「假開」。

立春前一日，有司迎春東郊，士女蜂集，有數十里至者。市中多市春餅、春花、春燕之屬。

上元作花燈，爲火炮之屬，子弟扮仙獅竹馬龍燈慶。鄉閭索酒食，弊乃挾勢索財不饜，輒起爭端，貧民苦之。

海澄、漳浦之民，每正月半，作火鼠及火梨之屬，下書約鬬，謂之「相燒」。

石碼及海濱，又有持石頭相撲，折肱破腦，有司歷禁之，終不可止，謂之「擲石之戲」。

二月，鄉間居民仿古春祈，歛分金。宰牲祀神畢，群飲於廟，分胙而歸，謂之「做福」。

清明，插柳戶上。是日多墓祭，閭巷婦人或有盛服靚粧、帶薔薇花出郭外逐隊行者，俗號踏青。

三月三日，採百草合米粉爲細粿薦祖考，餘以贈遺，不聞有士女秉蕑者。

四月八日，有洗佛之會，寺之僧、尼主之。婦女亦或有至者，然大約編戶之家。

端午，懸艾插蒲，蒸角黍，服雄黃酒。兒童帶繭虎。俗鬥龍舟，富人放標，持豚酒餉之。

七夕，女兒乞巧，持熟豆相遺，謂之「結緣」。

七月半，作盂蘭會，延僧設食，祀無祀之鬼。夜以竹竿燃燈天際，聯綴數枝，如滴如墜，望之若星，謂之「作中元」。

八月，祭土地，窮鄉僻壤悉演劇，費甚奢，倣古之秋報。

九月登高，童子作紙鳶放於野，方言謂之「放公災」。

十一月冬至，作米圓食之，謂之「添歲」。海濱民有墓祭者。

臘月念四日，里人傳神上天，備酒殽祀之，謂之送神。至正月四日復祭，謂之迎神。還祭，焚柴。

除夕前數日，親朋持禮物相贈，謂之饋歲。是夕，祀先禮神，謂之辭年。祭畢，舉家擁爐飲酒不寐，謂之守歲。

歲每月朔、望後一日，賈人及胥役工匠之屬備酒殽祀神，謂之做衙。（清·李維鈺：《（光緒）漳州府志》卷三十八，清光緒三年刻本）

**【漳俗好演劇】**俗好演劇，導淫增悲，豈可使善男女見之？今雖不能盡革，亦當取其有裨風教者，編成歌曲，庶聽之者可以興起良心，不爲無助。（清·李維鈺：《（光緒）漳州府志》卷三十八，清光緒三年刻本）

**【朱子屏棄優戲】**宋·陳淳《朱子守漳實蹟紀（節錄）》：朱先生守臨漳，未至之始，闔郡吏民得於所素，竦然望之如神明。俗之淫蕩於優戲者，在在悉屏戢奔遁。及下車，蒞政寬嚴合宜，不事小惠。（清·李維鈺：《（光緒）漳州府志》卷四十六，清光緒三年刻本）

**【方直吾巧對舟人聯】**方直吾者，文山人也。少警敏，以善屬對聞。一日諸儒士買舟赴郡試，道福滸。滸居民方演巫賽劇，眾停舟視之，舟者戲謂諸儒士曰：「若秀才，試一對，果工，不敢索直也。」眾欣然請其目，曰：「福滸滸邊作福事，福緣善慶。」竟沉思莫能答，舟已抵碧溪灣矣。碧溪在文山之麓，見直吾據步候潮，眾讙曰：「此小方也，必能爲吾儕解圍。」呼入舟中，具告之。直吾應聲曰：「文山山下遇文人，文運隆興。」眾爲之拊掌。（清・李維鈺：《(光緒）漳州府志》卷四十八，清光緒三年刻本）

## （康熙）平和縣志

**【平和縣歲時演劇】**元日。蚤起，禮神祭先祖。無貴賤各詣所親賀歲。長幼咸御新衣，極爲整楚。主人出辛盤，共款往來。相望於道，遊戲行樂，至五日乃止，謂之假開。諸少年或裝束獅猊、八仙、竹馬等戲，踵門呼舞，鳴金擊鼓，喧鬧異常。主人勞以菓物，有吉祥之家，所勞之物倍厚於常。

立春。前一日有司備儀衛，迎春於東郊。民間結綵架，選童男靚粧立架上，扮爲故事，數人肩之以行。先詣縣庭，謂之呈春。繼出東郊迎土牛，週行街市。邑令及住（編者案：「住」疑應爲「府」）貳、學博俱導從行遊，以官卑者前導。自辰至酉乃止。觀者蜂擁，男女闐塞街巷，有不遠數十里而至者。次日立春，有司鞭土牛以畢寒氣。人家爭取牛土，投豕牢內，祝豕肥大焉。

元夕。自初十日放燈至十六夜乃已。凡神祠、家廟，各結花燈，或用鰲山。以紙假製。運傀儡，張燈燭，剪綵爲花，備極工巧。別有行樂善歌曲者，自爲儕伍，張燈如雨蓋，歌舞以行，謂之鬧傘。或爲魚龍百戲，向人家吉祥者，作爲懽慶之歌。主人須厚贈之乃去。神祠則邀道士設醮祈安，燕飲於祠內，名曰集福。史巫紛若，謂之打上元。大抵半月之間，遊必秉燭繼晷，銀花火樹，在處有之。文人墨客，或明燈懸謎語於通街，謂之燈謎。射中者酬以紙筆菓品之屬。

十三日，迎威惠王，遊行街市。阡陌里眾，各執器物，或執香隨行，各備牲醴致祭，歸而燕飲。前三日，延道士設醮慶祝。凡設醮，次夜閤坊少年各手一燈，并持火炮花柳，十百爲群，與道士遊行街市，至半夜乃還，謂之遊街。

十五日，迎本邑城隍，設醮出行，俱如威惠王之儀，備極諠鬧。

二月鄉間斂分金，宰牲祀神，飲酒於廟，分胙而歸。蓋效古者春祈之意。

清明。人家各祭掃墳墓。祀先并祀后土。祭畢，藉草銜杯，北邙寒雨中，哭聲與笑語相間，各掛紙錢於墓而去。

三月二日，迎玄天上帝出遊，多設綵棚、臺閣，男女聚觀，各備物致祭，歸而宴飲。

三月，人家各採青草萌合米粉爲細粿，以薦祖先。

四月八日，亦名佛日，先期旬日，沙彌沿門唱梵曲索布施，謂之洗佛。

或有設齋供佛者。

端午節。五月五日也，亦名天中節。每家懸蒲菖蒲、插艾於戶牖間，飲雄黃酒，食角黍。俗謂之粽，以竹葉裹糯米而蒸之。舟人競渡角勝，金鼓喧鬧，奪標爲樂。或以繭作虎形，貼小兒額上。午時則煎蒲、艾水舉家洗浴。

七夕。家人設瓜菓宴會，謂之乞巧。讀書家多爲魁星作壽，以相宴樂。邑令王軒六詩云：「天上鵲橋事有無，迢迢良夜月模糊。輕雲薄霧陳瓜菓，乞巧人間大小姑。」

七月望日，人家各備物祀先。或歛錢延僧爲盂蘭盆會，齋品極豐，名曰「普度」。

八月望日，凡里社各備物以祀土神，即古者秋報遺意也。坊間神祠斂錢致祭，或演雜劇。村落間，群以酒肉祀於田間，逐處皆然。

重九日，讀書家載酒登高。兒童競以長繩繫紙鳶出郊原，乘風縱之，其高入雲，顧而樂之。

十一月冬至日，人家作米丸以祀祖先，謂之添歲，即古所謂亞歲。漳浦李瑞和有詩云：「家家搗米作團圓，知是明朝冬至天。」正謂此也。又作細丸，遍塗門戶及器皿中，名爲祀耗，以禳耗斁。惟有喪之家，則不敢作丸，親屬或有饋之者。

自冬成後，村社人家皆演劇賽神，謂之賽平安，蓋人家以春日祈禱，至暮歲而酬報焉。或有建設齋醮者。

臘月念四日，人家各拂塵洒掃，是夕送神朝天。相傳年歲將終，百神皆有事於上帝，故備物致送，凡神祠各具牲醴、粢盛。人家各點茶焚香并畫幢幡、甲馬、儀仗，於楮上焚之。

正月四日，具儀復祭，謂之迎神。除夕前數日，親朋各持禮物相贈，謂之餽歲。是夕，各祀先祖及竈神，曰辭年之祭，皆爆竹焚香、張燈達旦。舉家老幼擁爐飲酒，坐以待曙，謂之守歲。（清・王相：《（康熙）平和縣志》卷十，清光緒重刊本）

**【猴戲】**猴，一名狙公。性躁，食物必滿貯兩頰。土人加以冠帶教之，能作百劇。（清・王相：《（康熙）平和縣志》卷十，清光緒重刊本）

## （康熙）漳浦縣志

**【城市凡后土祠皆演傳奇以娛神】**中秋日，各坊里祀土神，蓋古秋報遺意。城市，凡后土祠，皆演傳奇以娛神，村落間，群以酒肉祀田祖，無虛日。（清・陳汝咸：《(康熙）漳浦縣志》卷三，民國十七年翻印本）

**【李實蕡遇鄰喪不鼓樂】**李實蕡，字桃仲。弱冠登科，再赴禮部試，成進士，雍正丁未也。時館選閣部大臣，得各舉所知，有欲爲之延譽者，實蕡唯唯辭謝。既而朝考，官庶常。是日，在保和殿應試，詩題是「賦得詩書至道該」，實蕡有句云：「虞廷十六字，魯頌一言詩。」及庚戌散館，引見西煖閣，上問：「爾爲『虞廷十六字，魯頌一言詩』之李實蕡乎？」歷問良久，授職檢討。平素文章，標望一時。用薦需次御史，聞親疾，即假省，十餘年後始入都，未久復告，予致仕，家居杜門不出。同年單德謨，觀察汀漳。匝歲，實蕡未嘗投一剌。適行部漳浦，造廬過訪，乃得見。辛酉歲歉，率族人平糶。夫性敦厚，與人交謙恭善下，尤好接引後進，談道論文，娓娓不倦。晚喜吟詠，耽古文辭，自謂得眉山之勝。年五十八，卒於家。著有《松風堂詩草》。方實蕡之歸也，鄰右豪富出嫚語相詆，聞者爲不平。實蕡曰：「吾能堪之，君胡爲忿哉？」豪富又在其第前蓋築高屋，人咸以障蔽不宜爲言，其子姪更甚不平。實蕡示以詩曰：「眼底微塵便不容，如何雲夢在心胸。天空海闊誰能障，況乃籓墻隔幾重。傳家舊第愧穹窿，那復憎人與我同。世界乾坤原共有，較量戶外費閒工。」及豪富卒之夕，適實蕡家喜慶演劇，實蕡出，止之曰：「鄰有喪，不宜鼓樂。」人以此服其量。（清・陳汝咸：《(康熙）漳浦縣志》卷二十二，民國十七年翻印本）

**【屆陳汝咸懸弧辰必召梨園慶祝】**《月湖書院公祭大理少卿前邑侯四明陳公文》：公諱汝咸，字莘學，浙江鄞縣人，辛未進士。

天下最傷心之處，莫大乎事業垂就，一身先死。嗚呼！我公而竟若此。公自丙子歲由翰林出知漳浦，十有三年調南靖，浦人攀留不得，乃建月湖書院，塑公像於中，詎今六、七年。士女歲時登堂瞻拜，擊鼓張燈。屆公懸弧辰，必召梨園慶祝。方期千秋百歲，此樂未央，不謂甫至於今，而固原都喇遂爲月湖傷心之地也。嗚呼痛哉！（清・陳汝咸：《(康熙）漳浦縣志》卷二十二，民國十七年翻印本）

## （乾隆）南靖縣志

**【南靖歲節演劇】**歲節：歲正月，里閈具茶酒相娛樂，明燈、擊鼓、放火炮。元旦雞鳴起，御新衣焚香，設齋果茶酒，禮神，謁祖先，次及尊長。併出門拜親友，往來投刺，年幼者答以雙柑。是日多茹素，出擅方隅。二日具牲饌祀先，以紅糟塗之，謂之紅窩。至五日，乃開市貿易，謂之假開。

立春先一日，有司出土牛迎春東郊，士女雲集。至交春，以彩仗擊土牛者三，謂之鞭春，以送寒氣迎歲時也。市中多賣春雞、春餅之屬。新春家設辛盤會親戚朋友，讀書家具柬帖互相邀，謂之春敘。鄉人請女婿旋馬多在此時，以歲內有便殽，可省費也。

正月初七八日起至十六七日止，里社邀道士設醮，各迎其本境之神。家張燈鳴鑼鼓，各分坊市，以百家數十家爲一社，競以奇巧臺閣相尚。又有善曲者自爲儕伍，張燈棚如雨蓋，絃歌以行，謂之圍傘（編者案：「圍傘」似應作「鬧傘」）。或爲竹馬魚龍之戲，向人家吉祥者舞蹈懽呼，主人贈以酒食柑燭。各祠堂歛新婚弄璋錢，結鰲山，剪綵爲花，精緻甲他郡。遊人觀者如蟻至。十六夜則男人歛跡，女人相率往觀，俗謂之女元霄（宵）。

二月，鄉民歛分金，宰牲祀神。畢，群飲於廟，分胙而歸，謂之散福。

三月朔起至三月晦止，具牲醴展墓，新葬者以清明日。

立夏，家具酒殽集飲，謂之俌夏。

端午，家懸蒲艾於門，飲雄黃酒爲辟毒，作角黍，競龍舟。親友先一二日以殽果相餽，謂之送節。凡門楣必粘小紅聯，寫「龍舟下水千災散，虎艾懸門百福臻」，又寫「五月五日午時書，千祥萬福集門閭」，橫粘其上。

六月朔日，各以紅米爲粉圓祀神。

七夕，女兒乞巧，手攜熟豆相遺，謂之結緣。

七月望前後，人家各備物祀先，或歛錢延僧爲盂蘭會，齋品甚豐，名曰「普度」。

八月祭土地，窮鄉僻壤悉演劇，倣古之秋報。

九日，具萸酒相邀登高。童子競以長繩繫紙鳶，出郊原，乘風縱之，其高入雲，以爲娛樂。

冬至先三二日，以糯米舂碎晒乾，至日作湯圓，具筵祀先人。

臘月念四日，人家拂塵洒掃送神朝天，具酒殽，并畫幢幡、甲仗於楮上，焚之。正月四日，具儀復祭，謂之迎神。

除夕前數日，親朋持禮物相贈，謂之餽歲。是夕，祀先禮神，謂之辭年。祭畢，舉家擁爐飲酒不寐，謂之守歲。逐月朔望後一日，市中賈人及衙門員役備酒殽祀神，謂之做牙。一歲中土俗大略如此。（清·姚循義：《（乾隆）南靖縣

志》卷二，清乾隆八年刻本）

**【陳昂建言廢宮庭慶賀用優伶】**陳昂，字欽顒，篤志力學。成化辛卯，領應天鄉薦，授太常典簿。明飭禮樂，考究律呂。時宮庭慶賀，雜用優伶，昂進奏云：「聖誕之辰，當備百順以事至尊而養其中和，奈何用雜劇？乞依孔聖誅侏儒例，勒下司馬。」上喜其論。轉太僕寺丞。遵定《大明通禮》，陞少卿。所著有《法夔遺論》。（清・姚循義：《（乾隆）南靖縣志》卷六，清乾隆八年刻本）

編者案：清・郝玉麟《（乾隆）福建通志》（清文淵閣四庫全書本）卷四十六、清・李維鈺《（光緒）漳州府志》（清光緒三年刻本）卷三十所載與此略同。

## （乾隆）龍溪縣志

**【龍溪縣歲時演劇】**正月，里閈具茶酒相娛樂迎神。明燈擊鼓，具巫粧臺閣，環遊都市。

元日祭畢，詣所親賀歲，主人出辛盤款客，五日乃止，謂之假開。

立春前一日，有司迎春東郊，士女闐咽。市中多市春餅、春燕、春花之屬。

上元張燈，子弟有仙獅、竹馬、龍燈諸戲。

二月，鄉民倣古春祈禮，歛金錢，具牲醴。祀神畢，飲於廟，分胙而歸。

清明戶插柳，多墓祭，閭巷婦女或盛服靚粧出郭而隊行。

三月三日，採百草合米粉爲糯糍，以薦祖考。

四月八日，浴佛，寺刹建龍華會，編戶婦女或有至者。

端午，懸艾插蒲，具角黍，服雄黃酒，兒童簪亹虎。是日競渡，有至二四日乃罷者。

七夕，女兒乞巧，持熟豆相餉，謂之結緣。

中元，作盂蘭盆會，延僧設食，施無祀之鬼。夜以竹竿燃燈天際。里社焚楮錢，設筵席，亦延浮屠主之。

八月，祭土地，窮鄉僻壤悉演劇，亦古秋報之遺也。

九日，登高，童子作紙鳶，乘風放之，方言謂之放公災。

冬至，舂米爲圓餔之，謂之添歲。海濱之民有墓祭者。

臘月念四日，里人傳神上天，備牲醴□之，謂之送神。至正月四日復祭之，迎神祭，焚柴。

除夕前數日，親朋持禮物相贈，謂之饋歲。是夕，祀先禮神，謂之辭年。祭畢，舉家擁爐飲酒不寐，謂之守歲。（清・吳宜燮：《（乾隆）龍溪縣志》卷十，清乾隆二十七年刻本）

【忘哀作樂】宋・朱熹《曉諭居喪持服教（節錄）》：竊聞先聖有言，孝子之喪親，服美不安，聞樂不樂，食旨不甘，此哀戚之情也。又曰：子生三年，然後免於父母之懷。故三年之喪，天下之通喪也。予也有三年之愛於其父母乎？是以昔者先王制爲喪禮，因人情而節文之，居處、衣服、飲食，皆有定制。降及中世，乃有墨衰之文，則已不能無失先王之意矣。然準律文，諸喪制未終，釋服從吉。若忘哀作樂，徒三年；雜戲，徒一年，即遇樂而聽及參預吉席者，杖一百，則是世無古今，俗無厚薄，國家所以防範品節之意尚未泯也。（清・吳宜燮：《（乾隆）龍溪縣志》卷十，清乾隆二十七年刻本）

【乞冬】宋・陳淳《上傅寺丞書》：某竊以此邦陋俗。當秋收之後，優人互湊諸鄉保作淫戲，號「乞冬」。群不逞少年，遂結集浮浪無賴數十輩，共相唱率，號曰「戲頭」，逐家裒斂錢物，豢優人作戲。或弄傀儡，築棚於居民叢萃之地、四通八達之郊，以廣會觀者。至市廛近地，四門之外，亦爭爲之，不顧忌。今秋自七、八月以來，鄉下諸村，正當其時，此風在在滋熾，其名若曰戲樂，其實所關利害甚大。一、無故剝民膏爲妄費；二、荒民本業事遊觀；三、鼓簧人家子弟玩物喪恭謹之志；四、誘惑深閨婦女出外動邪僻之思；五、貪夫萌搶奪之姦；六、後生逞鬥毆之忿；七、曠夫怨女邂逅爲淫奔之醜；八、州縣二庭紛紛起獄訟之繁，甚至有假託報私仇擊殺人無所憚者。其胎殃產禍如此，若漠然不之禁，則人心波流風靡，無由而止，豈不爲仁人君子德政之累？謹具申聞，欲望臺判按榜市曹，明示約束，并帖四縣，各依指揮，散榜諸鄉保甲嚴禁止絕。如此，則民志可定而民財可紓，民風可厚而民訟可簡，闔郡四境皆實被賢侯安靜和平之福，甚大幸也！（清・吳宜燮：《（乾隆）龍溪縣志》卷十，清乾隆二十七年刻本）

編者案：宋・陳淳《北溪大全集》（清文淵閣四庫全書本）卷四十七收錄此文，題作《上傅寺丞論滛戲》。清・郝玉麟《（乾隆）福建通志》（清文淵閣四庫全書本）卷七十、清・李維鈺《（光緒）漳州府志》（清光緒三年刻本）卷三十八亦收錄此文，題作《與傅寺丞論淫戲書》。

【林宗鑒妻楊氏於夫卒後終身縞素不觀演劇】楊氏，監生林宗鑒妻。氏能承舅姑志，相夫力學。夫以攻苦得疾，卒。氏懼舅姑之哀傷也，節哀順變，以慰其心。自是終身縞素，不觀演劇，不預宴遊。課兒甚嚴，列膠庠，登賢書，孫曹接踵。（清・吳宜燮：《（乾隆）龍溪縣志》規制，清乾隆二十七年刻本）

編者案：清・李維鈺《（光緒）漳州府志》（清光緒三年刻本）卷三十七上所載與此略同。

【林氏陪客觀劇至夜闌乘間仰藥殉夫】林氏，陳田妻。氏以童媳，歸於陳。祖姑鄭氏，青年守節；姑李氏，亦守節，氏俱承順無違。戊申冬，夫得篤疾，氏謹侍湯藥，誓以身殉夫。歿，既葬，歸甯父母。或以無子女難守之言試之，氏曰：「扇墓故事，吾不能學也。」別父母回，僞家人防範。因鄉廟賽會，懽然治具，陪客觀劇至夜闌，家人就寢，乘間仰藥，瞑坐而逝。時道光二十九年二月十六日也。卒年二十二歲。顏色如生，衣服不亂，觀者莫不歎息。（清・吳宜燮：《（乾隆）龍溪縣志》「規制・列女」，清乾隆二十七年刻本）

編者案：清・李維鈺《（光緒）漳州府志》（清光緒三年刻本）卷三十七上所載與此略同。

## （乾隆）長泰縣志

【文可黼逐梨園】文可黼，涪州人。崇禎元年，以蔭貢任。家素裕，攜貲之官。下車，值歲祲，出己貲，餓者給粥，莩者裹葬。聽訟，見諸生必起立。催科，揭榜通衢，某戶丁苗額銀若干，民如期輸納無逋者。逐梨園、禁師巫，抑制權貴。（清・張懋建：《（乾隆）長泰縣志》卷七，民國二十年重刊本）

【神誕社日迎神演唱】邑男女之防最謹，非有大故不相見。女子出，富者以肩輿，貧者以巾裹頭，未嘗露面，男子導以行。間有閨門不謹者，則恥而絕之。惟神誕社日，迎神演唱，男女雜踏（沓），舉邑不知其非禮。（清・張懋建：《（乾隆）長泰縣志》卷十，民國二十年重刊本）

【神誕演劇連朝】民好事非鬼，敬神重於敬祖。遇神誕，請香迎神，鑼鼓喧天，旌旗蔽日，燃燈結綵，演劇連朝。讀書明理者，夷然不屑也。（清・張懋建：《（乾隆）長泰縣志》卷十，民國二十年重刊本）

【元宵鬧燈】元宵翦綵爲燈，連街接市，喧鬧達曙。子弟扮竹馬、龍燈

慶鄉閭。（清·張懋建：《（乾隆）長泰縣志》卷十，民國二十年重刊本）

**【中秋前後斂金演劇祭土神】**中秋薦茶於祖考。各鄉社迎香設醮，望前後祭土神，斂金演劇，倣古之秋報。（清·張懋建：《（乾隆）長泰縣志》卷十，民國二十年重刊本）

## （嘉慶）雲霄廳志

**【雲霄廳歲時演劇】**漳之俗，歲正月，里閈具茶酒相娛樂迎神。明燈擊鼓，召巫粧臺閣，往來都市。《府志》。

元日祭畢，貴賤御新衣詣親賀歲。主人出辛盤共欵，醉人相望於道，五日乃止，謂之假開。《府志》。

立春前一日，有司迎春。東郊士女蜂集，有數十里至者。市中多市春餅、春花、春燕之屬。《府志》。

立春先一日，有司備儀衛迎春。民間結綵爲棚，雲霄現當舖、魚行承辦。童男女靚粧立棚上，十數人肩之以行。先詣廳署，謂之呈春。次日立春，有司鞭土牛碟之，以畢寒氣。人家爭取牛土，投豕牢祝豕肥大如牛。參《浦志》。

上元，作花燈，爲火炮之屬，子弟扮仙獅、竹馬、龍燈慶，鄉閭索酒食。弊乃挾勢索財不饜，輒起爭端，貧民苦之。《府志》：地方豪蠹，習爲此舉。中有難測，宜申厲禁。

元夕，自十二日放燈，至十六夜止。神祠家廟，多張燈，剪綵爲花，備極工巧。善歌曲者乘良夜自爲儕伍，展蓋懸燈相隨，沿街行唱，名曰「鬧傘」。又有文人墨客明燈懸謎語於通衢，謂之燈謎。射中，以筆墨、菓品酬之。參《浦志》。

上元，迎威惠王，備儀仗，鼓吹、燈綵，巡行鄉社。鄉社各備牲醴品物，致祭祈福。其宿宵之處，演劇娛神。迎關帝君正月十三日暨五月十三日、天后聖母三月廿二亦然。參《和志》。雲霄迎威惠王暨王后、馬、李二元帥、王子女神像俱出境，十五入廟。鄉社各主一神，抬搶爭先，奔騰衝突，有因而啓釁者。西林、下營、西門皆然。是日營、廳俱出，彈壓諭禁。海濱之民，又有持石頭相撲，折肱破腦。有司歷禁，終不可止，謂之擲石之戲。《府志》：雲霄城外小隱寺前，昔年習爲此戲，釀成命案，貽累多人乃止。其城内，侍郎墓上西北隅，居民仍沿舊習，惡俗難堪。

二月，鄉間居民仿古春祈，斂分金，宰牲祝神。畢，群飲於廟，分胙而歸，謂之做福。《府志》。

清明，插柳戶上，是日多墓祭。閭巷婦人，或有盛服靚粧、帶薔薇花出郭外逐隊行者，俗號踏青。《府志》。

四月八日，謂之龍華會，亦名佛日。先期旬日，沙彌沿門唱梵曲索布施，謂之洗佛錢。今有牢落僧，自二月巳日，向人家索錢矣。參《浦志》。

端午，懸艾插蒲，蒸角黍。《浦邑志》云：「有喪者則否。」服雄黃酒。兒童帶繭虎。俗鬥龍舟，富人放標，持豚酒餉之。《府志》。

七月半，作盂蘭會，延僧設食，祀無祀之鬼。夜以竹竿燃燈天際，聯綴數枝，如滴如墜，望之若星，謂之作中元。浦人謂之普度。《府志》：雲霄現設食罄珍錯，南人尚鬼，信哉！

八月，祭土地，窮鄉僻壤，悉演劇，費甚奢，倣古之秋報。《府志》。

九月，登高，童子作紙鳶放於野，方言謂之放公災。《府志》。

十一月冬至，作米圓食之，謂之添歲。海濱民有墓祭者。《府志》。

冬至，古所謂亞歲也。家家搗米爲丸，又作細丸遍塗門戶、器皿中，號祀耗，謂可禳耗斁。凡有喪之家，則不作丸，與不薦角黍同。參《浦邑志》。

十二月念四日，里人傳神上天，備酒殽祀之，謂之送神。至正月四日復祭，謂之迎神。還祭，焚柴。《府志》。

除夕前數日，親朋持禮物相贈，謂之饋歲。是夕祝先禮神，謂之辭年。祭畢，舉家擁爐飲酒不寐，謂之守歲。《府志》。

歲每月朔、望後一日，賈人及胥役、工匠之屬，備酒殽祀神，謂之做衙。《府志》。（清・薛凝度：《（嘉慶）雲霄廳志》卷三「風土志」，民國鉛字重印本）

**【演劇當有裨風教】**俗好演劇，導淫增悲，豈可使善男女見之？今雖不能盡革，亦當取其有裨風教者，編成歌曲，庶聽之者可以興起良心，不爲無助。（清・薛凝度：《（嘉慶）雲霄廳志》卷三「風土志」，民國鉛字重印本）

**【生日演戲】**清・薛凝度《甲戌小春之月十有四日，余在雲霄過五十四初度，扃戶謝客，而雲人設長生祿位，演戲懸燈如慶元宵節者，并大書「官清民樂」字揭之通衢，余甚愧之。今歲丙子，復任雲霄，逢小春月，却之不可。因自念服官三載，開罪寅僚，鑿枘齟齬，難擢髮數，而地方之好惡似與官場不同，未必非愚公之益我愚也，因書以誌謝并誌慨焉》：

（其一）閩南三載綰銅符，兩度漳江記設弧。白髮屢添新歲月，青雲仍笑舊頭顱。官清衹爲催科拙，民樂深慚夾道呼。何事躋堂諸父老，綵燈祿位祝雙鳧。

（其二）彈指流光信隙駒，年過五十近桑榆。我生傲骨東籬菊，人世浮名南郭竽。自笑觀天忘坐井，轉將方水咎圓盂。回思湯餅開筵日，定有愚公錫以愚。（清·薛凝度：《（嘉慶）雲霄廳志》卷十八「藝文」，民國鉛字重印本）

## （光緒）浦城縣志

**【蠟嘴能聽曲演劇】**蠟嘴。似黃頭鳥而黑嘴，如黃蠟，故名。能聽曲演劇。又一種嘴黑者名鐵嘴。（清·翁美祜：《（光緒）浦城縣志》卷七，清光緒二十六年刊本）

**【吳景伯善琵琶】**（清）吳景伯，字君仰，墨濤其別號也。少負雋才，於書無所不讀。棄舉業不事，學詩畫，習騎射，尤精音律，善琵琶，自謂大江以南無出其右。生平有三約，遇勢利人、賈人、俗人則不彈。嘗客嶺南，貲爲人負，大窘，粵中大賈歛千金乞教琵琶，景伯峻却之。同邑祖之望時巡撫湖北，其妹婿也，屢折柬招之，數趣始就道。至則布袍敝履，跌宕風生，絕不與案牘事。暇輒縱覽山水，或大醉臥酒肆中。署中人欲聞其琵琶，興到偶一彈之，不可數強也。之望內召，有某縣令耳其名，迎至署，致敬盡禮，請得一聽琵琶，景伯瞠目不應。未幾，即出遊，久客辰州，復至武昌訪桃花源、登黃鶴樓、泛洞庭、弔汨羅，悲歌慷慨，悉寓於□。貲斧既竭，附舟以歸。比至家，聞諸子書聲琅琅徹戶外。徐察之，則不舉火者屢矣，佯詫曰：「某吾戚也，某吾至交，某某吾嘗有恩焉，汝輩何不從乞貸？」諸子齊聲應曰：「甯餓死，不作齷齪行。」乃大喜曰：「嗟乎！吾有子矣。」卒後，詩稿散佚，著有《琵琶譜》一卷。長子統，三子維，歲貢生。四子經，郡庠生。統字懶仙，工詩善琴，亦善琵琶，以書畫噪名吳越間。孫國望，增貢生，亦善畫工琴，不墜家風。（清·翁美祜：《（光緒）浦城縣志》卷二十七，清光緒二十六年刊本）

**【優人有爲義山者】**《古今詩話》云：楊大年、錢文僖、晏元獻、劉子儀爲詩皆宗義山，號西崑體。後進效之，多竊取義山詩句。嘗內宴，優人有爲義山者，衣服敗裂，告人曰：「吾爲諸館職撏撦至此。」聞者大噱。然大年《詠漢武詩》云：「力通青海求龍種，死諱文成食馬肝。待詔先生齒編其，忍令乞米向長安。」義山不能過也。《漁隱叢話》。（清·翁美祜：《（光緒）浦城縣志》卷四十二，清光緒二十六年刊本）

# 江　西

## （光緒）江西通志

**【布蘭泰參牛元弼於屠宰開禁之後開筵唱戲】**雍正六年七月戊午上論：據布蘭泰參奏，清江縣知縣牛元弼，於需雨之時，並不親身祈禱，屠宰甫禁旋開，張筵唱戲，政務不理。臨江府知府吳恩景代爲粉飾，顯係徇隱。請將牛元弼、吳恩景一併革職等語。牛元弼於屠宰開禁之後開筵唱戲，尚非祈禱之時可比。若云牛元弼平日性好聲歌，耽於逸樂，則布蘭泰何以不早行參奏？至所參政務不理，亦當實指其廢弛者何事。今因一時意見，遽將該縣嚴參，並知府一同革職。定例，內屬員犯貪贓重罪者，知府徇庇及失於覺察，其處分止於降級、調用。今因屬員唱戲，而遂將知府奏請革職，似此越例之事，幾有作福作威之意矣！朕之待督撫大臣深加信任，常有督撫參劾尚輕而朕從重處分者，總以揆情度理，權衡其間，期於公當而已。凡爲督撫者，當爲國家愛惜人才，而於參劾之間尤當加意慎重。若誤去一幹員，其過更在誤薦劣員之上。蓋薦一劣員而誤用之，異日自然敗露。若將幹員誤行罷斥，則其人終身放廢，不可復振。天下人才幾何，豈可因一時之喜怒而濫行摧折乎？察吏之道，「公」、「明」二者缺一不可。若存心本公，而識見不到，必致爲屬員所欺瞞，爲浮言所蒙蔽。布蘭泰之存心雖無私徇，而欠知人之明，且瑣屑不識大體，如此本內所參知縣情事含糊，至於知府之罷官，尤爲過甚。朕思牛元弼之設席演戲，或因家有吉禮亦未可定，亦當詳察情由，不應遽行參奏，況所屬地方雨暘之時？若水旱之爲災全係乎督撫大臣之感召，若果能布德行仁，安民察吏，自能上感天和，豐亨有慶；若政事有闕，舉劾失宜，以致雨澤不能應時而降，此時徒恃祈禱之虛文，已屬庸鄙之見，而乃欲諉過於屬員以謝己之責，不亦屈抑之甚乎？牛元弼、吳恩景不必革職，若二人任內另有虧空劣蹟，著布蘭泰查明續參，再降諭旨；若別無款蹟可參，著將牛元弼、吳恩景送部引見，候旨另用。（清・曾國藩：《（光緒）江西通志》卷首之一，清光緒七年刻本）

**【關帝廟戲臺】**關帝廟在水城東山門外，舊作北門外。明建，國朝雍正間知府游紹安重修。游紹安記：新城東山門外關帝廟，乃教場營廟也。……爰倡捐俸錢，各官僚相繼而起，士民中亦有投助者，共費錢一百餘緡。舊制依然不但已也，且促者闢之、闕者增之，爲照壁，爲頭門，爲拜亭，爲左右廊欄，爲演戲臺，以及於几座帷帳悉備。（清・曾國藩：《（光緒）江西通志》卷七十八，清光緒七年刻本）

**【朱廷聲疏請杜逸遊以安宗社】**朱廷聲，字克諧，進賢人。宏治進士，授行人，選御史。正德初，疏請誅便佞、杜逸遊以安宗社，其略曰：邇者聞近侍太監馬永成、谷大用、劉瑾等各逞姦計，作爲淫巧，以蠱惑聖聰。或導引遊畋，或搬弄雜劇，馳馬試箭，殆無虛日；忘情作樂，每至夜分。而又時出輒城東門外微行，物議譁然。今人怨天怒，災異四起，未必不由是數人以致之也。（清・曾國藩：《（光緒）江西通志》卷一百三十六，清光緒七年刻本）

編者案：清・許應鑅《（同治）南昌府志》（清同治十二年刻本）卷三十九所載與此略同。

**【晏善澄作後湖曲戒冶遊】**晏善澄，字準吾，上高人。博通經史，詩文書畫並有著稱。乾隆進士，選知崇陽縣，調任孝感。縣西濱湖，歲清明，士女踏青，百戲具陳，遊觀累日。善澄惡其冶遊，爲《後湖曲》以示戒，其風遂革。（清・曾國藩：《（光緒）江西通志》卷一百四十一，清光緒七年刻本）

**【優人徐彩挾勢擅殺人】**李景遂，字饮侯，吉水人。……弟景迪，字遵洪，康熙進士。累官御史。巡南城，有滿丕兄弟不得於繼母，將以不孝服上刑。景迪原情，爲請減宥。優人徐彩挾勢擅殺人，景迪聞之，昌言於朝，於是趙申喬上疏力請捕治。（清・曾國藩：《（光緒）江西通志》卷一百五十，清光緒七年刻本）

**【戴鼎妻許燦英不觀演劇】**戴鼎妻許氏，名燦英，樂平人。年十九，適戴甫二月，戴族方演劇，姑嫂輩邀之出觀，謝不往，獨處一室。鼎族兄龍欲犯之，英怒，大聲疾呼，泣訴於夫與姑，誓以死見志。防護者七日夜。一夕瞰夫鼾睡，自縊死。萬曆間推官屈之乘、邑令金忠士廉其實，斃龍於獄。（清·曾國藩：《（光緒）江西通志》卷一百七十五，清光緒七年刻本）

編者案：清·董萼榮《（同治）樂平縣志》（清同治九年刻本）卷八、清·錫德《（同治）饒州府志》（清同治十一年刻本）卷二十五所載與此略同。

**【柳氏女箜篌理曲】**薛肇，不知何許人，與崔宇讀書廬山。宇尋擢第，授東畿尉，經三鄉驛，忽逢肇，敘舊。薛曰：「貧居不遠，能左顧否？」宇從之。初入一小徑，甚荒涼，更三里間，殿閣森沈。薛先入，有數十人擁接升殿，乃召崔，開筵。女樂四十餘輩，見一女彈箜篌，上有十字：「天際識歸舟，雲中辨江樹」，崔默記之。薛問：「中有所悅否？」以箜篌者對。薛曰：「他日與君。」及明，送之官路，別去。崔至官，求婚，得柳氏女，嘗疑曾識而不記其處，命取箜篌理曲，見十字詩在焉。問其故，云：「其時染疾，夢中見一使人追云：『西城大仙陳谿薛君有客，五百里內解音聲處女盡追，可四十餘人。』即隨去，遙見薛與崔少府在殿同飲，覺來疾已除卻。」各話其事，方知薛君已仙。《神仙傳》。（清·曾國藩：《（光緒）江西通志》卷一百八十，清光緒七年刻本）

編者案：此段文字乃據宋人李昉等編《太平廣記》卷十七「神仙十七·薛肇」節略而成，個別錯字據原書直接校改，不一一説明。

## （同治）南昌府志

**【歲時演劇】**元旦，燃炬出行，戚友遇於途則交拜。人日俗稱上七，早食羹湯畢，各就恒業。諺曰：「喫了上七羹，大人小子務營生。」元夕，鄉閭設板燈，其制象龍頭、龍尾，貫於板，板置燈數籠，節節相承，共成一板。農人驗燈色以占歲。閏歲正月，扮童男爲傳奇，名臺閣，舁行城鄉。又多扮鐵拐李，持酒葫蘆，遇人輒飲之。前列旗蓋，從金鼓，謂之迎。（清·許應鑅：《（同治）南昌府志》卷八，清同治十二年刻本）

**【戒演戲】**明·黃汝亨《玉版居記（節錄）》：鍾陵民儉，境以內山川城郭半蕭瑟，絕少勝地可眺覽。獨城南山寺名福勝者，去城里許，徑窅而僻，卻無市喧，唯是苔衣、樹色相映，寺殿亦淨廠可坐。……昔蘇子瞻邀劉器之參玉版和尚，至則燒筍而食。器之覽筍味勝，欣然有悟，蓋取諸此也。寺僧一二，每見多酒態不知味，子瞻亦不可多得。嗟乎！情境曠渺，雅俗都捐，亦烏知世無子瞻、玉版其人也？別一石刻玉版居，約戒殺、戒演戲、戒多滋味、戒毀牆壁籬落、砍伐摧敗諸竹木，願後來者共呵護之。（清·許應鑅：《（同治）南昌府志》卷十四，清同治十二年刻本）

**【智用優人平寧王之亂】**《明史紀事》：濠生日，宴鎮巡三司等官。明早，鎮巡三司官入謝宴。拜畢，左右帶甲露刃侍衛者數百人。宸濠出，立露臺大言曰：「太后有密旨，令我起兵入朝監國。」都御史孫燧毅然曰：「密旨安在？」濠曰：「不必多言，我今往南京，汝保駕否？」燧張目厲聲曰：「天無二日，臣安得有二君？太祖法制在，誰則敢違？」濠大怒，命縛燧。眾駭愕，相顧失色。……臨江知府戴德孺聞守仁至，喜迎入城調度。守仁曰：「臨江居大江之濱，與省會近，且當道路之衝，莫若抵吉安為宜。」又以三策籌之曰：「宸濠若出上策，直趨京師，出其不意，則宗社危矣；若出中策，趨南都，則大江南北亦被其害；但據江西，則出下策，勤王易為也。」行至中途，恐其速出，乃為計，佯奉密旨先知反狀，令兩廣、湖廣都御史楊旦、秦金暗伏要害地方，以俟甯藩兵至。復取優人數輩，厚賞以全其家，令其至伏兵處所，飛報竊發日期，將公文縫置袷衣絮中。臨發，適捕李士實家屬至，故縱之，令其奔報。宸濠邏獲優人，果於衣絮中搜得公文，不敢即發。庚辰，守仁飛報宸濠反。（清·許應鑅：《（同治）南昌府志》卷十八，清同治十二年刻本）

編者案：清·曾國藩《（光緒）江西通志》（清光緒七年刻本）卷九十六所載與此略同。

**【優伶箱中取冠帶】**《江變紀略》云：戊子正月，巡撫章于天率內丁數十騎如瑞州，王得仁脅金聲桓反，七門不啓，絞殺巡按董成學、湖西（陳）守道成大業，遣人邀擒章于天於江中，迎舊輔姜曰廣出示安民，稱隆武四年。聲桓稱豫國公，得仁稱建武侯。以宋奎光為左軍都督府都督僉事，黃人龍為總督五省兵部侍郎，劉一鵬為漢城侯，得仁婦弟黃天雷為兵部侍郎、錦衣衛同知，金幕書記吳尊周為巡按江西監察御史，王幕書記陳芳為巡撫江西僉都御史，司、道、府、縣各屬堂佐，皆其客也。倉卒求冠帶，不得，盡取之優伶箱中。（清·許應鑅：《（同治）南昌府志》卷十八，清同治十二年刻本）

編者案：此段文字係就《江變紀略》節略而成，文字多有出入。參看徐世溥

《江變紀略》，《豫章叢書·史部二》，江西教育出版社 2002 年版，第 537～538 頁。

**【馬廷燮每秋闈前期必治具演劇薦送諸生】**馬廷燮，字梅亭，獻縣人。乾隆丙午舉人，大挑知縣，任靖安。性戇直，鋤強扶弱，有古拔薤風。尤好培植士類，每秋闈前期必治具演劇，薦送諸生東郊外，各贈以卷資。計數科所費，約數百緡。倡捐修文廟，躬親督治，規制一新。增書院膏火，立定章程，今尚循其法。以耳疾罷歸，裝無他物，書數千卷而已。（清·許應鑅：《（同治）南昌府志》卷二十七，清同治十二年刻本）

**【近侍太監搬弄雜劇蠱惑皇帝】**朱廷聲《疏》略曰：陛下以英妙之年，撫盈成之運，聰明傑出，剛毅敢爲，中外臣工正當悉心經畫，以共底隆平之治。臣邇者聞得近侍太監馬永成、谷大用、劉瑾、張永、羅祥、魏彬、傅興等六七輩，不思朝廷豢養之恩以圖報稱於萬一，顧迺各逞奸計，作爲淫巧，以蠱惑聖聰。或導引遊畋，專事流連之樂；或搬弄雜劇，恣爲媚之容。馳馬試劍，殆無虛日；志情作樂，每至夜分。而又時出甎城東門外微行，物議譁然。（清·許應鑅：《（同治）南昌府志》卷三十九，清同治十二年刻本）

編者案：清·曾國藩《（光緒）江西通志》（清光緒七年刻本）卷一百三十六所載與此略同。

**【鄒廷芳於演劇夜義釋偷兒】**鄒廷芳，字六御，奉新人。家貧好學，從人借書鈔之。卒業，即洞徹原委。所居一椽，僅蔽風雨，吟詠自適。嘗應試入郡城，中夜鄰肆火發，出避。一人挈重囊授之，踉蹌去，視皆白金。明日徧訪而歸。其人喜出意外，請以牛謝。廷芳笑曰：「本以非分，故相還，豈圖謝耶？」不受。一夕，有偷兒入室，匿伏床下。子應挺尚幼，入依父寢，見人影，遽曰：「賊！賊！」廷芳佯怒，禁勿喧，促解衣就枕。既睡熟，持鐙視之，則鄰人某也。拽之出，惶恐無措，乃檢篋中衣數事、傾囷米斗餘畀之，而躬領其由他戶去，好語勉爲正人，終不齒及。是夜邨演劇，觀者數百人。若疾呼，或從大門出，必飽叢毆而偷兒斃矣。後其人果改行，爲販豎，頗饒於財。廷芳歿，匍匐柩左，哭甚哀，始謂諸子曰：「非若翁，吾有今日耶？吾即若幼時所指床下之偷兒也。」其明決忠厚類如此。（清·許應鑅：《（同治）南昌府志》卷四十三，清同治十二年刻本）

【邳州三官廟陳百戲】萬邦彥，字允誠，嘉靖丙午恩貢，任日照縣尉。辛亥春，鹽徒作亂，邦彥平之。莒孟尙首據州叛，上官復屬以兵，邦彥率兵搗其巢，擒賊魁，縛賊妻子而還。賊恚甚，反攻日照，復擊卻之。賊走三十里，縱火殺居人，邦彥與主簿復追擊之。時盛暑，兵困，援不至，主簿奔，邦彥遂被執。賊愛其才，具酒食，獻所掠美女，被以絳袍羅拜之，乞爲謀主。邦彥罵曰：「我天子吏，安能傅若輩作賊耶？」賊復擁至邳州三官廟，陳百戲樂之。適官兵至，賊強之降，邦彥罵益烈，賊遂支解之，焚其尸。事聞，敕所司立廟祀焉。《舊志》。（清·許應鑅：《（同治）南昌府志》卷四十六，清同治十二年刻本）

【萬氏從不觀里中婚嫁演劇】毛振文，妻萬氏。年二十九夫亡，無子，立姪爲嗣。未幾，嗣子又殀。鄰媼紿之改適，氏即持剪刺頸，眾救之，得甦。媼慚而退。創愈，刀痕宛然。伏臘上塚，哭必盡哀，聞者莫不感泣。凡里中婚嫁演劇，從不與觀，雖至親子姪罕見其面。氏初寡，有一女，女亦殀，眾皆惜之。乾隆五十九年旌。（清·許應鑅：《（同治）南昌府志》卷五十四，清同治十二年刻本）

【好奇之士或爲傳奇】《武功世錄》自序：劉氏二大將軍：父曰顯，號草堂；子曰綎，號省吾，並赫然以武功顯隆慶、萬曆間。而好奇之士或爲野史、或爲傳奇，卒不能得其近似。士大夫間有索其家乘，亦無以實錄見者。稍後出一編，名《武功世錄》，不佞獲見，急爲序而行之。（清·許應鑅：《（同治）南昌府志》卷六十二，清同治十二年刻本）

編者案：劉綎，人號「劉大刀」，事見《明史》卷二百四十七《劉綎傳》。

## （同治）義寧州志

【關帝廟戲臺】武廟居左，城隍廟居右。工甫興，猝遇暴風，梁楹傾仆。五十四年，知州李維謙率前首士復爲經理。觀成，併鄉城樂輸約費二千有奇。廟宇三重，中爲正殿，後爲啓聖祠，前爲更衣亭，戲臺一座，門首立牌坊一座。咸豐五年，兵毀。八年，仁鄉紳董捐貲修復。（清·王維新：《（同治）義寧州志》卷十，清同治十二年刻本）

【關帝廟戲臺】一在通遠門外丁田里，向有關帝廟。乾隆年間，黃榜加捐殿基，倡首重修正殿、戲臺，兼祀趙公，名關趙廟。道光年間黃受烜復倡捐重修，添寢堂、酒樓，節婦賴徐氏捐修戲臺門坊。（清・王維新：《（同治）義寧州志》卷十，清同治十二年刻本）

**【萬壽宮戲臺】**萬壽宮，在州治青雲門儒學之左，乾隆八年眾建。爲屋三重。中殿祀眞君，上爲玉皇，閣左右兩廊祀十二眞君，後爲諶母殿。前有二亭，門豎牌坊一座。距坊十數武有放生池，池上爲戲臺。臺左右有酒樓，每於八月朔，有司致祭，州人士賽會演劇。（清・王維新：《（同治）義寧州志》卷十，清同治十二年刻本）

**【火神廟戲臺】**火神廟，在武鄉二十四都銅鼓城東門，即古中龍峰。前明鄧侯建，本朝雲巖僧及分府田先後重修。正殿塑火神像，後重觀音佛堂。年久堂圮，鄉飲戴鳳鳴同姪宜頌、宜和重修。正殿前重戲臺、酒樓，里人公修。規模宏廠，有古柏樹二株，森然峙立，觀者比之南國甘棠云。（清・王維新：《（同治）義寧州志》卷十，清同治十二年刻本）

**【謳歌廟】**謳歌廟，在下崇鄭坊村，前明鼎建。康熙年間邑人陳嘗偶宿廟中，夢神示曰：「此乙酉科舉人也。」後驗，因撰歌詞賽神。里人每歲元宵，謳歌達旦。（清・王維新：《（同治）義寧州志》卷十，清同治十二年刻本）

**【紫雲觀每年賽會稱盛】**紫雲觀，在五十四都雙溪，祀許仙眞君像。每年賽會稱盛。（清・王維新：《（同治）義寧州志》卷十一，清同治十二年刻本）

**【漕倉租錢充生辰演劇之用】**淮兌水次倉，在省城章江門外。臨街官廳一重，倉四十間。臨河樓七間。左有水巷，右有火巷。按州之省漕倉，舊在進賢門外，始創於陳侯錫九，繼拓於張侯仲平，後於康熙四年改復官解（廨），重建省倉。州牧徐永齡因擇水兌之便者，立於章江門外，即今之水次也。其老倉舊址，僦與附近居民堆囤猫竹，歲收租錢一十一千文，公充省廟內甯州城隍位前香燈及生辰演劇之用。（清・王維新：《（同治）義寧州志》卷十二，清同治十二年刻本）

**【行儺】**儺神爲古方相氏。《軒轅本紀》云：黃帝之妃曰嫫母，貌醜而有賢德，沒爲方相之神，以逐癘疫。近代儺神，多以生有功德於民者祀之鄉

里。演劇迎送，謂之行儺。（清·王維新：《（同治）義寧州志》卷四十，清同治十二年刻本）

## （同治）樂平縣志

**【城隍廟演劇臺】**城隍廟，在縣東南儒學左長樂坊，唐中和間建。宋淳祐三年，知縣羅侶重建。明洪武五年，知縣曾宇春建，廟廡悉備。成化十七年知縣陳崇、正德十二年知縣張文應前後重建，新立門坊。……（乾隆）四十五年，知縣賴世平重修兩廡，并塑十曹神像。左觀音閣，右馬王廟。移演劇臺於門內。門樓外，左、右各塑神像一。嘉慶四年，知縣李德樹重修。（清·董萼榮：《（同治）樂平縣志》卷二，清同治九年刻本）

**【李仁元禁演劇賭博】**李公諱仁元，號資齋，河南濟源人也。甲辰舉人，乙巳進士。以中書舍人改就知縣，部選樂平，壬子六月二十四日抵任。其時，粵匪已竄兩湖，樂雖勁悍而四境安靜，民尚畏法。公下車匝月，百廢具舉，鋤強剔蠹，明斷如神。人在鏡中，吏行冰上，遠近內外莫敢不肅。城之河南下濟有彭天振者，博徒渠梟也。每秋演劇，招集無賴開場縱博，習以爲常。公聞往捕，焚燬各廠，獲天振孫，日鞭四百。天振孫詐死，取匄尸入棺，全家戴白，晝夜哀哭，乃得伏匿遠颺。弊化頓革，永不敢犯。（清·董萼榮：《（同治）樂平縣志》卷八，清同治九年刻本）

編者案：清·錫德《（同治）饒州府志》（清同治十一年刻本）卷十三所載與此略同。

## （乾隆）蓮花廳志

**【禁搬戲】**禁搬戲。搬戲一事，昔人以爲啓淫招寇之端，此言甚懇切。凡我同會，合心嚴禁。有俳優入境，必預先申約，不許居民停引歇宿，自然不能容住矣。（清·李其昌：《（乾隆）蓮花廳志》卷二，清乾隆二十五年刻本）

**【文昌閣角門右築層臺演劇】**儀門外地頗敞朗，墻陰植一柑一榴，鬖髿掩映，蒼翠可掬。角門左三楹爲土地祠，祠外有亭。余改建高閣，榜曰文昌。角門右築層臺，春秋祈報，於茲演劇，禮從俗也。（清·李其昌：《（乾隆）蓮花廳志》卷四，清乾隆二十五年刻本）

**【關帝廟戲臺】**關帝廟，在廳廨之西。舊制湫隘，乾隆甲子，司馬黃增歷倡率士民捐建。正殿五楹，後殿三楹，山門、戲臺、廊宇俱備，繚以垣，規制視前壯麗。每歲春秋二仲、夏五月十三日有司致祭，祭器科儀，一如定制。（清・李其昌：《（乾隆）蓮花廳志》卷四，清乾隆二十五年刻本）

**【城隍廟戲臺】**城隍廟，在廳廨之西。正殿五楹，東西兩廡、山門、戲臺畢具，繚以垣墻。朔、望誕辰，有司主鬯如例。乾隆丁丑，司馬張蘭倡率士民捐建。（清・李其昌：《（乾隆）蓮花廳志》卷四，清乾隆二十五年刻本）

**【王箕峰斥優人戲劇】**（明南溪村）劉元卿（調甫）《王箕峰墓銘（節錄）》：公諱子應，字以虘，姓王氏。其先袁州人。……倡脩祖祠，不遺餘力。眾醵金以兩計者數百，悉聽公出納，無有疑之。居家動循典則，朝夕子姓入揖，必訓戒之，無敢失度。或從優人戲劇，公怒，誰讓之。子姓相率謝不復，乃解。其嚴毅類如此。（清・李其昌：《（乾隆）蓮花廳志》卷八中，清乾隆二十五年刻本）

## （同治）湖口縣志

**【醵金置酒演戲行冠禮】**冠禮：男子始生總角，稍長蓄辮。成童加冠，或請鄉先生命字，有醵金置酒且演戲者，曰「響禮」，即《禮》所謂冠而字之，敬其名也。（清・殷禮：《（同治）湖口縣志》卷一，清同治九年刻本）

## （同治）武寧縣志

**【農人擇能謳者領唱】**山田水出石罅中，性冷而善凝，得石灰沃之，則泥融草腐，禾苗倍常。農人於麥秋前後，以穀易灰。老少負荷，數十爲群。每群擇能謳者一人爲長，高聲朗唱，眾人和之。晝夜絡繹，笑語相隨，殆勞而不怨之遺意焉。《賓竹清話》。（清・何慶朝：《（同治）武寧縣志》卷八，清同治九年刻本）

**【重陽後祭祖演劇】**重陽後，聚族祭祖，會飲演劇，至深冬乃止。族有紳衿設公席敬禮之。比年科名得雋者，裁會金爲獎賞禋祀也，而鼓勵人材之法寓焉。（清・何慶朝：《（同治）武寧縣志》卷八，清同治九年刻本）

**【農民田間擊鼓發歌】**農民插禾，聯鄰里爲伍，最相狎暱。日午飲田間，或品其工拙疾徐而戲答之，以爲歡笑。每擊鼓發歌，遞相唱和，聲徹四野，悠然可聽。至若御桔槔，口歌足踏，音韻與轆轤相應，低昂宛轉，尤足動人。然往往多男女相感之辭，以解其憂勤辛苦，若或不能自已者，亦田家風味也。《筆叢》。（清·何慶朝：《（同治）武寧縣志》卷八，清同治九年刻本）

**【里巷歌謠皆有自然音節】**里巷歌謠，父老轉相傳述，樵牧賡和，皆有自然音節。其言類多男女情事，獨一歌云：「南山頂上一株茶，陽鳥未啼先發芽。今年姊妹雙雙採，明年姊妹適誰家？」詞意纏綿，得風人之遺。較白《志》所紀「阿婆門前一鍋油」，風韻殊勝。（清·何慶朝：《（同治）武寧縣志》卷八，清同治九年刻本）

**【天中節夜沿街歌唱爲樂】**天中節，市井以紙印龍舟，標插門外。餉午迎神鼓吹，沿門收之。送諸水，以禳災。夜則沿街歌唱爲樂。（清·何慶朝：《（同治）武寧縣志》卷八，清同治九年刻本）

**【秋社報賽聚飲】**秋社報賽聚飲。（清·何慶朝：《（同治）武寧縣志》卷八，清同治九年刻本）

**【迎王夫人像入祠演劇】**清·鄒度拱《重建王夫人祠記（節錄）》：王夫人，浙東道帥撫盛公添祥之妃，邑令文郁公之母也。以階封夫人，生而壽考，沒而神靈，見諸誌紀甚詳。祠在縣治內堂之左。肇修至今三百年，雖代有建修，規模尚狹。……是日天朗氣清，迎夫人像入祠，率僚屬拜奠如儀。夕燕於祠，猶康爵之義也。絲竹迭奏，優伶載陳，猶籥舞之義也。既醉既飽，小大稽首，所以妥神而迓庥者至且備也。（清·何慶朝：《（同治）武寧縣志》卷三十一，清同治九年刻本）

編者案：同書卷二十八所載鄒應元《王夫人傳》，可參看。另，清·曾國藩《（光緒）江西通志》（清光緒七年刻本）卷七十三謂：「王夫人祠，在縣署内，祀元進士盛添祥妻、邑令文郁母。卒於署。華林寇亂，靈佑擁護，因祠之。」

**【萬壽宮婦女觀劇】**清·劉寶謙《城市重修萬壽宮記（節錄）》：晉旌陽令許子遜，以伐蛟著功德於鄉閭，後傳其有舉宅飛昇之事，鄉人奉祀之加謹，故宮殿魏峩，遂冠江右。……廳下開大堂，左爲執事所，右爲僧寓房，相連創兩小廳爲辦公地，按構小房二間，別婦女以觀劇。而豎牌坊，署忠孝神僊額，高聳雲端，彫鏤皆工巧絕人。東西廂架長樓二所，備各行店設宴，地可布席十餘。下爲演古臺。右側爲廚舍。最後又爲樓房數間，字以餘軒，待士人讀書遊息。（清·何慶朝：《（同治）武寧縣志》卷三十三，清同治九年刻本）

**【遇蝦蟆神召梨園演劇侑觴】** 清·張紹璣《蝦蟆神辨（節錄）》：道光己丑秋七月，予族侄松園以湖南沅州協鎮進京，引見。越數日，署中忽有一蝦蟆重數觔踞案上。皆駭之，命畜之池，不見。次日，又伏內室笥上。目光烱烱，有霞舉之勢。遍詢父老，僉曰：「此江西福神也，入其家必祥。」性嗜酒，且喜聽戲。乃設香案，具酒殽，召梨園演劇侑觴。飲酒可數斗，醉時見歌聲入妙輒起舞。咸目之爲奇，焚香跪拜。（清·何慶朝：《（同治）武寧縣志》卷三十六，清同治九年刻本）

## （同治）瑞昌縣志

**【城隍廟演劇臺】** 教諭張禹遜《記》：《易》曰：「城復於隍。」後世因以有城隍之名。洎唐宋元明以來，天下郡縣皆立廟以祀。誠以城隍神與郡守、縣尹分理陰陽，一治民於明，一佑民於幽者也。而神能佑民，民亦應妥神。欲求神之妥，是在夫立廟之安。瑞昌故有城隍廟，自有明建於興教坊。至國朝順治間，改遷學宮於廟後地，後之人習而安焉，遂令聖廟有面牆之逼，相沿以迄今日也。然欲拓聖廟之顯敞，必先撤城隍之壅蔽。前邑侯鄒公與余謀之久矣，而工繁費浩，驟難就緒。越壬申歲，鄒公毅然捐俸以倡，勸邦之士民各準其力相助。擇勤敏者，使任首事。又念學宮傾圮尤甚，先舉而修葺之。工既竣，旋相地以遷城隍廟。惟學東偏張氏宗祠爲吉，給以一百二十金而市得之。諏癸酉三月肇役工。甫興，鄒公以調去，今邑侯蔣公繼至，余具舉以告，亦欣然躬肩其事，乃七越月而廟落成。其規制臨孔道爲大門，門外有站檐，內爲演劇臺，共五間。（清·姚暹：《（同治）瑞昌縣志》卷二，清同治十年刻本）

**【臨班演戲】** 瑞昌故無考棚，應試自備桌凳，喧擁衙署。後考棚創建，方免斯勞。然初建時應試者少，而基址又苦於狹隘，是以只設幫東二棚，幫西暫闕。考棚既設，多士雲蒸。……丁溪福主儺差自明迄今，歷年久遠，萬不能廢。而基地半歸公所，將來差費誰當？明年、後年適値臨班演戲，費從何出？公議抽錢六串，交付九鋪二班儺會充當。此次新差外，將考棚舊置業產內撥出東門外上地八分，亦付九鋪二班管業，爲永遠大小差費。現今西偏牆垣式廓，其號舍容俟增設，并誌。（清·姚暹：《（同治）瑞昌縣志》卷二，清同治

十年刻本）

【萬壽宮戲臺】萬壽宮。治西洪二紫雞坂太古寺左，原名古墩寺。乾隆間柯漢光兄弟新建，捐田數斗奉神。咸豐間，其子姪邀紳耆勸捐，增建二進，兵亂工止。同治年，漢光孫復倩紳耆勸捐重修，今神像、戲臺、側屋俱新。太古寺分遺舊鍾存。（清·姚暹：《（同治）瑞昌縣志》卷二，清同治十年刻本）

【關帝廟戲臺】關帝廟。肇城巡檢廨右，明崇禎間，湖廣武昌府緝捕同知夏之彥捐廉創建。……國朝乾隆元年，巡檢孔敏任重修。十五年，巡檢王朝雍增修。十九年，捐建戲臺立會，今臺廢會存。五月十三日，以羊豕奉祀。（清·姚暹：《（同治）瑞昌縣志》卷二，清同治十年刻本）

【梨園爭唱丁公會】清·江皋《瀼溪竹枝詞》（十二首之九）：柳絮花飛寒食春，朱幢繡轂一時新。梨園爭唱丁公會，肯竭倉箱媚鬼神。（清·姚暹：《（同治）瑞昌縣志》卷九，清同治十年刻本）

## （同治）新喻縣志

【裝雜劇以送神】鄉村所在，皆有土主之廟。蓋斯民耕食鑿飲，必報其本。春祈秋賽，各有其所。故元旦則謁廟，以致一年之祝通神，以啓驅儺之會。元夕張燈樂神，照田卜蠶。社日炰牲祭社，祓草殄蟲。佛日祇園赴會，頗惑釋教。端午龍舟競渡，猶傳楚俗。每旱雩禱，或近龍而激潭洞，或近巫以驅魃厲，蓋《周禮》索鬼神之謂也。秋神報賽，或裝雜劇以送神，或椎牛豕而致享，亦古田家樂之意耳。至於歲終，家戶陳設牲牢，祭賽百神，豈非上古八蜡之餘風乎？（清·文聚奎：《（同治）新喻縣志》卷二，清同治十二年刻本）

【城隍廟戲臺】城隍廟，在縣治西百步許，向南臨街，直一百步、横八十步，舊祠在縣治丁家巷內。蓋縣治始遷於虎瞰，實邑民丁氏宅也。……國初歷經兵燹，圮毀將傾。康熙辛亥，知縣符執桓遴選耆民習一象、胡象瀛、萬主賓等撤造重建正殿三間、左右渡水各一間、前楹三間、川堂一間、後殿三間、殿前左右六曹各五間。丁公祠居左，儀門三間、戲臺一座、左右店房二間、馬亭左右各一間、臨街頭門牌坊一座。……丙申關尚高、黃必裕等十二人募建戲臺、馬亭。……道光三年，闔邑募修，移戲臺於儀門內舊祭祠中。……同治癸亥，知縣馮棫率紳士周作儀、章俊德、李志廉、郭錫瓊、羅亨玉、胡作賓、張爲起等倡募坊區，士民重建正殿一棟、左右官廳各一間、殿後川堂一所、堂後神座一棟，中座觀音堂，左靈官殿、忠義祠，右丁公祠、節烈祠。忠義、節烈二祠舊在廟前，今移入廟內。殿前玉皇樓閣一座，左、右十殿，六科中設戲臺頭門一座。四圍俱係磚牆，計深左、右各二十二丈，闊前、後各六丈二尺。（清·文聚奎：《（同治）新喻縣志》卷三，清同治十二年刻本）

**【城隍祠戲臺】**清·張景蒼《重修城隍廟記（節錄）》：國家設官縣令，宰制一方，不第經理其賦稅，蓋嘗以彰善癉惡之權與之矣。載城隍於祀典，亦不第居歆其享祀，抑嘗以福善禍淫之柄授之矣。……丁酉歲，余來知縣事，例謁城隍祠，瞻廟貌之弗崇而神靈之未妥，輒慨然力任興作，糾耆民劉灝、萬又白等一十二人爲首，或捐貲，或勸募，或掄才，或課匠督工，匪日匪月，習其勤勞，十二人如一人且一心焉，廟遂鼎新。……左有六曹，爲儀門、爲戲臺以及馬亭、牌坊，雖趨事克敏，赴工罔懈，而歲閱五稔月，凡六十周，迨於茲夏始告成功焉。（清·文聚奎：《（同治）新喻縣志》卷三，清同治十二年刻本）

**【關帝廟有演劇臺】**清·張景蒼《重建關帝廟記》：邑喻縣署之西，民廬翼如，闤闠紛錯，群奉關帝祠。歲時祭祀以誠，水旱必禱，蓋昭昭也。余夙欽神威，自下車來，每遇朔、望，親肅衣冠瞻拜。然環顧之餘，意未嘗不怦怦動也。慨自某歲，殿罹祝融之慘，廟貌悉爲灰燼。民閒雖暫設神依，而廊廡不整、檐楹蕭寂，諸凡苟簡，甚非所以妥靈威而壯厥觀也。余見之，即有新之之意。奈是邑貧敝相仍，奚能驟構，而又不忍以一椽一甍之費重累吾民，故屢興輒止。竊念以帝之靈，吞吳虓魏，浩氣亘千古。今凡通都大邑與夫遐陬僻壤，無不金碧而尸祝之，奚待余一人之景仰？余必緦緦焉，競爲支吾，力勉趨蹌承祀，而余亦媚神之流亞也。然余雖風塵末吏，僕僕簿書，閒而於帝之大節深契之也。幼嘗讀帝傳，聖神文武之槩，敬誌於心，豈一行作吏而遂忘諸？因創爲重新之舉而憂於費之浩大，躊躇再四，爰綜八載，薪俸節省，累積以成厥務。爲之建殿三楹，東西廊廡各一，其南則有演劇臺，後軒一角以備憩息，共計銀七百兩有奇。上不費公，下不煩民。踰年而帝廟落成。至是，而余昔日之怦怦者乃晏然矣。因置廟祝，一爲看祠之役，其辦糧香供諸項，具設田畝，敬鐫於石，以昭永遠。而一時董事鳩工者，則縣尉顧君之謙與工吏楊德春也。例得附書焉。因爲之記。（清·文聚奎：《（同治）新喻縣志》卷三，清同治十二年刻本）

【天符廟戲臺】清·黎茵《新修天符廟記》：歲甲戌，予開館於虎瞰山之文昌宮。有胡君光雲者，以諸同人合志新修天符廟序請，予既嘉其志而序之矣。……鳩工於嘉慶乙亥正月二十七日。爲正殿兩楹、東西序夾室、廟前戲臺及兩旁廡屋，胥位置得宜，落成於五月中浣。其一切棟梁、榱角、磚石、工匠之費，皆出自四方善士解囊相助者，計金不下千數百緡。（清·文聚奎：《（同治）新喻縣志》卷三，清同治十二年刻本）

【不藉梨園羯鼓催】明·黎郊《燈花》：人間此種亦奇哉，不藉梨園羯鼓催。方見蕊從心上起，細看花向眼前開。雖然有豔蜂難戀，自是無香蝶不來。只恐夜深風驟起，殘花搖落竟成灰。（清·文聚奎：《（同治）新喻縣志》卷十五，清同治十二年刻本）

## （同治）贛州府志

【南安文英二營公所在高戲臺前】南安文英二營公所在高戲臺前。（清·魏瀛：《（同治）贛州府志》卷八，清同治十二年刻本）

【靈山廟戲臺】清·魏瀛《重修靈山廟記（節錄）》：靈山廟，不知所祀何神也。……同治十年冬，如紳民之請，巡道文公翼督同府縣捐廉爲倡飭。贛縣黃君德溥督紳首蔣履燾、邱樹符等勸諭士商醵貲興工，不旉，又益以公項。黃君去任，崔君國榜繼之。修葺後棟、正殿，而新造前楹，一如舊式。長榱敞軒，自來合郡庖人酬神會宴之所也。他貿易者亦於此報賽焉。又前爲戲臺，爲大門，圍牆階砌，一一繕完，內外漆堊，煥然秩然。（清·魏瀛：《（同治）贛州府志》卷十一，清同治十二年刻本）

【孟夏祭龍船神演劇彌月】外神之祭，非士庶所有。郡城孟夏祭龍船神，演劇彌月。送神儀飾尤盛。計其費，可敵中人百家之產。（清·魏瀛：《（同治）贛州府志》卷二十，清同治十二年刻本）

【贛俗喜演戲謝神】贛俗喜演戲謝神，無賴棍徒，藉此斂錢圖利。每假神會誕期等名色，攔街搭臺，阻礙行旅。負擔車輿，輒須遶道而行。金鼓喧闐，匪徒混雜，積弊叢生。巡道文翼會同總鎮王永勝督同府縣嚴諭禁止：如居民戲班有再犯者，立提究懲。其風漸革，民皆便之。又每年以賽會敬神爲名，斂積巨貲，擡神遊街，金鼓歌吹，旗繖車馬，雜沓喧譁。遠近居民來觀，闐衢溢巷，男女混雜，藪奸滋事。雖附鄉儺之義，然傷財敗俗，有心人當思有以抑之。新增。（清・魏瀛：《（同治）贛州府志》卷二十，清同治十二年刻本）

**【沈廷芳題芝龕記傳奇】**清・沈廷芳（號椒園，仁和人。山東按察使）《題董恒巖觀察榕〈芝龕記〉傳奇》：（其一）石砫奇媛重良玉，吾家烈女數貞英。不妨巾幗傳風雅，別署夫人更有城。

（其二）英豪馬賈是良夫，蕭史裴航事有無。若與道州共開濟，也如褒鄂繪成圖。（清・魏瀛：《（同治）贛州府志》卷七十六，清同治十二年刻本）

編者案：趙興勤、趙韡編《清代散見戲曲史料彙編（詩詞卷・初編）》（臺灣花木蘭文化出版社，2014 年 3 月）、《清代散見戲曲史料彙編（詩詞卷・二編）》（臺灣花木蘭文化出版社，2015 年 3 月），均未收沈廷芳詩作。

**【柏超題芝龕記傳奇】**清・柏超（正黄旗漢軍，贛川知府）《前題》：金聲玉律韻清和，麟閣前朝女節多。大雅傳來光史冊，香魂千載未消磨。（清・魏瀛：《（同治）贛州府志》卷七十六，清同治十二年刻本）

編者案：「前題」指《題董恒巖觀察榕〈芝龕記〉傳奇》。

## （乾隆）石城縣志

**【祠祭必演戲劇】**邑中祠祀，春祭之日群集，餕餘必演戲劇。遂至讀書少年就塾未及一月，借祭祖之名，以觀劇爲事。詩書之氣，蕩於浮邪；吟誦之聲，廢於靡曼，失古人敬孫時敏之意。至襏襫之儔，尤以失時爲戒。顧當農事方殷之口，廢其耕耨，林立觀劇而農荒；工商之倫，居肆貿廛，平時亦無敢捨業以嬉。一旦呼朋結伴，譃浪場下，而工商荒。且院本類多褻狎，觀之適足誨淫。或曰演劇不限於祠祭，何必祠祭之嘵嘵歟？不知邑處偏僻，俗尙儉樸，娛賓宴會演劇者鮮矣！設非祠祭，梨園將裹足不前。況以演劇之錢，於祖先嗣裔，照丁給發，益足以昭神庥，崇禮敦俗，不兩得歟？（清・楊栢年：《（乾隆）石城縣志》卷一「輿地志」，清乾隆四十六年刻本之鈔本）

**【城隍廟戲檯】**城隍廟，北關忠節坊。明洪武三年庚戌，詔各府、州、縣，城隍廟制倣官署，設公座，封顯佑伯。四年，定爲石城城隍之神，以祭山川。次日致祭，禮同社稷。……康熙四十七年戊子，知縣陳嘉增修後殿，遷準提庵佛像於此。旁各二直，左一間爲三官堂。乾隆三十八年，監生黃德燦等倡首重修，增建戲檯。後一藺橫寬五丈，近熊宅墻脚，橫闊五丈八尺，東直深四丈六尺，西直深三丈六尺，俱給守廟僧種植。（清・楊栢年：《（乾隆）石城縣志》卷三「經制志」，清乾隆四十六年刻本之鈔本）

## （道光）瑞金縣志

**【神會搬演雜劇爲竟日之樂】**瑞邑每姓必建立祠堂，以妥先祖。……同族有祖先之祭，而異姓者又往往聯爲神會，亦醵金置產，每於神之誕日，刑牲設醴，祈禱雜沓。祭畢，搬演雜劇，爲竟日之樂。雖曰淫祀無福，猶不失古人吹豳飲蜡之風焉！（清・蔣方增：《（道光）瑞金縣志》卷一，清道光二年刻本）

**【迎春禮】**立春先一日，各行戶僱覓幼童裝扮故事，名曰「春色」。里長製土牛、芒神至東郊，候縣大夫至，行迎春禮。芒神名曰「拗春童」，戴笠則春晴，著履則雨。土牛色紅則旱，黑則水。縣大夫於儀門外安芒神位。次早黎明祀畢，用彩線纏竹鞭擊土牛，名曰「打春」。打畢，將土牛撞碎，陰陽生取其泥另做小牛，送至各紳士家，名曰「送春」。（清・蔣方增：《（道光）瑞金縣志》卷一，清道光二年刻本）

**【英顯廟演劇臺】**清・劉芳孝《重建英顯廟記（節錄）》：瑞邑之有英顯廟也，爲將軍馮氏兄弟而建也。考《通志》載，將軍雩都人，諱祥興，二弟祥禎、祥兆，皆武勇尚義。唐廣明間，黃巢陷長安，傾貲募兵勤王。二弟戰歿，祥興累功爲將軍，詔遣歸。……相傳九月十三日爲侯誕辰。是日邑人相率走廟下，具鼓樂雜伎前導，奉侯像徧遊城廂內外。道旁男女聚觀，無不虔誠頂禮，戒無敢戲言妄指，恐干侯怒也。顧北城外，當闤闠要衝，士女雜沓，報賽於廟者無虛日。而廟久將圮，牆壁漫漶，不足以妥神靈，爰議修復，人皆踴躍樂從。於是因舊基益，廓而大之，凡爲正殿五楹，高廣凡若干丈尺，深加三之一。後爲寢室，前爲參亭，演劇之臺在焉。棟宇雄麗，規模宏敞，視舊幾倍矣。（清・蔣方增：《（道光）瑞金縣志》卷十二，清道光二年刻本）

**【眞君閣歌臺】**清・廖駒龍《重修眞君閣記（節錄）》：……左右兩翼，東祀財神，西祀五顯等神。復於殿前築歌臺，以爲歲時酬愿及神誕演戲之場。重簷巨棟，爽塏宏深，并造石坊，翬鳳凌霄，恢宏壯麗，視向之湫隘卑狹者，今則赫然改觀矣。（清・蔣方增：《（道光）瑞金縣志》卷十四，清道光二年刻本）

【歌臺演劇】清・劉漢遷《雲龍橋賦有序（節錄）》：……四月維夏，六月徂暑。池荷翻風，螽斯動股。歌臺演劇，聲震鰲極之樓；酒肆嘉賓，歡騰金航之浦。白鷺飲啄於羅溪，沙鷗翔集於江滸。龍山擁翠於雲端，陳石流清於夏五。（清・蔣方增：《（道光）瑞金縣志》卷十五，清道光二年刻本）

【元旦夜儺以驅疫】元旦夜儺以驅疫。男神船則龍頭，中間扮雜戲故事，後爲龍尾，押以社官、土地；女神船則鳳頭而焦其尾，男婦各持蘭槳夾左右，至人家則索錢物犒勞，疾病則架刀山、閉黃泉。巫覡之妄，所信尤篤。（清・蔣方增：《（道光）瑞金縣志》卷十六，清道光二年刻本）

【戲癡鍾翁】又有鍾翁者，喜觀劇。聞某處演戲，雖遠在十數里外，盛暑行烈日中，或天雨泥濘，衣冠沾漬，履屐蹣跚，勿惜也。且必自開場至收場止。雖有急事，呼之不應。往往從朝至暮，自夜達旦，目不轉睛。人與之語，皆若勿聞。（清・蔣方增：《（道光）瑞金縣志》卷十六，清道光二年刻本）

【冬成鄰鄉演劇】鍾宏灝，字應遠，邑之常鄉人。少時碌碌無異能，與兄某同居，兄爲之娶妻，生一子。忽一日，宏灝外出不回，其兄遍行尋訪，並無音耗。越數十餘年，宏灝忽歸，持白金數十兩畀其兄，云：「聊以償妻兒衣食之費。」既晚，不入內寢，取蒲團於庭中趺坐至天明。自是，每夕皆然，兄亦聽之。至冬成，鄰鄉演劇，忽有丐者數人痀瘻跛躄，腥穢不堪。宏灝一見，欣然握手，共坐墓間，歡笑談論，更市酒果飲食，至夜乃散去。（清・蔣方增：《（道光）瑞金縣志》卷十六，清道光二年刻本）

## （道光）信豐縣志續編

【喪事演劇之侈】更可議者，喪具稱家有無，惟盡禮制。信邑書旌吊問，皆張筵、設鼓吹，甚且薄棺菲衾，而酒食浮靡動經數倍。或用巫師以治喪，否則人子有薄親之譏，反受不孝之名。此何說哉？聞曩時男布衣、女椎髻，今則鑿樸爲華，凡食用、宴會、演劇之侈，遍往而莫可遏矣。曩時敦齒讓而敬師長，今則脫略爲簡便，高自位置，不肯下人矣。（清・游法珠：《（道光）信豐縣志續編》卷一，清同治六年補刻本）

【唱採茶演大戲皆屬賊盜之媒】信邑風俗，前論已詳。數十年來，雖稍變遷，而風氣猶古。士習禮而安貧，民知恥而好義，農力田，女懷節，即科名少遜而讀書勵節，先達之遺風尚存。……惟田少山多，俯仰不繼，人繁族大，良莠不齊；閩粵毗連，性情獷悍。同鄉偶有齟齬，輒至鬪毆、興訟，或爭土堆爲祖墓，佔奪其田；或以過從爲奸私，陷人於法；且或公然胠篋，動輒抄搶，凶惡棍徒，實堪痛恨。鄉黨自好之士目顧不暇，又何從而能遏抑之耶？逮至釀成巨案，正凶漏網，反致累及無辜。更有訟師，唆聳包攬一切，狡黠者圖準無結案之期，柔懦者守候有株連之苦。是以案牘繁滋，勾稽違抗。他如唱採茶、演大戲、開標厰，皆屬賊盜之媒，實爲人心之害。以及奸佃刁戶，欺主揹租；蠹書虎差，假威濟惡，風俗之變，益加厲矣！（清·游法珠：《（道光）信豐縣志續編》卷一，清同治六年補刻本）

【以戲亭爲講約樓】上諭亭，雍正十三年，縣令陳乃志奉檄詳準，將大王廟改建，遷其神於後殿，以戲亭爲講約樓，頭門、照墻皆丹堊之，爲開讀。（清·游法珠：《（道光）信豐縣志續編》卷四，清同治六年補刻本）

【謝肇楨採茶歌】清·謝肇楨（邑拔貢）《採茶歌》：誡蚩氓也。

採茶歌，嘔啞嘈雜滅平和。土音流傳自東粵，村童裝扮作妖娥。遍歷鄉閭導淫液，迴眸一盼巧笑瑳。紈絝子弟爭打采，指盃謔浪肆摩挲。可憐鐵石燕江口，蚩氓生計下煤窩。滿面煙灰十指黑，出看採茶也入魔。辛苦得錢歡樂洒，囊空歸去學得阿妹一聲喎。（清·游法珠：《（道光）信豐縣志續編》卷十五，清同治六年補刻本）

編者案：同書卷九載有謝肇楨小傳，謂：「謝肇楨，字翠東。性孝謹，言動有法。父好施與，善承厥志。奉祖命赴都遊太學，中途聞祖故，奔號返里。膺選拔後，學益粹，手輯《書》、《詩》、《禮》註疏，教其弟文煥成名諸生，勗以友恭，摯愛無間。弟卒，撫其遺孤，教養備至。疾革，亟令昆季安厝祖塋，命子守先祀，曰：『吾日瞑矣。』」可參看。

【大王廟戲亭】大王廟，即信豐所舊址。康熙己卯年建，祀金龍山四大王謝緒。明太祖手製碑文《山東分水龍王廟》，紀王事甚詳。爲十五船運丁往返祈賽之所。按：所署設於明洪武二十四年，千戶汪淵堂廡軍舍，樵樓、榜亭之屬備具。地袤五十丈，廣三十六丈，明末燬於兵。既所弁裁，而基遂屬之十五船。康熙二十五年，邑令時始議建廟。三十九年，邑令張拓而新之，前爲戲亭、爲頭門、爲屏墻，後爲慈雲閣、爲僧房、客寓、義倉、廚圃。而所堂外軍地及舊兵馬司城濠之稅，統歸之廟云。（清·游法珠：《（道光）信豐縣志

續編》卷十六，清同治六年補刻本）

**【眞君廟每歲報賽頗盛】**眞君廟，在小江墟街西，乾隆年間堡內眾姓建。每歲仲秋祝許旌陽，報賽頗盛。廟內有嚴禁搶奪開標、採茶大戲之碑、屯租定價永不再增之碑。（清・游法珠：《（道光）信豐縣志續編》卷十六，清同治六年補刻本）

## （同治）興國縣志

**【鍾春卉終身未嘗觀戲劇】**鍾春卉，名尙榆，以字行。忠孝新竹壩人。頫十五世孫。讀書不求聞達，家本素封，終身未嘗曳羅綺、觀戲劇。所交遊皆長者，有司屢請賓筵，辭不就。惟厚禮幣延師儒，日課子孫讀書。卒年七十有六。子世芳、世蓉，別有傳。世葵，例貢生，以義行見稱鄉黨。蔣《志》。（清・崔國榜：《（同治）興國縣志》卷二十五，清同治十一年刻本）

**【里人演劇十日或十二日一本者爲大戲】**清・張尙瑗《六言詩（之二）》：巖石赭於野燒，灘沙白似天霜。魚塘五畝十畝，茶嶺千行萬行。催子歸禽聒樹，救公饑粟登場。小橋谿淺堪縛，大戲□喧未央。里人演劇，十日或十二日一本者爲大戲。（清・崔國榜：《（同治）興國縣志》卷四十三，清同治十一年刻本）

**【魚龍百戲尋常有】**清・蕭朗峰（號炯齋，邑人，翰林院庶吉士）《萬壽聖節偕內子攜兒孫曾輩侍母太孺人夜出觀燈口占（之二）》：燦爛華光匝四圍，中秋月上更添輝。魚龍百戲尋常有，錦繡乾坤亘古稀。（清・崔國榜：《（同治）興國縣志》卷四十四，清同治十一年刻本）

## （同治）南康縣志

**【百姓釀金演劇慶盧昌輔病愈】**盧昌輔，字星甫，號榆浦。元偉子，塘江人。道光丙申進士。善屬文，清超拔俗，迥絕恒蹊。有鄉先輩五家風春闈後錄其文呈蔣憲副祥墀，憲副曰：「此西江嫡派也，必中必高。」榜發，魁墨出，一時傳誦。授知縣，籤掣直隸，以母老引疾歸。丙午丁內艱。服闋，赴保陽，題知南樂。値歲大祲，群不逞率椎埋剽掠無虛日。甫下車，即捦其渠魁寘諸法，群盜斂跡。涖任時屆孟冬，詳免賦徭，已逾例限，或阻毋牘陳。輔弗聽，力請於大吏，獲邀蠲貸，民賴以蘇。日據案判事，剖決如流。案無留滯，邸舍中無羈宿詞訟者。戊申水災，冒暑親勘，歸而疾大作，百姓咸奔走祈禱。輔病愈，相率醵金演劇。調邯鄲，地當孔道，兵差絡繹。嚴飭胥吏，禁苛派。以失察罣議，歸卒。據盧鼎岣族姪榆浦明府墓誌銘纂輯。（清·沈恩華：《（同治）南康縣志》卷八，清同治十一年刻本）

**【伶舞至賤豪傑屑爲之】**明·劉賓《儒學訓導廳壁記（節錄）》：南康，古揚州裔土。庾嶺所衍，章水所經，而邑治建焉。舊隸虔州，宋屬南安軍，今因之。邑學舊設教諭一人、訓導二人，職學事近，以例省一云。嘉靖己酉冬，東谷劉子篮仕得訓南康。越庚戌孟夏，既至，見寓署敝甚，徒四壁立，幾不能以居，思具完之，費鉅而力詘也。迺假貲捐俸，鳩材傭工，凡再閱月，而役時庸竣。廳事舊有三楹，稍葺之，加墁飾焉，以待賓之往來及弟子之請業者。庭前爲檻，植篁柏花木數株，暇以供翫自娛。迺喟然嘆曰：「吾今可以安是矣。」或曰：「鴻鵠之翔也千仞，而鷦鷯安於枝棲；騏驥之思日千里，而駑駘止於伏櫪。子之志不已卑乎哉？」曰：「君子亦惟安於所遇而已。抱關擊柝至微也，伶舞至賤也，古之豪傑往往屑爲之。教秩雖微，視斯有間矣。」（清·沈恩華：《（同治）南康縣志》卷九，清同治十一年刻本）

**【旭山關帝廟戲臺】**（訓導）王元《重建旭山關帝廟序（節錄）》：我朝祀典之設，惟聖帝與先師並隆，而其廟貌之巍峩亦與並燦。誠以忠義協於人心，皆足以扶植綱常、維持世道，歷千古而弗替。……洎壬辰歲，有晉陵馮公諱傑來撫是邑。甫下車，謁廟，見頹垣敗瓦，心惻焉，爰捐俸金爲之倡，而邑人士之樂輸者鱗集麐至，應如桴鼓，不期月而廟成。計寢殿三間，正殿一間。殿之前有臺一座，爲春秋演樂之所。巍乎煥哉，大觀在望矣！（清·沈恩華：《（同治）南康縣志》卷十一，清同治十一年刻本）

## （同治）贛縣志

**【贛俗賽神盛筵演劇】**贛俗崇尚賽神，城內外百餘廟。每歲燈節後即畫龍舟，祀奉彌月，盛筵演劇。送神之日，鉦鼓沸地，旗旛蔽天。計其費，可敵中人百家之產。（清·黃德溥：《（同治）贛縣志》卷八，清同治十一年刻本）

**【賽神演劇極糜費】**宋初，劉執中繼治，革其陋習。加以周、程諸子過化是邦，一時郡人彬彬乎質有其文。明正嘉間，姚江以功業濟其講學，順風而呼，人士景從，於是衣冠文物，爲海內所稱。大都君子以通經學古爲務，小人以力農輸賦爲先。守禮畏法，由來舊矣。然贛介居江嶺，郡郭則五方雜處，俗易流靡；山谷則粵閩僑居，獷悍之習時染。邇來冠婚喪祭，競尚奢華，賽神演劇，尤極糜費，雖山谷之民，視通都頗質，而距古亦彌遠矣。官斯土者，禁遊惰，勸農力，黜奢崇儉，訪其善者而獎勵之，遡其弊者而懲創之，庶風俗日進於醕厚歟。（清・黃德溥：《（同治）贛縣志》卷八，清同治十一年刻本）

## （同治）雩都縣志

**【祈山神廟自五月初七至十八設醮演劇】**龍舟之神，曰「聖帝」、曰「康公」、曰「溫公」、曰「賴爺」、曰「張公」。賴爺、張公，云自雩祈山得道，謂之祈山神。城內十方，坊各有廟，自五月初七至十八設醮演劇，靡費中人之產，可近百家。製爲龍舟。人插茉莉，唱《採蓮》之曲，舉於道路，往來人家，更闌不歇。蜡祭用以報田功，子貢猶謂其舉國若狂，然亦一日之澤，不如是其淹旬積候，奉無謂之神而爲不羈之逐也。（清・顏壽芝：《（同治）雩都縣志》卷五，清同治十三年刻本）

**【城隍廟戲檯】**城隍廟在起元坊高街下。正殿兩廡，儀門、大門略如縣堂之制。有後堂，左右有廂房、有照廳、有廚房，儀門內有戲檯。明洪武間令宋宏建，後相繼重修，正德庚午令劉天錫、萬曆壬辰令黃應元、崇禎庚辰令鄭楚勳也。（清・顏壽芝：《（同治）雩都縣志》卷五，清同治十三年刻本）

**【同治九年八月初四日霹靂震死看戲者十五人】**（同治）九年庚午八月初四日未刻，有僑居贛邑黃岡之庠生楊湘，素行謹厚，適往墟看戲，忽霹靂一聲，震死者十六人，湘在其內，至酉刻獨活無恙，人謂其謹厚之報。（清・顏壽芝：《（同治）雩都縣志》卷十二，清同治十三年刻本）

**【神會假禳災集福之名唱競渡採蓮之曲】**明・黃宏綱《簡方邑侯論神會書（節錄）》：目下城中，將舉天符聖帝之會，通城有十一方，每方會首幾人，勸緣幾人，造舟幾人，各執事又幾人。大都每方少者不下三四十人，多則過之。自五月十一日起，至二十二三止。各用五色彩箋，裝製樓船，龍首燕尾，棟宇煥然。晡時，合數十人共舉之遊於市，燈燭輝煌，鼓吹喧闐，假禳災集福之名，唱《競渡》、《採蓮》之曲。讙呼呐喊，達旦不休；奸淫偷盜，肆行無忌。以攘奪爲英雄，以鬬狠爲豪俊。官司每置不問，鄉人莫敢誰何？十八日云是聖帝誕辰，先期迎神出遊，巧扮人物，粉飾故事，逞艷鬬麗，各極華美。導之以旌麾，擁之以奇異，鑼鼓之聲，震動一邑。自東來者，盡西而返；自南來者，窮北而還。眾人聚觀道傍，無分老幼，接踵摩肩，充塞衢路，誠所謂一國之人皆若狂也。然此特舉其積弊陋俗而已。（清・顏壽芝：《（同治）雩都縣志》卷十三，清同治十三年刻本）

編者案：清・魏瀛《（同治）贛州府志》（清同治十二年刻本）卷六十七亦收此文。

## （同治）高安縣志

**【迎春扮芒神曰春官】**迎春：每至立春前一日，命匠於東郊先農壇作土牛曰春牛，扮芒神曰春官，又令小兒八人戲滾太平錢。合郡文武官員抵東郊參拜畢，各役夫疾趨抬官長入府大堂。府主行耕藉禮，名曰「迎春」。（清・孫家鐸：《（同治）高安縣志》卷二，清同治十年刻本）

**【陽戲】**陽戲，即傀儡戲也。用以酧神賽願。（清・孫家鐸：《（同治）高安縣志》卷二，清同治十年刻本）

**【關帝廟戲臺】**關帝廟，在南城朝天坊，上諭亭左。關帝廟創自唐代，明天順間郡守史宗禮修，李湑有《記》。萬曆庚辰建拜亭，己酉建朝天閣。乙卯，郡守陳振揚葺正殿，陳元琛有《記》。國朝乾隆元年，頭門燬，本坊眾姓重修。易木柱以石墻，規制彌壯。前有戲臺一座，本坊公建。廟內有都憲祠居左，古譚祠居右。（清・孫家鐸：《（同治）高安縣志》卷七，清同治十年刻本）

**【張敦仁宰高安四年署不演劇】**張敦仁，號古腴，山西陽城人。乾隆乙未進士，宰高安。公正廉明，精練吏事，胥役無所售奸，盜賊爲之斂跡，時有犬眠巷靜、花落庭閒之譽。尤以振興人材爲急務，下車即觀風，屢課士試院及鳳儀書院，手自甄別，勗以明體達用之學，人人皆知向方。督學趙鹿泉贈聯云：「學有淵源文有體，民之父母士之師。」生平性恬淡，在官四年，署不演劇、不張宴。調任廬陵，陞本府同知。歷任揚州、蘇州、撫州、吉安、南昌知府，現任雲南鹽法道。（清・孫家鐸：《（同治）高安縣志》卷八，清同治十年刻本）

【朱必堦禁喪事邀梨園子弟演劇】朱必堦，字玉墀，號愚峰。文端軾之冢子。丰姿歧嶷，氣度軒舉。癸卯以恩蔭授戶曹，旋擢郎署。復膺簡命，出守天雄。軾爲子懇辭，上問何故，以保舉無人對。上曰：「朕自保之，其可乎？」迨抵任，政簡刑清，闔郡士民罔不悅服。先是，直省風俗，父母歿，延僧道誦經，又邀梨園子弟演劇觴客，恬不爲怪。堦惡之。於是曉以大義，發其天良，俗乃易尋。（清・孫家鐸：《（同治）高安縣志》卷十四，清同治十年刻本）

【楊鉶皇極經世測聲音律呂考證】楊鉶，號松亭，朝天坊人。潤之孫。十九補邑庠生食餼，文行兩優。閉戶課經，父子自相砥礪。學使徐公、郡守許公賜以冠帶，屢舉賓筵，直指有理學名儒之額。著《皇極經世測聲音律呂考證》、《松亭崇正錄》。（清・孫家鐸：《（同治）高安縣志》卷十六，清同治十年刻本）

【王洛精音律】王洛，字潤程，號愼堂，城南連通坊人。祖居四十五都赤溪梅口，生平篤學好問，至老不倦。尤精音律，一時遠近知名士遊其門者甚眾。著有《愼堂制蓺》。郡伯吳興沈泊材及鳳儀書院山長保昌胡靜園先生等爲之序。（清・孫家鐸：《（同治）高安縣志》卷十六，清同治十年刻本）

【蕭煒精音律】蕭煒，字青藜，號乙齋，蕭坊人。初入泮即捷秋闈，屢與計偕，佹得復失。晚以截取知縣，歷任直隸望都、贊皇，數年謝事歸。胸次灑落，詩古文直入古人之室。工書，精音律，尤好爲詩。自少至老，無日不吟，幾於陸放翁之日課一詩也。詩筆近賈島、誠齋，著有《乙齋詩集》，篇帙甚富。（清・孫家鐸：《（同治）高安縣志》卷十六，清同治十年刻本）

【梅白嘗手定周德清中原音韻】梅白，字舒芳，堰溪黃公塘人。立品端方，素性沈潛，工制藝，兼通詞律，嘗手定周德清《中原音韻》，未卒業而殞，人共惜之。（清・孫家鐸：《（同治）高安縣志》卷十八，清同治十年刻本）

【周之翰重校中原音韻】周之翰，字時憲，文鼎五世孫。幼喜讀書，經史百家，靡不研究。志業未售隱居，竭力事親。居喪，哀毀骨立，繪像中堂，瞻慕流涕，至老不渝。邑人士嘉其孝，爲詩歌美之，名其巷曰永思。性好施予，急貧乏，歲苦饑，傾庾助賑，郡邑賢之，屢舉鄉飲，遜謝不赴，旌其門曰清朝逸士。平生喜吟詠，所著有《史學便覽》、「四序」、「八景」諸篇，并重校《中原音韻》，邑人熊茂松有傳。（清・孫家鐸：《（同治）高安縣志》卷十

八，清同治十年刻本）

## （同治）豐城縣志

【祈年報賽迎神演劇之害】豐水鄉之民逐末者，多無積聚而好奢用。每當祈年報賽，迎神演劇，鰲山臺閣，誇多鬬靡，非美俗也。山鄉之民，多纖嗇，積聚穀石，典質取息，春放秋斂，貧民賴之以濟荒歉。而里巷不軌之民，反以私典，持其短長，開告訐之門，是在有司者，持其平而已。（清·王家傑：《（同治）豐城縣志》卷二，清同治十二年刻本）

【富戶演戲劇縻無益之財】清·呂光煥《楓林橋記（節錄）》：徒杠輿梁，王政首重。然第宜於西北高原之地耳，非可槩於東南也。吾豐於江右爲澤國，而吾鄉又爲瀦水之區，人煙所聚，溪流環之，雨雪昏夜，問渡爲難。好義者於四達孔道截流架爲板橋，行旅稱便，蓋無慮數百處矣。……夫世不乏富戶，富戶亦不乏善緣，彼演戲劇、建齋醮，使僧俗雜遝，縻無益之財而反貽害者，其愚妄固不足論。（清·王家傑：《（同治）豐城縣志》卷二十六，清同治十二年刻本）

【馬非力家精怪演戲】馬非力家，康熙辛丑九月十二日，床下忽吐白氣，發火光如毬，物遇之不焦，自是屢見。冬夜現無數矮人，最大者三，長五寸許，一乘麒麟，一乘羊，一乘兔，皆金冠錦衣，面如傅粉，隨從以數百計，少頃復入床下。非力長孫女年十一暨傭奴十一二歲者見之。次夜復出，漸長一二尺許，由夜而日，由房而堂，旋繞不已。遇日光所射則無踪，行至無日處仍見。壬寅元宵，女語以迎燈，俄見馬字燈籠前導者二，凡火樹銀花、魚龍鳥獸，諸燈畢具。又一日語以演戲，俄見搭臺抬箱，至演《白兔》、《綵樓》。非力憂其久不去，因囑孫女詢禍福。女如教，問禍則搖手，問福則點頭。因祀以酒筵，列坐食畢而散。又屢雜小兒中，出門外，市果餌與小女子食。久之，三人僅存其二，謂其一已投胎去。一日忽見一白鬚老人，手驅之入地，女呼復出，搖手示勿復呼，由是遂絕。（清·王家傑：《（同治）豐城縣志》卷二十八，清同治十二年刻本）

## （光緒）撫州府志

【徐春幼曾爲伶】徐春，字春山，號可樓，宜黃人。幼爲伶，壯歲後猶有優部調絲按拍，專業於此。暇則觀書，尤好吟詠。彙有《蟲鳴集》四卷、《粵海吟》一卷，東鄉艾致堂孝廉暢爲之序。艾蓋少許可者，然頗賞可樓，其集未刻。（清・許應鑅：《（光緒）撫州府志》卷八十六，清光緒二年刊本）

## （同治）臨川縣志

【玉茗堂】玉茗堂，湯若士故居，在縣學後，中有攬秀樓、毓靄池、金柅閣諸景。本朝劉命清《玉茗堂詩》：「自是遺根分寶應，長留錦句遍青琅。」按：曾南豐謂：瓊花與此花天下惟一，本瓊花可接而此花獨出？然家坤翁《玉茗亭記》謂：自南豐後，郡中間有分柯接幹別出者，然則寶應之有此花，或即宋時郡東院所分。至明，尚存其種，與昔傳有「寶應鐘移玉茗枯」之讖。嘉靖十一年寺燬鐘移，花已枯矣。若士時尚未生，不知遺根分自何年，歷幾時而又枯，蓋不可考矣。（清・童範儼：《（同治）臨川縣志》卷十，清同治九年刻本）

【劉命清玉茗堂詩】清・劉命清《玉茗堂詩》：賦餘宦籍歸來晚，茗荈花繁舊日堂。爲憶雷陽秋色老，獨憐鬼彈拊心狂。黃山白岳渾無夢，翠幙紅煙穩在床。自是遺根分寶應，長留錦句遍青琅。（清・童範儼：《（同治）臨川縣志》卷十，清同治九年刻本）

【劉玉瓚玉茗堂詩】清・劉玉瓚《前題》：瓊花零落似唐昌，玉茗堂前更淼茫。異種衹應天上有，新愁只遣世間忙。紅么輕點閒情賦，綠蟻眞傳卻老方。六六峰頭千古夢，湯休宋玉兩難忘。（清・童範儼：《（同治）臨川縣志》卷十，清同治九年刻本）

【胡亦堂玉茗堂詩】清・胡亦堂《前題》：西平才子盛文章，誰最風流玉茗堂。官似杜陵傷落拓，性如賀監愛清狂。眞憐翠袖迴虛閣，直看紅牙落影床。夢醒曲終人不見，遺來擲地響琳琅。（清・童範儼：《（同治）臨川縣志》卷十，清同治九年刻本）

【丁宏誨玉茗堂詩】清・丁宏誨《前題》：起衰八代有文章，海內爭推玉茗堂。彭澤早偕三徑隱，鑑湖先得四明狂。參禪欲結東西社，臥客常分上下床。偶檢殘編開一卷，貧兒觸目是琳琅。（清・童範儼：《（同治）臨川縣志》卷十，清同治九年刻本）

【張瑶芝玉茗堂詩】清・張瑶芝《前題》：西豐才藪盛詞章，絕調還推玉茗堂。傲岸敢攖丞相怒，牢騷聊學酒人狂。雞塒狼籍侵書案，梵笈離披傍笛床。巀嶪高文誰解誦？止將歌曲播琳琅。（清・童範儼：《（同治）臨川縣志》卷十，清同治九年刻本）

**【胡挺松玉茗堂詩】**清・胡挺松《前題》：曾吟祠部詩幾章，獨建旗鼓眞堂堂。忽上一疏乘興發，偶成《四夢》高歌狂。懶尋道甫命遊駕，喜友紫柏聯禪床。攬秀樓空毓靄涸，樓前有毓靄池。更無金薤垂琳琅。（清・童範儼：《（同治）臨川縣志》卷十，清同治九年刻本）

**【丁茂繩玉茗堂詩】**清・丁茂繩《前題》：一代翹材出豫章，亭亭玉茗自顏堂。吏如梅福甘卑隱，才似青蓮得醒狂。恥向權門稱入幕，閒編樂府踞胡床。邯鄲夢覺人情盡，簫管誰家奏玉琅？（清・童範儼：《（同治）臨川縣志》卷十，清同治九年刻本）

**【胡挺柏玉茗堂詩】**清・胡挺柏《前題》：偶同師友論詞章，作者誰登大雅堂。文選一書何足讀，王家二美避君狂。微憐玉茗敲檀板，不及天隨載筆床。焚盡紫簫眞令子，免教歌曲溷琳琅。（清・童範儼：《（同治）臨川縣志》卷十，清同治九年刻本）

**【董劍鍔玉茗堂詩】**清・董劍鍔《前題》：先生才藻煥天章，玉茗奇花自署堂。名教中能吟風月，性情外可許疎狂。論詩徐叟推前席，顧曲周郎踞上床。欲訪遺踪何處是，月明靈谷聽青琅。（清・童範儼：《（同治）臨川縣志》卷十，清同治九年刻本）

**【釋傳綮玉茗堂詩】**清・釋傳綮《前題》：盧橘墩頭幾百章，特將玉茗署新堂。湯家若士眞稱傲，南國斯文爾正狂。蛺蝶名花歌妓院，幅衫大帽羽人床。誰家檀板風前按？羌笛何堪並玉琅。（清・童範儼：《（同治）臨川縣志》卷十，清同治九年刻本）

**【揭貞傳玉茗堂詩】**清・揭貞傳《前題》：華峰千仞仰文章，啼鳥花枝玉茗堂。季友生知文在手，次公無藉酒而狂。紅牙自按高低板，木榻偏多上下床。草屨麻衣遺命苦，空山何處薤琳琅。（清・童範儼：《（同治）臨川縣志》卷十，清同治九年刻本）

【饒宇朴玉茗堂詩】清·饒宇朴《前題》：盛時壇坫富文章，才藻爭推玉茗堂。最有縹緗容兀傲，難因鵷鷺廢清狂。紅牙輕按花千簇，碧酒初行月半床。今古風流傳勝事，詞場滿地擲琳琅。（清·童範儼：《(同治)臨川縣志》卷十，清同治九年刻本）

【李茹旻玉茗堂詩】清·李茹旻《前題》：祠郎乘興上封章，興盡歸來臥此堂。直道自甘展禽黜，私門爭斥禰生狂。金柅草閣觀碁局，湯有金柅閣，示不復出意。又三十七有詩云：「神州雖大局，數著亦可畢。了此足高謝，別有煙霞質。」玉茗檀心噴筆床。獨挽頹波還大雅，後先七子媿琳琅。（清·童範儼：《(同治)臨川縣志》卷十，清同治九年刻本）

【李傳熊玉茗堂詩】清·李傳熊《玉茗堂》：杜陵草堂在西岷，浣花溪水波粼粼。賀監山人四明客，鑑湖遺宅吳江濵。豈因窮愁富著述，實感清節如霜筠。臨川若士古才子，卓犖天骨眞無倫。上書歷詆諸弊政，傲岸不畏丞相嗔。挂冠解綬歸故里，數椽茆屋花爲鄰。瓊枝玉蕊交秀色，一時讌賞傳詩人。迄今已過二百載，遺蹟指點存居民。風流才調既寂寞，佳卉亦復同荊薪。積雨自送古苔上，長廊空晝蝸行匀。疎煙宕水風動竹，乍似歌按飛梁塵。他年更訪金柅閣，爲君一酹梨花春。（清·童範儼：《(同治)臨川縣志》卷十，清同治九年刻本）

【謝三秀湯祠部義仍先生招集玉茗堂賦謝詩】明·謝三秀《湯祠部義仍先生招集玉茗堂賦謝詩》：草堂遙夜帶春星，謖謖松風韻可聽。題杜聲名高晝省，著書歲月老元亭。寒宵對雨尊仍綠，末路逢人眼倍青。懷抱爲公傾欲盡，昔年裘馬向飄零。（清·童範儼：《(同治)臨川縣志》卷十，清同治九年刻本）

【土伶拙訥可笑】《舊志》云：吳謳越吹，以地僻罕到。土伶皆農隙學之，拜揖、語言，拙訥可笑。音樂。（清·童範儼：《(同治)臨川縣志》卷十二上，清同治九年刻本）

【春末秋初倣古人儺禮】春末秋初，鄉市召師巫設壇建醮，作五綵龍舟以送癘疫，磔牲以祭，倣古人儺禮。祈禳。（清·童範儼：《(同治)臨川縣志》卷十二上，清同治九年刻本）

【每年秋迎神賽會】每年秋迎神賽會，踵事增華，鑼鼓喧闐。用十四五歲男女扮戲，名曰「兒郎會」。施放單眼神銃，名曰「銃會」。又稱其神好騎馬，名曰「攀鞍會」。所在開場賭博、私宰，因而賊盜群聚，各市鎮中人莫敢詰。此風俗之大蠹，惟賴地方官力嚴禁之。迎賽。（清・童範儼：《（同治）臨川縣志》卷十二上，清同治九年刻本）

編者案：清・許應鑅《（光緒）撫州府志》（清光緒二年刊本）卷十二所載與此相同。

**【兒郎】**兒郎。秋冬報賽，以小兒扮諸雜劇曰兒郎。向止用男子，今以十五六歲女子爲之。畫衣騎馬，小曲唱盤，陰訟之興，多由此起。

昔有兒郎，曰以娛神。今有兒郎，曰以娛人。娛神則誕，娛人則慢。誕鄰於妄，慢鄰於亂。盤中倡女，馬上妖姬。誰非人子，誰非人妻，而淫媟是爲？惟爾有神，聰明正直。赧然受之，實有爽德。我作此歌，敬告父老，兒女廉恥，爲家之寶。我作此歌，敬告官司，秦公遺教，百世可師。前縣秦公出示嚴禁，十數年無敢犯者。（清・童範儼：《（同治）臨川縣志》卷十二上，清同治九年刻本）

**【湯顯祖等皆臨川之偉人】**清・李紱《清風門考（節錄）》：撫州城，隋初建於赤岡，近西津。唐寶應元年，刺史王公圓遷今治。至危公全諷修築爲門，十有三。宋時止存九門。……元、明以來，撫之人文若草廬、道園、介庵、明水、若士、大士諸先生，亦皆偉人。然以視晏、王、曾、陸，不無多讓。且吳、虞不登制科，章、湯、二陳，未躋通顯，皆未能盡其耳目聰明之用，則謂清風門塞而人文衰落，較財賦尤有明驗矣。（清・童範儼：《（同治）臨川縣志》卷十四，清同治九年刻本）

**【湯若士之詞賦】**清・李紱《臨川縣學重建先師殿碑記（節錄）》：民生於三，事之如一，父子之恩，天性也；君臣之義，無所逃於天地之間；惟師道，則容有不立與雖立而未極。所以尊奉之時，三代以上之學，各以開國之君爲先聖，以佐命之臣爲先師。以臣爲師，則師道之崇，未足以比君親矣。……吾臨川前哲若晏元獻之醇、王荊國之高、曾文定之正，皆能盡其才以用其極。佗若章介菴、陳明水之理學、湯若士之詞賦、陳大士之經藝，力有大小，事有偏全，亦皆能盡其才以各用其極。諸生之志於學者，務勉希先哲各盡其才、各用其極，庶無負朝廷所以尊師之教與今日修學之舉也。（清・童範儼：《（同治）臨川縣志》卷二十五，清同治九年刻本）

【湯顯祖等倡建崇儒書院】明・鄒元標《崇儒書院記（節錄）》：撫州，海內名郡也。其先多名德大儒，如晏元獻、王荊國、曾文定、陸文安伯仲、吳草廬、康齋諸先生者，醕學粹行，斯文岱宗。遐荒遠裔，且私淑而俎豆之，矧其鄉乎？先是，明水陳公，以學爲郡人士倡，曾祀象山、二吳於臨汝。已，盱江近溪羅公至，每會講禪刹，月餘別去。諸縉紳繼峰舒公、谷南高公、愚所陳公、景默曾公、二瞻黃公、若士湯公，後先議曰：吾撫在宋，黃勉齋氏創有南湖書院以開來學。是時人材彬彬，家有絃誦。今吾等寄跡招提，謂先訓何？屢圖恢復，而議弗克。（清・童範儼：《（同治）臨川縣志》卷二十八，清同治九年刻本）

【湯顯祖爲孫耀祖立去思碑】孫耀祖，吳淞人。萬曆中爲孔家驛驛丞。文昌橋圮，議修復，梗者大起。擇吉興工，長吏無敢涖事者，獨耀祖朱衣攝祠事。祭告畢，捐金犒匠，一歲而竣。督工計費，皆丞力也。後遷嶺南巡檢去，民祠祀之，湯若士爲立去思碑。（清・童範儼：《（同治）臨川縣志》卷三十五，清同治九年刻本）

【管閣禁崔鶯鶯廟迎賽】管閣，字鼓麓，幼穎異。順治辛卯舉於鄉，授直隸安平知縣。安平近滹沱河，廬舍數被漂沒，悉心經理，築堤引流，自是安堵。巨猾向以私鹽強市，閣至，力爲捕緝，始遁去。每遇剖獄，凡請託欺誑者悉畏伏。郊有崔鶯鶯廟，舉邑迎賽，男女雜沓，閣開諭禁革，民俗一變。致仕歸里，不履郡城，講學著書以終餘年。著有《剩餘集》、《藝文萃》、《字彙正訛》、《左傳句解補》行世。（清・童範儼：《（同治）臨川縣志》卷四十一，清同治九年刻本）

【葉宋英自製曲譜】（元）葉宋英，天性妙悟，嘗云：「黃鍾九寸之管無定，隨時置律而上下損益以爲聲，均存而律可辨矣。」宋英自製曲譜，均間合節。趙孟頫、虞集亟稱之，欲引入禁林議樂律，而宋英已卒。取所著《曲譜》及《樂律遺書》上之。（清・童範儼：《（同治）臨川縣志》卷四十七之一，清同治九年刻本）

編者案：清・許應鑅《（光緒）撫州府志》（清光緒二年刊本）卷六十九之一、清・曾國藩《（光緒）江西通志》（清光緒七年刻本）卷一百五十二所載與此略同。

【湯顯祖序學餘園初稿】《學餘園初稿》，邱兆麟毛伯撰，湯顯祖有序。

（清·童範儼：《（同治）臨川縣志》卷四十九之四，清同治九年刻本）

**【邱兆麟內無廢歡外無廢事】**《玉書庭文集》，邱兆麟毛伯撰。陳際泰《序》云：「《玉書庭全集》，大中丞公邱毛伯先生所作也。先生生數歲，便有奇人之目。少孤，太夫人母代父而教育之。纔操觚，爲時文遂占三百年以來未有坐位。……性故豪曠，與物通懷。客子樂就之，無虛日。先生閱雜劇雅歌，投壺門外，書疏頻仍，日嘗數十發。先生對客，用瓦盆貯墨汁升許，持大羊毫筆連根濡之，以廢長柬，用其背，使二奴捉兩頭，且飲且笑且書，一盃熱茶頃，輒數百言。情理既允，文采復遒。用是內無廢歡，外無廢事。」（清·童範儼：《（同治）臨川縣志》卷四十九之四，清同治九年刻本）

**【士所不能屈者湯若士與徐文長】**《拉雲小集》，傅台升叔階撰。何棅《序》云：「往薛西原之校士越中也，首拔徐渭，且評其文句句鬼話，李長吉之流也。……若士先生，生之鄉先達也。當王弇州執詞壇牛耳，奔走天下，士所不能屈者，若士與文長兩人耳。臨川固多自信不屈之士，生其後先繼起者耶？則亦毋庸汲汲以求合耳食之夫，且善藏之以待，卒然相遇之，袁中郎而已矣。」（清·童範儼：《（同治）臨川縣志》卷四十九之四，清同治九年刻本）

**【邱兆麟序湯若士絕句】**《湯若士絕句》。邱兆麟《序》略云：「近有好事刻行《湯若士先生絕句選》者，余視其篇中如《閱世》、《題夢》、《嘆老》、《喚病》、《伏枕嘆》、《訣世語》，是何其高閎特達，多仁人長者之言也。先生才既殊絕，而意復清虛，自平昌赤手歸，橐不名一錢，賣賦鬻文，日爲四方門人、客子取酒用，餘金幾何弗問。終日枯坐如蒲團上人，乃始得以其靜心閒閱世人之鬧，以其癡情冥砭世人之黠，故平昔所撰傳奇如《黃粱》、《南柯》喚人曉世，類若此。而此固其碎金矣。時論稱先生制義、傳奇、詩賦昭代三異，曷異爾？他人擬爲，先生自爲也。擬爲者，學唐、學宋，究竟得唐宋而已；自爲者，性靈發皇之際，天機滅沒，一無所學，要以自得其爲先生。自得其爲先生，此先生之所以過人。而天下人厭王、李者思袁、徐，厭袁、徐者思先生與？」（清·童範儼：《（同治）臨川縣志》卷四十九之四，清同治九年刻本）

**【李夢松上書禁淫祀演劇】**清·李夢松《上朱太守言撫州風俗書（節錄）》：植木者不理其根，必至於拳曲臃腫、離披委頓而不可用；治水者不防其漸，必至於衝突滅漫、潰決氾濫而不可制。治民者使之不可用、不可制，雖公輸無所施其巧，雖神禹亦難猝然而爲之所矣。伏見執事自下車來，汲汲孜孜，朝不遑食，夜不遑寐，求民若失，而又明察秋毫，情不得遁。躬則麤衣澹食，宴不張樂，行不辟人，獨處必莊，辭色不假。政餘接見文士，講求正心誠意之學、忠君孝親之事，此漢宋諸大儒所以爲治者。雖以之治刁頑兇暴可以化矣，而況撫州固易治之境哉！……撫州風俗之敗，宜急理者有三：一曰淫祀宜禁也。邑有正神，載在祀典，不可廢也。其餘不得立廟。秋成報賽田祖，古之不禁，而撫州淫祀獨多。每屆秋熟，則載木偶泥像，敲鑼吹角，旗幟臺閣，備極工巧，遊行城郭，擁道塞途，以爲戲樂。無賴之輩，借此窺人眷屬，攀肩耳語，豪無忌避。夜使優伶演劇，簫歌達旦。計一年所費，不下數萬。民欲無窮得乎？遂有浮屠之家，肆爲會懺，集婦女眠宿蘭若，揚旛張榜，鳴鐘擊磬，令老嫗少艾拜跪其前，恬不爲怪。嫚神侮聖，教淫誨盜，莫斯二者之爲甚。是宜首禁。一曰典章宜辨也。初撫之民，幼不知冠，老不知裘。即仕宦家，年不過二十不得衣帛。今則幼穉飾金銀器矣，所以有頓溪之獄。未冠衣重裘矣，卒隸服綺羅矣，非尊等威嚴章服，此風不可已也。古市惟市酒米、柴薪、布帛而已，今則茶壚酒旗，烹鮮割肥，張燈列肆，歡呼啾叫，不知止息，誰爲倡之乃致於此？愚以爲崇儉約必自在位始，請非公事不得燕會，燕不過八簋，不得演樂。使梨園子弟調笑悲啼於長官之前，褻孰甚焉！庶民之家，宴不過五豆；士大夫家，不過六豆。市肆之間有遊手者，問之；兒童無業閒遊者，責其父兄；有孤兒老婦乞於塗者，召其期親族長，曉以大義，量給錢爲倡，而使群爲之；所有廢地不業者，究其田。重桑農，省冗費，嚴市政，治之所先也。一曰守望宜勤也。（清・童範儼：《（同治）臨川縣志》卷五十二之二，清同治九年刻本）

編者案：清・許應鑅《（光緒）撫州府志》（清光緒二年刊本）卷十二亦收此文。

**【唱盤演雜劇】**清・秦沆《留別臨川父老有序（之四）》：昔唐狄梁公，淫祠黜巍峩。淫祠尚必黜，況復迎賽多。赫弈無名公，駿馬龍驤馱。前驅集銃會，擊鼓兼鳴鑼。可憐畫堂女，窈窕明長蛾。唱盤演雜劇，間以靡曼歌。廉恥幼已喪，壼範遑知佗。願言革澆漓，中流挽頹波。祈報奏社瑟，神聽平且和。（清・童範儼：《（同治）臨川縣志》卷五十二之三，清同治九年刻本）

**【過遂昌懷湯若士先生】**清・秦瀛《過遂昌懷湯若士先生》：（自注：先

生以言事貶謫，嘗宦遂昌令。）

人間塵劫浩茫茫，往事難尋玉茗堂。此地棠陰遺蹟在，孤城一角但斜陽。（清·童範儼：《（同治）臨川縣志》卷五十二之三，清同治九年刻本）

編者案：此詩不見於秦瀛《小峴山人集》（清嘉慶刻增修本）。

**【湯若士先生玉茗堂】**清·吳嵩梁《湯若士先生玉茗堂》：桃李私門爛漫開，名花耐冷此親栽。登科恥借冰山重，抗疏身投瘴海來。猛虎就殲資鬼力，宰遂昌，有牒城隍神除虎患文。美人將命殉仙才。松江俞二姑以讀《牡丹亭》院本病歿。平生大節詞章掩，《四夢》流傳亦可哀。（清·童範儼：《（同治）臨川縣志》卷五十二之三，清同治九年刻本）

編者案：此詩亦收入吳嵩梁《香蘇山館詩集》（清木犀軒刻本）「今體詩鈔」卷十二。

**【鄒慧作兒郎賦】**鄒慧，字雷英，邑南鄉博溪人。八歲能詩賦，極敏捷。里中每歲迎賽神會，各家多有將十歲以下幼孩裝扮綵臺，名爲兒郎架。慧八歲時，在裝扮內，回廟，衆問：「樂否？」笑曰：「我在架上看諸兒郎種種態狀，戲作《兒郎賦》一篇。」朗誦與衆人聽，約四百餘字，衆皆絕倒。次年乾隆丁酉，考試入泮。十七歲歿。識與不識，爲之悵歎。（清·童範儼：《（同治）臨川縣志》卷五十四，清同治九年刻本）

## （同治）南城縣志

**【歌優雜進以賀壽】**壽誕三四十歲前無過問者，五十親友間往賀，亦不甚盛。近今三四十誕亦有賀客，其粉碟酒席，五十尤甚。若六十以上，子孫視其家力通知戚友，製錦稱觴，歌優雜進，大率可以榮其親者無弗爲也。間有壽翁厭繁費者，出遊避之。（清·李人鏡：《（同治）南城縣志》卷一，清同治十二年刻本）

**【廣王殿戲賽】**廣王殿。十四都南坑。每年八月土俗有迎饅首戲賽。（清·李人鏡：《（同治）南城縣志》卷二，清同治十二年刻本）

**【黃司空廟歌臺】**清·章履仁希純《記黃司空廟顛末（節錄）》：從來鬼神之靈因人而顯，而禍福之說實由人造。不抉其造之妄，無以存其顯之眞也。若黃司空者，梁侯景之亂保障鄉里，故省會有廟，殆所謂有功德於民者則祀之歟。予祖居城北，旁有尼庵曰柏園，少時嬉戲其中，見門首小室有宰官像者，不知其何神也。……廟左起歌臺，每日演戲，觀者塡塞，至起爭鬬。聞於邑令蔣公，因出示嚴禁焉。戲雖罷而朝謁如故也。（清·李人鏡：《（同治）南城縣志》卷九之一，清同治十二年刻本）

【傅遊九善幻術】《藏山稿》：傅遊九，吾邑嘉隆時人也。善幻術，以閒遊行鄉村，村人爭醵金錢，使演技爲笑樂，奇譎百變。邑令范公淶疑其妖妄，欲殺之，縶使人見，責曰：「若奈何惑眾？」對曰：「不敢。窮民小技博飯耳！」曰：「何技？」對曰：「能牽牛入甕，還驅之出。」令曰：「試之。」隸取甕與牛至，遊九徐行側甕，舉繩牽引，螻蚓迤折至於甕口，傴脊曲髁，倒蹲而入。牛亦從之，盤旋甕中，牛不見大，甕不見小，一時觀者閧然皆笑。良久，令曰：「可以出矣。」對曰：「負罪不敢復出。」令曰：「但出，吾恕汝。」對曰：「君意甚惡，請從此別。」舉手唱諾，人牛俱失。令怒，撞甕碎之，捉呼，碎瓦片片應聲，自是不復更有踪跡。（清·李人鏡：《（同治）南城縣志》卷十，清同治十二年刻本）

【除卻蘇杭尚有建昌】《銷夏集》：益藩建盱時，郭外自東而南皆屬教坊，飛閣臨江，綺疏鱗次，管絃絲竹之聲晝夜不絕，秦淮簫鼓殆不如也。每年屆蒲月，自朔至望，競爲水嬉。宗室儀賓及富家大族相角豪華，窮極工巧。刳木蘭爲龍舟，通身皆鐫，使隱起爲鱗甲，泥金爲飾者上，色錦者次之，彩漆者又次之。龍之首尾、足爪色與身配，最勝者琢茶晶、鑲碧玉。爲服結素錦，貫金索爲珠，角則戟以珊瑚，鬚則繫以銀線，紅日照波，上下激射，光瑩奪目，莫可端倪。篷幔或用青緞，或用素綾。幔上人物花草皆裂錦所製。四角垂流蘇，百子綵結。周圍錦幟，都以五色間之。中建綢杠，約高二丈餘，上懸交龍旂，旂繫珠。毛翟羽綴以小金鈴數十枚，舟動風生，則琅琅有聲，與管絃相應。兩舷列坐水嬉手，凡二十四人，衣帽皆效梨園武戲。舟首立一雙丫髻童子，髻下分垂纓絡，花錦半臂，緋裩跣足，白銀項圈，黃金腳釧，與俗所云哪吒相似。龍尾則垂兩彩繩如鞦韆，上懸一童子，粧飾亦如舟首。每舟至中流，便作諸戲巧。舟首者則爲豎楊柳、參蓮臺等戲，舟尾者則爲小兒懸樑、兩蛙倒樹等戲，奇巧百狀。險竿兒女，莫是過矣。艄後一捉檝者，手執畫角，結束儼如天神，蓋所稱水嬉主也。角聲一起，管絃競奏。舟首童子取旛招，曰弔屈原，則左右蘭橈齊下，來去如駛。聯歌相和，唱【望江南】

《招魂詞》十闋。每歌一過，水陸觀者競以乳鵝、花鵬擲放江心，令眾舟爭逐，以爲笑樂。連日王於王城高張綵幔，率妃嬪臨觀。其宗室與儀賓，皆張幙對河，徵妓宴飲。郡主亦聯戚中女伴畫船，輕槳軸簾，隨龍舟上下，臨風揚腕，談笑指點，每聞野寺鐘聲，則隨月踏宛轉歌而返。尾其舟者，往往覺綠波生動，盈盈然時漾粉香脂艷也。郡中文士及貴豪子弟，或縱觀妓館，或載妓泛舟，每龍舟簫鼓初歇，則遊船絲竹繼起，多與教坊賭唱新詞，爭翻艷曲，其一時之豪盛如此。當時語曰：上有天堂，下有蘇杭。除卻蘇杭，尚有建昌。余郡風俗實自益藩而靡。國變後，不惟王宮榛莽、燕入民家，即曩日酒欄歌院，亦皆瓦敗灰銷，風流雲散。崇禎時，教坊擅色藝者有楚玉、錦舍、菱生、絲老諸人，皆嘗供奉王宮者。康熙中，士人程某遇絲老於漢陽舟中，風鬟雲鬢，老大村妝，蓋流落爲陶眞婦矣。相見之間，不禁潸然。程爲置酒，絲老撥琵琶唱故宮彈詞，益用悲切，乃贈二詩以別曰：「當年結客上樊樓，檀板金樽夜不休。笑打彩絲交鼓瑟，醉移紅燭並藏鉤。鶯花舊約餘莊夢，江漢相逢盡楚囚。已是青衫無恨淚，琵琶何用響孤舟。」又曰：「天荒地老嘆沉淪，同作昆明刼後身。金縷歌殘紅日暮，銅人淚落白頭新。醴陵詞賦空餘恨，梁苑衾帷只恐春。珍重麻姑鳥爪在，漫從滄海話揚塵。」（清·李人鏡：《（同治）南城縣志》卷十，清同治十二年刻本）

**【鼓攂高唱四平腔】**《樵谷集》：康熙甲申夏五月，大饑，闔郡洶洶，莫知所措。而南城好事者曰：「掠貲演劇以爲樂。」樵谷老叟過其處吟詩云：「稻秧花吐磬空懸，野老傷心舊旱年。豈是五絲眞續命，飽餐急管與繁弦。」次云：「飄乞恨無三日酺，鼓攂高唱四平腔。西施到處頻歌舞，吳越行軍可絕糧。」（清·李人鏡：《（同治）南城縣志》卷十，清同治十二年刻本）

**【司空廟梨園報賽】**《正氣錄》：司空黃法𣰰，梁時巴山人，今崇仁縣也。少勁捷，有膽力，步行日三百里，距躍三丈。侯景之亂，糾合徒眾以保鄉里，南城、南豐，皆藉其庇。相傳新城學宮是其寓址，故新城祀之鄉賢，而建昌屬邑，廟貌甚盛。南城北門外有司空廟，頗著靈異，牲醑、梨園報賽無虛日。知縣蔣尚德惡其男女無別，遣隸封之，遂闃然無聞。近時汾水虎山砦忽傳大華神遷至，遠近祈禱，如蟻羶然。潘比部從龍惡其不經，以聞於太守姚公鄂吟，委官毀之，卒無他也。左氏曰：妖由人興，人無釁，妖不自作。司空非妖也，或曰有物憑之。（清·李人鏡：《（同治）南城縣志》卷十，清同治十二

年刻本）

## （光緒）廣昌縣志

**【廣昌歲時演劇】**立春前一日，迎春於東郊，扮古事，設春宴於公堂。立春日，具彩杖，鞭春牛。

正月元日，五鼓祭神，祀先謁廟，賀尊長親識，迭相拜賀，飲屠蘇酒。元宵，城市懸彩燈。十六日，登高眺遠，謂之遊百病。

二月二日，晨起，布灰汲水，謂之引龍。煎糕薰蟲。清明日插柳，掃墓祭塋，樹鞦韆爲戲。

三月二十八日，朝神仙山。四月八日，浴佛。

四月十八日，慶東嶽行祠，開市集。

五月五日，天中節，啗角黍，懸艾虎。

六月六日，暴衣，取麴水。六月十三日，城鄉村莊祝祭龍神，獻牲演戲，群相宴樂。六月二十三日，縣署祀馬王廟，演劇三日。

七月七日，乞巧宴樂。七月十五日，士民設麻穀，祭先塋，作盂蘭會。

八月十五日，製月餅、瓜果餽遺。

九月九日，重陽節，製花糕菊酒，登高。

十月朔日，行鄉飲酒。禮畢，官祭厲壇。俗剪紙爲衣焚化，名送寒衣。北關祭藥王廟，演戲三日，開市集。

十二月八日，煮臘八粥，闍院寺作雪山會。十二月二十三日，祀竈神。除夕，易門神、桃符。至夜，老稺圍飲曰守歲。鄉村春祈秋報，宰牲賽饗，演戲迎神。（清・劉榮：《（光緒）廣昌縣志》卷十一，清光緒元年刊本）

## （同治）饒州府志

**【西渚子以卜隱】**西渚子，鄱陽人，不知姓名。或謂其本舉孝廉，以卜隱，遇物起數甚驗。有姓某儀賓持象牙笏問曰：「簪笏之貴，卻緣骨肉？」後優人亦簪笏往曰：「雖近簪纓，奈體輕微？」居鄱久，著名，尋遊四方，各變名號，以顯其術。（清・錫德：《（同治）饒州府志》卷二十四，清同治十一年刻本）

編者案：清・陳志培《（同治）鄱陽縣志》（清同治十年刻本）卷十二、清・曾國藩《（光緒）江西通志》（清光緒七年刻本）卷一百七十所載與此略同。

**【梅影樓傳奇本事】**徐夔，字辰伯，錢塘布衣。性恬靜，取與不苟。工詩古筆札，幕遊江右。妻劉氏與偕，亦工詩，夫婦互相唱和。鄱令沈衍慶聘掌書記，遂挈眷賃居郡城。劉有母亦同居。咸豐三年，粵匪陷饒，沈令衍慶殉難。夔與沈主賓誼篤，依依不忍去，亦罵賊遇害。劉先偕母投井死。賊退，十人出劉尸與其母尸於井，面如生，因合葬焉。劉氏名織孫，幼解音律，嘗有「細輭梅花不受春」之句，以此得名。著《梅影樓詩草》。王進士廷鑒作《梅影樓傳奇》，以紀其死難大略。新增。（清·錫德：《（同治）饒州府志》卷二十四，清同治十一年刻本）

編者案：清·陳志培《（同治）鄱陽縣志》（清同治十年刻本）卷十二所載與此略同。

## （同治）鄱陽縣志

**【京都鄱陽會館爲優人所踞】**京都鄱陽會館，舊在前門外東河堧打磨廠新開衚衕，明末詹黃門時雨倡建，鼎革後爲優人所踞。史掌科彪古清復捐俸修葺，額曰「日邊芝彩」。雍正八年地震傾圮。（清·陳志培：《（同治）鄱陽縣志》卷七，清同治十年刻本）

## （同治）萬年縣志

**【文昌宮演劇臺】**文昌宮在北關。嘉慶五年奉文設立宮殿，春秋祭享。邑令劉羹和捐廉五百金創建，二十一年邑人擴地增建。中爲宮殿，旁有配房。右爲三代祠，左爲客廳，爲庖廚。前有拜亭，亭前有演劇臺。四周磚牆，規模壯麗。（清·項珂：《（同治）萬年縣志》卷二「建置志總論」，清同治十年刊本）

**【火神廟戲臺廢】**火神廟，在東大街左。乾隆十六年，邑令李繼聖倡建。廟宇屢次修葺，戲臺廢。（清·項珂：《（同治）萬年縣志》卷二「建置志總論」，清同治十年刊本）

**【白氏仙娘廟戲臺被燒】**白氏仙娘廟，在五都株林村吳姓宅後。自唐敕封白氏仙娘，迄今數百餘年。靈顯感應，求嗣催生，四境咸沾德澤。咸豐丁巳秋，協鎮張騰蛟在廟旁分駐五營數日。九月初一日，營被髮逆燒盡，復焚及民房、戲臺等處。居民旬日歸，見房屋、戲臺焚燒各半，其火不撲自滅，此皆仙娘靈應之所致也。（清·項珂：《（同治）萬年縣志》卷二「建置志總論」，清同

治十年刊本）

**【陳于有勸村民以演戲聚賭爲戒】**陳于有，字侍臣，陳營人。自幼力田，勞苦積蓄，周給鄰里，至耄不倦。修建祠宇及橋梁、道路，又捐金入義學，添設卷篷。常勸鄉村以演戲聚賭爲戒。乾隆十四年，邑令李繼聖詳報，准於申名亭列其善蹟，硃筆書名，以示獎勸。（清・項珂：《（同治）萬年縣志》卷七「人物志總論」，清同治十年刊本）

**【文昌宮演戲臺】**（邑恩貢生）劉施桂《重修文昌宮記（節錄）》：……文昌宮自邑令劉羹和奉文捐俸五百金於北關創建。二十一年，邑人擴地增建。中起宮殿，旁有配房，右爲三代祠，左爲客廳、爲庖湢，前有拜亭，亭前有演戲臺，四周磚墻，規模壯麗。每年除邑令春秋祭享外，邑中士大夫復醵金於二月初三帝君生辰，齊集衣冠致祭，煌煌鉅典，其樂駿奔矣。……神像摧殘，各處漏痕穿地，殿壁臺板折毀無遺。邑侯項，瞻拜時心甚踧踖，乃於己巳年捐白金六十兩，交貢生饒興煜代爲修理。興煜見戲臺傾欹特甚，□從事於此，工畢，而金已無多。（清・項珂：《（同治）萬年縣志》卷十「藝文志總論」，清同治十年刊本）

**【五桂義渡成演古以酬神】**（邑優附貢生）黃維藩《五桂渡記（節錄）》：邑西之塘東村，有所謂娘娘壇者，面臨湖水。春秋之交，煙波浩蕩，漲疊三篙，廣袤數百餘丈。舊設小船一隻，以濟塘東、西灣、蔴壠三面之岸，待渡者往往苦之。甚至風雨暴作，爭渡被溺而死者比比然。何也？爲其船少而岸遙，接濟之難驟徧也。……時饒君信庵諱興煜者，目擊時艱，不禁瞿然興、毅然起，曰：「自古造舟爲梁船之爲用，正所以濟梁之不逮而便於行人者也。今若此，不惟無以便行人，乃適以困行人矣。」因謀於眾曰：「吾欲於齋山添一義渡，可乎？」僉曰唯唯。於焉宏大願，而借他山募捐錢四百餘緡，造渡船一隻，雇渡子一人，置田十餘畝，計歲收租，以贍渡費。擇公正以董其事。往來斯渡者，義不取值，條例其目而勒石焉。告成之日，彼都人士咸歡欣鼓舞，演古以酬神願。學博鄭公夢湘爲之序，並錫其名曰「五桂」。迄今過其渡者，鮮不曰非饒君之力不及此。（清・項珂：《（同治）萬年縣志》卷十「藝文志總論」，清同治十年刊本）

## （同治）廣豐縣志

**【立春前一日飾小兒扮故事】**立春前一日，邑大夫而下俱簪花盛服，迎春於東郊。亭上設酒脯爲禮。諸行儈結綵亭，飾小兒扮故事，金緋璀燦，態貌各異。集優伶輩騎而隨之，闐入城市，觀者如堵。以土牛之色卜災沴。以勾芒之裝束，驗寒燠。翼日，邑大夫祀勾芒，鞭土牛，將散，諸人爭拾牛碎土。執事解牛角及尾，以鼓吹導送。縣衙送小土牛於紳士之家。是夜滿城花爆，燈火輝煌以接春。前《志》。（清・雙全：《（同治）廣豐縣志》卷一之八，清同治十一年刻本）

**【冬十月各鄉演戲以報土功】**冬十月，各鄉演戲，農人以報土功。有設紙燈掛於竿，或五或十，相穿相續，遍繞村衢。一神廟聯云：「紫燕來時春酒綠，黃花開後社燈紅」，亦太平一佳景也。前《志》。（清・雙全：《（同治）廣豐縣志》卷一之八，清同治十一年刻本）

**【財神廟對面演劇臺】**財神廟在縣治右。道光癸卯，邑侯羅，率紳民捐建。對面有臺，爲演劇所。旁搆兩廊以避雨。四鄉糧食胥於此，爲市焉。（清・雙全：《（同治）廣豐縣志》卷二之一，清同治十一年刻本）

**【謝世應禁優伶佐酒】**謝世應，耒陽舉人，乾隆二十八年知縣事。蒞任謁守，守飲之酒，出優伶，問曰：「明府亦樂此乎？」謝微寓規諷，守病之。爾時，豐民健訟告，期投狀者數百人，上控郡庭無虛日。謝自朝至日中昃，以十案爲度，無不得其情者。太守因得休暇，歎曰：「令能如此，我心則降。」（清・雙全：《（同治）廣豐縣志》卷六之三，清同治十一年刻本）

# 山　東

## （道光）濟南府志

【嘉慶十七年春演劇火起燒死數百人】（嘉慶）十七年春，齊東菅家廟演劇火起，人爲列肆所束，不得散。俄頃，燒死數百人。（清・王贈芳：《（道光）濟南府志》卷二十，清道光二十年刻本）

【蓮花報傳奇本事】余肇松，字茂嘉，其父自會稽遷歷城。康熙五十四年，肇松由監生援例官太倉州知州，逐奸胥，獲巨盜，政聲大著。開覺寺僧結豪右淫良家婦女，鄉民無敢忤者。肇松佯不問，一日誘至署，杖殺之。士民歡呼，好事爲作《蓮花報》傳奇，流播江南北。二年以疾歸。（清・王贈芳：《（道光）濟南府志》卷五十三，清道光二十年刻本）

【高唱吳歈賽藥王】（國朝中書舍人）馮廷櫆（大木）《陵州詞》（八首之三）：柴市東頭古道場，競春兒女競焚香。茶房酒肆蘆棚下，高唱吳歈賽藥王。（清・王贈芳：《（道光）濟南府志》卷七十，清道光二十年刻本）

## （道光）重修平度州志

【喪禮演劇非禮】喪禮多近古，一日變服，二日小歛，三日大歛。沐浴惟以巾拭，無加坎之制。含用珠玉、銀錢，視其家，無官庶之限。附棺、附身，皆能致誠慎。孝子麻縗冠帶，苫凷苴杖，皆依古禮。饘粥哭泣無時，百日卒哭。始用窄袖，時制期服衣如常，惟色白三年者，仍衰與斬衰。十三月而小祥，二十五月大祥，二十七月禫，題旌、易主塋、兆墓碑，並依通禮。惟弔賓用樂，富者侈爲彩棚、陳古玩，至於演劇以招眾，非禮也。（清·保忠：《（道光）重修平度州志》卷十下「志三·風俗」，清道光二十九年刻本）

【街市有演劇李存良必負母出視】李存良。存良幼孤，事母杜氏至孝，每食必侍，有事出反，必問食多寡。杜氏年七十，良四十有八，充鄉約，以催租赴市，歸遲。母尋之，怒而加杖。良喜色相迎，終負母歸。街市有演劇、雜戲，必負母出視。身無家室，依母膝下數十年無忤色，後不知母子所終。（清·保忠：《（道光）重修平度州志》卷十九「列傳五·人物」，清道光二十九年刻本）

## （乾隆）青城縣志

【喪禮雜以娼優諸戲】喪禮往時用浮屠法，修齋誦經，□罷不用，村氓猶或舉之。又或雜以娼優諸戲，識者□之，一笑而已。（清·王鳳：《（乾隆）青城縣志》卷一，清乾隆二十四年刻本）

【二月二日土地誕辰演劇致祭】清·張薇垣《重修縣署土地神祠記》：九州縣署，必有土地神祠，牧令及胥役祀之。每歲，以二月二日爲神誕辰，演劇致祭，未知昉於何時。青邑縣署之東神祠在焉，久而將圮，道光二十一年三月，予撤而新之，亦有舉無廢之義也。予維神於縣署最近，令之舉動，神胥察焉。其盡心民事者，神則相之；其不卹民生者，神則殛之。下逮胥役，奉公者祥，蠹民者殃，必不因崇奉而私庇之也。竪臨不爽，既以自勵，并使胥役輩知所儆焉。（清·王鳳：《（乾隆）青城縣志》卷十二，清乾隆二十四年刻本）

## （道光）滕縣志

【楊浩演梨園滅蝗】楊浩，字其大。父之瑶，庠生，嘗輸腴田四十畝贍族人。邑令張公觀海廉仁，以虧公罣吏議，倡捐穀三百石、銀一千兩，事得釋。公生，席世業，慷慨好義。康熙丁丑，以優行貢成均，任四氏學教授。修葺黌宮，捐費數千金。庚子，有鹽寇犯闕里，公守曲阜北門，登陴指揮，氣象嚴整，賊遁去。踰三年，奉憲檄捕蝗，同事率嚴急，公擇於近蝗隙地大演梨園，民夫雲集，傳諭捕打，節以鐃鐲，勞以鼓吹，鞭扑不聞而蝗無遺種。旋署金鄉鐸，兼縣篆數月，庭無留牘。值歲饑，力請普賑，當事稱賢能，保舉咨部，奉旨以知縣補用。公告養歸，益樂爲善，助修道一書院，復捐田一

千二百畝爲普濟堂，撫憲褒美，終於家。（清・王政：《（道光）滕縣志》卷九，清道光二十六年刻本）

【**方氏謀演劇祭烈女顏氏墓**】顏氏，滕之顏家莊人。父廣偉，世業農。年十七，適顏村宋大群，翁存而姑前卒，遺子女一，皆弱小。大群傭於方氏，負重而傷，及婦入門，已不可爲。病中躁暴，每奉茶湯，輒呵叱之。婦笑應而趨侍益恭。儕輩誚之曰：「嘻！無夫之實，而甘受其虐，嫂殆非情？」婦曰：「彼病耳，稍拂焉，益之病也。病已，當不爾。」既革，室無人，執其手，語絮絮，而婦之色變，而聲厲，而欲言又止。鄰婦竊窺得其情，而翁弗知也。踰月亡，方買木葬之。既歸，縫履綻裳，促促然，然燈以繼，若將遠行者。翁疑之曰：「兒性不耐閒，且作家亦須勤也。」一日，翁他適，汛掃室中，置短足几、整衣履，焚香再拜，口喃喃語。小姑戲於庭，牽衣問故。婦與數錢揮之去，曰：「我思食餳，買歸當告爾。」闔戶乃縊。時乾隆甲寅正月也。……顏逢甲曰：「婦，余疏族姪女也。殉夫時，王秀才蔚嶺館其主家，歸語張明經漣、滿孝廉秋石，張作《傳》，滿弔以詩。族叔希觀，方婿也，丐往審之，果不誤。而方氏方謀會紳士演劇祭墓而碑之。余高其義，自任勒石，顧以爲輕已，事遂止。嗚呼！我負女矣。」（清・王政：《（道光）滕縣志》卷十一，清道光二十六年刻本）

## （光緒）利津縣志

【**女子觀劇宜禁戢**】風俗：利津，僻在海濱舄鹵之地，生理素嗇，惟土物是愛。其俗渾樸，罕嗜好。農女自耕織外，不事操奇贏，取什一之利。人無貧富，胥務勤儉，布衣蔬食。士夫既貴顯，過里閭不以朱紫相誇詡。……少年不逞之徒，雄悍恣睢，爲閭閻害。宗族鄉黨，雀鼠起爭，睚眦之嫌，挺刃而鬬。此外復有習攘竊、聚飲博、遊狹邪及神祠演劇、女子往觀，凡諸弊風，宜化導禁戢。（清・盛贊熙：《（光緒）利津縣志》卷二，清光緒九年刻本）

【**城隍夫婦誕日演劇**】又清明、七月望、十月朔，邑民舁城隍神像，迎以旗仗，至北郊厲壇而還，俗謂之城隍出巡。又稱五月十一日爲城隍壽誕，六月初一日爲城隍夫人壽誕，賽神演劇。（清・盛贊熙：《（光緒）利津縣志》卷二，清光緒九年刻本）

**【戲樓前小石壩】**培築龍王廟前石挑水壩，並戲樓前小石壩。（清・盛贊熙：《（光緒）利津縣志》卷二，清光緒九年刻本）

**【城隍廟戲樓】**城隍廟在縣署東北，朝南大門三間，東西便門各一間。大門內左右鐘鼓樓各一座，照壁一座。左有土地祠三間，右有界司三間，中爲甬道。二門，中東西三座戲樓三間，大殿三間，東西廡各八間，爲十二司。大殿後寢宮三間，大殿東有賢尹堂三間。由東角門至東院，有觀音閣三間，迤南爲泰山行宮三間。（清・盛贊熙：《（光緒）利津縣志》卷二，清光緒九年刻本）

**【城隍廟歌樓】**（知縣）程士範《重修城隍廟記（節錄）》：薄海內外都會、郡縣，莫不有城隍之神，爲之禦災、捍患而福善禍淫者也。……凡門殿、內寢、廊廡、垣墉，悉皆葺治，復於殿前建歌樓，以隆報賽，經費不下千金。（清・盛贊熙：《（光緒）利津縣志》「利津文徵」卷二，清光緒九年刻本）

## （光緒）增修登州府志

**【上元陳百戲演雜劇】**上元，各家以蘿蔔燃炷作燈，或以豆麪爲之。午後送先墓，謂之送燈。至昏，街市及各巷口皆結棚，懸綵燈。各廟張燈，或爲鰲山、獅象、龍魚，謂之燈會。好事者作燈謎榜於通衢，群聚觀之，謂之打獨腳虎；又有煙火會，銀花火樹，雜以爆竹，砰訇徧遠邇；或豎木作高架，縛各種煙火於上，謂之架花，皆巧立名目以競勝。子弟陳百戲，演雜劇，鳴簫鼓，謂之秧歌，喧闐徹夜。人家皆以糯米作丸，俗呼團圓，亦名元宵，以祭先祖。祭畢，合家食之。又作麪盞十二，照月序蒸之，以卜水旱。十三日爲試燈，十七日爲殘燈，其中三日爲正燈，士民遊玩不禁。夜燈時候，風色卜菽麥豐凶頗驗。又十六日，婦女遊於南郊。及夜，徧歷市巷，謂之走百病。此後，農家擇母倉日照方向祭牛馬神，餉耕牛，名曰「試犂」。（清・方汝翼：《（光緒）增修登州府志》卷六，清光緒刻本）

**【四月十八日碧霞元君生辰演劇】**十八日，俗謂是日爲碧霞元君生辰，各屬多結綵演劇，商賈販鬻百貨，遊人如織，謂之趕會。（清・方汝翼：《（光緒）增修登州府志》卷六，清光緒刻本）

**【四月二十八日藥王生辰鄉會】**二十八日，俗謂是日爲藥王生辰，鄉會甚盛。（清・方汝翼：《（光緒）增修登州府志》卷六，清光緒刻本）

【賽神演戲不爲害】民習：童幼必使讀書，荒村僻壤皆有書塾。婚禮必親迎。婦女皆知廉恥。宅必南向，聚族而居，多不立祠堂，歲時祭於墓。鄉愚畏法，不好爭訟。舊有掘墓誅魃之俗，今設嚴禁，雖亢旱亦無敢爲之者，澆風漸革矣。至於賽神演戲，亦年豐人樂，醵錢爲一日之娛，不爲害也。惟朋賭日盛，動至傾家，則須良有司爲之制耳。（清・方汝翼：《（光緒）增修登州府志》卷六，清光緒刻本）

【賓興演劇】賓興：凡生員應試，預日縣官具啓。至期，於大堂設筵，以禮飲餞。披紅簪花，備儀仗綵旗，率各官送於郊外。中式者綵樂郊迎至文廟，行釋菜禮。詣縣堂赴宴，仍以綵樂送歸。會試亦如之，而禮加隆。副貢則次之。道光二十七年，知府、諸鎮督同蓬萊知縣文增倡捐，得錢千緡，發商生息。每逢鄉試，以息錢分給諸生。始猶演劇飲餞，後以虛糜無益，每科皆照實數均攤，寒士深資賴焉。各州縣亦多有存項，詳各《志》。（清・方汝翼：《（光緒）增修登州府志》卷八，清光緒刻本）

【海賊於船中演劇】（康熙）四十二年七月，海賊寇威海衛，總兵王文雄躬往，調度放礮。一日，賊於船中演劇自若，文登營副將張陳武欲乘舟火攻，文雄不許，相持數日，賊自颺去。（清・方汝翼：《（光緒）增修登州府志》卷十三，清光緒刻本）

編者案：清・李祖年《（光緒）文登縣志》（清光緒二十三年修民國二十二年鉛印本）卷十四所載與此相同。

【縣令牟房禁夜戲】牟房，庭子。戊寅歷會稽、安吉知縣，拿訟師、禁夜戲、焚小說、毀淫詞（祠）、禁溺女，卓有政聲。（清・方汝翼：《（光緒）增修登州府志》卷四十，清光緒刻本）

【孟浩然愛梅等事乃沿元人傳奇語】《觀我亭集》四冊，文登劉必紹著。已見。《雜文》三冊、《詩》一冊。詩平易清通，文流暢詳盡，多應酬通俗之作。《〈歲寒三友圖〉序》謂：孟浩然愛梅，踏雪有詩云云。此事本無所出，乃沿元人傳奇語耳，不足據也。《〈三鎮一覽圖說〉序》，筆法簡質。（清・方汝翼：《（光緒）增修登州府志》卷六十四，清光緒刻本）

## （同治）黃縣志

**【黃縣賽神演戲】**黃縣襟山帶海，土厚民醇，故牒所傳，猶有先進遺規。風會日開，習俗漸染，嫁娶喪葬，奢靡無度。他若賽神演戲、結社延賓、服飾器用，日即於侈。求一時之美觀，傾終身之積累；逞子弟之豪華，蕩先人之舊業。願與此邦人士秉禮而守義者，家喻戶曉，力挽頽風。（清・尹繼美：《（同治）黃縣志》卷一，清同治十年刻本）

## （光緒）臨朐縣志

**【城隍廟戲樓】**城隍廟，在縣治西南，明洪武初建。正統四年，知縣任榮葺。國朝嘉慶間，民人捐貲重修，有戲樓、閻羅王廊、神父母夫人諸宮室。每月朔、望，縣官致禮。（清・姚延福：《（光緒）臨朐縣志》卷五，清光緒十年刊本）

**【村社務間演劇賽神】**秋穀既登，村社務間演劇賽神，群輩坌集，黠者開場設具，以爲利囮，浮浪子弟趨之若鶩。賽期既畢，更斂錢酬優人。展之三日者，積至五日；五日者，積至十日。陽託娛神之名，陰利聚博之實。奸徒之橐充，而陷溺者不知凡幾矣。積負莫償，迫爲無行。盜竊訟獄，由是繁滋，此博之害也。（清・姚延福：《（光緒）臨朐縣志》卷八，清光緒十年刊本）

## （道光）濟寧直隸州志

**【搭臺演劇靡費無益】**至紙札故事，擺□里許，搭臺演劇，及娼妓走索、賣解，傀儡、角觝□戲，博人歡笑，自謂誇耀鄉里，其實靡費無益。日令孝子忘哀作樂，陷於十惡之條，尤大不可也。（清・徐宗幹：《（道光）濟寧直隸州志》卷三之五，清咸豐九年刻本）

**【喪事演劇】**有新喪者必有家祭，又謂之堂祭。先擇日發柬，徧招親友陪祭，更請通贊鳴贊、讀祝禮生，凡酧爵上香、進饌献帛、備食送神、焚香陪祭，親友皆變服隨主祭者行跪拜之禮，儀文繁縟，竟日達夜。禮始畢，乃演劇飲客。計一祭，所費不貲。□喪之家，以此爲累，而陪祭人益厭苦之，然格於俗例，必不能免。（清・徐宗幹：《（道光）濟寧直隸州志》卷三之五，清咸豐九年刻本）

**【陳氏擇居不近梨園】**臧子彥曰：旭窗陳先生，祖南陽人，與高姓祖同來卜居。至關南，則百物聚處，客商往來，南北通衢，不分晝夜，高氏祖遂居之。陳氏曰：「此地可致富，非吾志也。」於是入城，觀東南隅多有子孫效梨園者，曰：「後日子弟必有度曲忘學者。」去之。觀西南隅多有子弟聚賭博者，曰：「後日子弟必有以博簺廢學者。」又去之。觀東北隅多有子弟樂酣飲者，曰：「後日子孫必有沉湎荒學者。」又去之。至西北隅，見其地人罕，曰：「此可以居矣！」遂卜居焉。今後裔皆聚族於斯，濟人至今傳之。（清・徐宗幹：《（道光）濟寧直隸州志》卷三之五，清咸豐九年刻本）

**【吳檉以上諭十六條編爲彈詞傳播】**吳檉，字清圻，號潛竹，浙江錢塘人。弱冠即留心吏治，隨從祖浙、閩制府破臺灣有功，議敘州同知。初佐泰安州，年甫二十四，上官異其才，屢試劇縣。康熙三十二年，陞濟甯知州，發奸摘伏如神。……又以上諭十六條編爲彈詞，教矇瞽十餘人，分散城市集鎮，朝夕諷誦，愚民爲之感動。至今濟人寶其書如珍璧焉。在任十四年，卒於官。劉洪《序》略云。（清・徐宗幹：《（道光）濟寧直隸州志》卷六之七，清咸豐九年刻本）

**【許雲封工笛】**許雲封，樂工之笛者。唐貞元初，韋應物自蘭臺郎出爲和州牧，頗不得意，輕舟東下，夜泊靈壁驛，忽聞笛聲，嗟歎久之。應物洞曉音律，謂其似天寶中梨園李謩所吹者，召而問之，雲封乃謩外孫也。曰：「某任城人，多年不歸，天寶改元，初生一月。時東封回，駕次任城，外祖抱詣李白學士，乞撰名。賀蘭氏年且九十餘，方邀李飲樓上，外祖高笛送酒，李醉書某胸前曰：『樹下彼何人，不語眞我好。語若及日中，煙霏謝陳寶。』樹下人，木子李也。不語，莫言，謨也。好，女子，外孫也。語日中，言午許也。煙霏句，雲出封中也。後遂名之。某才十年，身便孤立，因乘義馬入長安，外祖教以横笛。值梨園置小部，皆十五以下。天寶十四載某月六日，侍驪山駐蹕，貴妃誕辰，上命小部奏新曲，名《荔枝香》。安祿山反後，離亂漂流南海近四十載，今訪諸親，抵龔邱。」應物曰：「吾有乳母之子，名千金，嘗於天寶中受笛李供奉，藝成身死，舊吹之笛即李君所賜。」遂囊出之。雲封跪對悲切，撫而觀之曰：「信佳笛，但非外祖所吹者。……」應物曰：「欲信汝鑒，笛破無傷。」雲封乃吹《六州遍》，一疊未盡，騞然中裂。應物驚歎久之，遂延雲封於曲部。見唐袁郊《甘澤謠》。（清・徐宗幹：《（道光）濟寧直隸州志》卷八之四，清咸豐九年刻本）

編者案：此段文字乃據宋人李昉等編《太平廣記》卷二百四「樂二·許雲封」節略而成，個別錯字據原書直接校改，不一一説明。

## （康熙）鄒縣志

【廟前演劇地陷爲井】《天震井碑記》：讀三氏《志》，孔氏井在尼山迤東，曾子井在徐州北九里山，顏子井在陋巷內，獨孟氏無以井傳。康熙十一年春，廟前演劇，忽日中聲震如雷，聞見者環顧失色。見階前地陷，有甃甓圓痕，熟視之，乃井也。噫，異矣！緊惟吾祖，道接尼山，與顏氏、曾氏光昭千古，天開斯井與三井並垂，以見聖聖相符、後先一轍歟？抑造物者不忍我祖祠宇傾頹，而聲靈預兆於井，聳人觀聽，以俟將來者之修葺歟？故於十一年預陷此井，果於十二年爲修廟取水之用，額之曰天震井。砌之以甓，環之以石，并書其蹟以誌異云。（清·婁一均：《（康熙）鄒縣志》卷一，清康熙五十四年刊本）

## （光緒）魚臺縣志

【喪則燕客演劇】喪則衣衾棺椁，不惜厚費。葬前一日晚，行家祭禮，用三獻，誌石、點主、虞祭諸儀，士大夫多依傍《文公家禮》行之。舊多用僧道，近漸革除。其燕客演劇、禺車禺馬之類，務於華侈者，猶不能盡去也。（清·趙英祚：《（光緒）魚臺縣志》例言，清光緒十五年刻本）

## （光緒）泗水縣志

【演劇以報賽】祭禮：除元日祀神、祭先與春露秋霜外，或遇亢旱，或因灾札、疾病，先禱各寺觀祝禱祈免，如驗，即具牲醴祭之。或演劇以報賽。間有信士出貲爲香社者，春間以其息具香楮，赴泰山焚燒。（清·趙英祚：《（光緒）泗水縣志》卷九，清光緒十八年刻本）

## （光緒）寧陽縣志

【演戲浪費錢財】《續增團練》：《初次條約》。陳明府議行。咸豐元年。……一、團丁應須口糧，各社情形不同，難以預定辦法。或富紳倡捐，或眾戶公捐，應由練正副妥爲籌辦，并剴切曉諭各住戶，俾知團練保衛鄉里，乃係自護身家，極有利益，較諸賭博、喫酒、演戲浪費錢財者，相去何止萬萬。

人若稍知利害，必當踴躍捐貲。（清・高陛榮：《（光緒）寧陽縣志》卷五，清光緒五年刻本）

【城隍廟戲樓】城隍廟年久未修，庚申兵燹以後，傾圮更甚。紳士張嵩齡、程肇棠、張魯瞻、劉廷韓、甯復箴、劉崇勛、胡召棠、李慶喜、馬殿魁、蕭毓敏、王崇簡、苗蓬瀛等，與奉祀道官趙教坦募貲重修，除大殿、兩廊東西兩配房及大門外牌坊、戲樓照舊制一律更新外，又於外院創修呂祖祠、竈君祠各三楹，道院創修正房、西房、過房、廠棚共十三楹，約用市錢七千五百貫，神像裝塑一新。同治六年興工，十一年工竣。（清・高陛榮：《（光緒）寧陽縣志》卷六，清光緒五年刻本）

【王光炯侍父疾不觀劇】王光炯，字輝中，乾隆中諸生。天性孝友，篤於行義。年十三父病，親奉湯藥，不離左右。會村中演劇，盡室往觀，獨留侍疾不去。（清・高陛榮：《（光緒）寧陽縣志》卷十四，清光緒五年刻本）

【婦女觀劇紆道避馬傳遠門】馬傳遠，字譽聞。邑東北馬家寨人。少貧，嗜學。初應童科，不售。後以力田起家，自奉儉薄，布素不飾，獨樂善好施予，里黨間有喪葬、嫁娶力不能舉者，率皆出貲助之。尤喜與貧士交，饑食寒衣，餽贈無算。乾隆丙午，歲大祲，先年冬杪，籍本里及鄰村貧戶計口授粟，分致其家。及春，開廠施粥，全活甚眾。又量施棺木，收殮暴骸，遠近翕然頌德。性敦古處，力矯薄俗。婦女觀劇，率紆道避其門。其見敬憚如此。年七十五，無疾卒。（清・高陛榮：《（光緒）寧陽縣志》卷十四，清光緒五年刻本）

## （光緒）肥城縣志

【喪葬演劇非禮犯禁】清・顏懋价《喪葬正俗說》：竊謂喪禮有制，習俗宜革。士君子出則思移風易俗，處亦當化導鄉里。予忝在司鐸，既有千慮之一得，循名責實，宜難隱默，因不揆其愚，期與諸君子有志禮教者，力挽時尚，爲末俗變通之計，非敢漫肆其狂瞽之說也。伏見肥邑喪葬，事鮮師古，多尚浮靡，多者千金，少亦數百金，究之衣衾、棺槨、墓壙之費，十不二三，而宴會、棚帳、觀美之資，幾於八九。至或多集僧道爲佛事，扮演雜劇爲遊觀，臨門起會而曰開喪，俳優滿堂而曰供賓，夫敬客之心乃過於哀親乎？不思喪葬演戲於古爲非禮，於制爲犯禁，以有用之財耗之無用之地，卻於亡者何涉？而鄉里無知，且以喪不演戲，借口儉親。即有秉禮之家慮及口實，百計圖維，務爲觀美，雖破家蕩產而不恤。甚者徒恤人言，兼憂傾敗，停喪漫葬，相沿不省。而親族襄助，事同搖會，侈靡相尙，各竭物力以供無益之費，其弊不至於日窮日促、俱趨於盡而不已，可勝嘆哉！抑聞出喪之後，負債眾多，子母相權，往往一敗塗地。或委券富人，發引之期，即他人入室而反虞無地，揆諸亡者之心，庸無恫乎？夫親喪，自盡豐儉稱家。古制三月，豈必待財物足以演劇而後爲之？且附身附棺，必誠必信，勿之有悔焉耳矣，亦豈必待演劇而後無悔歟？況「喪，與其易也，甯戚」。易，則斷未有眞能戚者。若徒欲諱不戚之名，而必假易以自文跡，其宛轉求易之心已無，蓋於其不戚之隱豈不悖哉？子食於有喪者之側，未嘗飽也，即在賓客亦應哀有喪矣。而聽人子於哀痛迫切之時演戲供賓，試思哭泣之哀與歌舞之場悲歡相雜，是何情理？仁人孝子當必知之而惻然隱念也。然而，積習恐難猝變，則去其甚者即先自不演劇始。諸君子誼關桑梓，明習禮文，倘親族中得之爲有財者，亦宜多方勸止。本書儀家禮，合以俗宜。如穿壙作灰隔之制，明器、下帳、苞筲、罌甂之屬，不妨量爲變通，盡誠備物，亦足以伸其仁孝無窮之思。至墓誌、行狀，古所不廢，然無而稱之是誣，有而不述非仁，子孫爲久遠之計，須自忖度，事尙可行。其諸旛幃、額聯，雖非古制，猶近喪儀，以演劇之費易而爲此，揆諸善則稱親之意，亦復不背。至佛事、演劇，斷宜革除；而棚幃之費，亦可參酌減省。惟實無客次者，得設席幄，門外、靈前姑從其便，勿務盡美極觀。至院宇路棚，結布煩費，大概宜省，而尤必先自有力者倡之，庶乎反本思古，人易率從。費歸實用，陋習漸除，免致以孝沽名，人窮財盡。近時吾鄉如鄧東長、朱肯堂兩先生，豈愛物力而篤行喪葬，一洗繁縟之習，皆能奮發不顧流俗者。乃無知者反訕之，不曰鄉人之善者好之乎，使不善者不惡，則又有遺行也。余故特爲喝破，欲使眾惑光明，以媿世之非分犯禮、徒假執親喪爲博取盡孝之名者。即今令尹陶公銳意復古，將行五簋簡便之約，申婚喪僭奢之禁，願我同學諸君子思之。身先力行，痛除沈痼，共挽頹風，以成禮俗，保業甯親，所全實大。則余苦苦饒舌一片，赤心庶得以共白也夫！

（清・凌紱曾：《（光緒）肥城縣志》卷一，清光緒十七年刻本）

編者案：清・顏希深《（乾隆）泰安府志》（清乾隆二十五年刻本）卷二十四亦收此文，然字句多漫漶。

**【關帝廟戲樓】**關帝廟，每歲春、秋仲月、五月十三日三次致祭。……

國朝廟圮，鹽當錢商人等出資重修，因爲公所，俗呼會館。大殿三楹，前建抱廈，南爲戲樓，樓下爲大門，左右爲東西角門，街南建照壁一座，嵌石摹「忠精貫日月，義氣滿乾坤」對。（清·凌紱曾：《（光緒）肥城縣志》卷四，清光緒十七年刻本）

**【城隍廟戲樓】**城隍廟，在縣署西北。正殿五楹，寢宮三楹，東廊七楹，西廊七楹，前爲戟門，門前有戲樓。（清·凌紱曾：《（光緒）肥城縣志》卷四，清光緒十七年刻本）

**【文安門關帝廟戲樓】**火神廟，在南門外。正殿北向三楹，東舍三楹。北爲文安門關帝廟戲樓，南爲惠通寺。互詳「古蹟」。（清·凌紱曾：《（光緒）肥城縣志》卷四，清光緒十七年刻本）

## （光緒）文登縣志

**【每歲三月初二龍母誕辰妝演雜劇】**每歲三月初二日，俗傳爲龍母誕辰，妝演雜劇爲龍母上壽。香火之盛，甲於東方。（清·李祖年：《（光緒）文登縣志》卷一上，清光緒二十三年修民國二十二年鉛印本）

**【寨珠桑島海市詩】**邑人《寨珠桑島海市詩》：君不見登州海市誇三齊，拔地撐空掉神奇。又不見登州刺史蘇公詩，放開雄筆走蛟螭。市也詩也兩奇絕，碧海鴻章爭輝赫。六百年來事已空，風流佳話誰續說？僕也長生小夜里，以蠡測海吁可鄙。堝來港口遊灘邊，青天萬里東風起。黑島濛濛桑島沒，變作珠宮連貝闕。疑是秦皇使者徐市還，三山仙子載滿舡。又疑東海之神呈水戲，魚龍曼衍隨雲氣。我聞文登古登州，海市之觀史冊留。恨無賦手追前哲，鼓舞海若淩瀛洲。彼耳食者安足語，但說蓬萊閣下海市傳千秋。（清·李祖年：《（光緒）文登縣志》卷一上，清光緒二十三年修民國二十二年鉛印本）

**【蘇門島海神廟不演劇】**蘇門島，一名蘇山島，在城東南海中，北距鐵槎山四十里。《山海經》：蘇門日月所出，島名本此。或云南與蘇州相對，故名。東西十餘里，南北三四里，四面環海，爲鹵氣所蒸，無樹木，不生五穀，惟多荒草。春夏彌望青葱，秋冬則黃茅白葦徧覆。嶠嶼有海神廟三楹，道士一人，供香火，不敢演劇，尤禁婦女入。嘗有乘舟往試者，將至，則怒濤洶湧，急返棹，乃止。劉儲鯤詩：「潮打蘇門島，嶒崆水石聲。暝色孤舟上，披蓑釣月明。」蘇門之北爲張濛島，內無居民，皆常見海市處。（清・李祖年：《（光緒）文登縣志》卷一上，清光緒二十三年修民國二十二年鉛印本）

**【文登自春初二月起演戲賽神】**自春初二月起演戲賽神，市易牛馬並莊農器具等，名曰「山會」。（清・李祖年：《（光緒）文登縣志》卷一下，清光緒二十三年修民國二十二年鉛印本）

**【三里廟戲臺】**三里廟戲臺西，南北地一段，五畝，東西俱有界石。南至小道，北至大道。（清・李祖年：《（光緒）文登縣志》卷二下，清光緒二十三年修民國二十二年鉛印本）

**【畢所密智斷假冒伶人案】**（邑人）宋允和《蘅塘畢公傳（節錄）》：公諱所密，字退思，號蘅塘，文登人。十二峰先生孫也。父諱宿庚，以孝廉任直隸清河縣公。性敦厚直諒，遇事明敏有斷。以太學生中乾隆甲午科順天舉人。時東省逆匪王倫嘯聚臨清，州去清河密邇。公自京星夜赴清河省父，而清河土城庳陋，去賊營又近，人心惶恐。或謂公父曰：「有守土之責者，自當與城存亡。公子置身事外，宜送眷屬入都以避寇。」公泣曰：「臣事君，子事父，一理也。願佐人人守城，萬一不測，雖死無恨。」則率丁壯登陴防守，無間晝夜。及臨清賊平，清河卒無恙。未幾，公父卒於官，蕭然無長物。公扶柩旋里營葬，家計日窘，乃授經鄉里，資修脯以給。丁未大挑一等，授縣令。初署江陰縣，清節冠一時，治獄剖決如流。蒞事僅三月，即代去。民思之，呼爲畢青天云。次署靖江縣，縣有樂部人新婚即別，久之未歸。其妻以紡績致百金，其叔欲奪之，不可得。見市人有貌似其兄者，與母謀使貌似者冒爲兄歸，騙嫂金而與之分。母許之。比引入其家，嫂曰：「不似！不似！」冒者登床暱就之，嫂急控於縣，公訊焉。其母堅以爲子，其弟堅以爲兄，惟婦不以爲夫。公笑謂貌似者曰：「汝果是婦之夫乎？汝伶人也，以演劇爲業，所學何劇？我能笛，我爲汝吹，汝即爲我在公堂演唱。」因命取笛來，公又笑曰：「《賜福》一齣，粗曲也。凡爲伶者，不工他劇，未有不通此者。汝能唱，是婦屬汝矣！」公取笛吹之，其人色沮語塞，不能贊一辭。公曰：「假矣！」笞之，並笞婦叔，逐之去。堂下觀者皆大笑以爲快。（清・李祖年：《（光緒）文登縣志》卷九下一，清光緒二十三年修民國二十二年鉛印本）

## （乾隆）樂陵縣志

**【正月演劇】**歲時正月元旦，鷄初鳴，長幼皆起，陳牲牷酒，禮香楮茶菓，虔祀上下神祇，叩拜父母尊長。親戚鄉里交拜履新，互相請席，名曰「飲年茶」。五更燃爆竹、火樹，鼓吹豐登之歲，在在有之。立春前一日，官吏率士民迎春於東郊外，里人、保正扮魚樵耕讀諸戲劇，結綵爲春樓，以五辛爲春盤，飲酒簪花，啖春餅。立春日，官吏擊土牛鞭春。元霄（宵）張燈火，放花炬，酒筵樂歌，競爲歡會，凡三夜。十四日主麥，十五日主穀，十六日主豆。月明風恬者，收燈也。有風爲歉，無風爲豐，名曰「占歲燈」。兒女子以繩跳爲戲，名曰「跳百索」。十四至十六三日，男婦盛飾遊街，登城過橋，日旰始散，名「走百病」。二十五日爲填倉日，黎明羅灰末於院中，畫地作囷，置穀少許於內，爲豐登兆，名曰「打囷」，以糕祀倉神。（清・王謙益：《（乾隆）樂陵縣志》卷三，清乾隆二十七年刊本）

**【臘月儺戲】**十二月俗呼臘月。臘者獵也，因獵取獸以祭也。八日爲臘，是日雜五穀果實合而煮粥。二十三日俗傳竈君朝天，設糖果餞之，名曰「送竈」。掃屋舍不擇日，俗云無禁忌也。兒童擊鑼鼓，飾鬼面，有儺戲逐疫之遺。除夕易門神，換桃符春聯，祀天地祖先，祭品較常豐盛。長幼聚飲，謂之分歲。團爐圍坐，謂之守歲。爆竹聲遠近響振，謂之驚山猍。民間多以除日爲吉祥，百無禁忌。凡婚嫁貧不能成禮者，多於是日行之。（清・王謙益：《（乾隆）樂陵縣志》卷三，清乾隆二十七年刊本）

**【喪禮架臺作戲】**喪禮：初喪，孝子披髮跣足哭踊，設奠上食，具棺衾，三日入殮。啜稀粥，不茹蔬菜。三日內，鄉俗：第一日，傍晚具香楮，向城隍廟哭踊焚化；第二日，夜半具轎馬紙俑於家門前，向西南焚之，名曰送盤纏；三日成服，斬衰苴杖，腰絰、梁冠，設神牌，書銘旌，受親友弔唁，類尙浮屠作佛事。亦有秉禮不隨俗者，寢苫枕凷，齋素月餘；亦有持齋百日者，五七設祭，陳詞告奠；亦有逢七即奠者。孝子斬衰三年，其餘成服，輕重有差，葬無定期。延地師卜吉壤，襄事作行實，求墓誌鐫石，瘞之隧道，間立神主、題銘，葬以易。初喪所書者，先期具喪帖，遍報親知，相與醵錢爲賻或致祭題旌之禮。先期，浼有爵望者盛服對靈，伸朱絹，題亡者銜名，作綵縷懸貯之，葬時覆於棺上。比葬，先一日晚間，設祭靈。次日家祭，發引日，親友隨路設祭，曰道祭。其有設棚帳、陳盤饌者，曰坐祭。柩至墓前，先祀后土，次題神主，然後設墓祭，謂之塋祭。葬畢，捧主入廟，設奠行禮，謂之虞祭。此喪禮之大凡也。更有中人窶姓，平日醵錢爲會，有喪之家輪流分用，白衣素冠，持旛前導，號曰喪社。有紙杆旗旛會，有拜棚布幕會，其諷經禮懺，名曰作齋會。親友夜集，名曰伴坐。又曰：坐棚間有架臺作戲，觀聽雜遝，名曰暖伴。則流俗之失，而君子譏之已。（清·王謙益：《（乾隆）樂陵縣志》卷三，清乾隆二十七年刊本）

**【葬親延賓演劇】** 風者，相觀而化者也；俗者，相習而成者也。化趨於善者，難乎成；而習狃於陋者，不易絕，未可以爲然也。樂介齊、魯、燕、趙之墟，安質儉從，簡易風自古也。若夫婦女相率於市，匍匐公庭，葬親之家，延賓演劇，以爲厚禮，夸比之俗，自昔有嘆。然婚禮重親迎，紳士非公不至，猶爲不失其正。果能齊之以禮，翕然於一道，同風之世，可不易民而治。書曰：爾惟風，下民惟草。蓋良有司事哉！（清·王謙益：《（乾隆）樂陵縣志》卷三，清乾隆二十七年刊本）

**【古廟伶人亡魂作樂】** 成化間，縣城西南古堤口有古廟，一日數伶人持樂器入廟避雨，廟圮，伶人皆壓死。其後夜間進行者，常聞中作樂聲，毀其廟乃止。（清·王謙益：《（乾隆）樂陵縣志》卷八，清乾隆二十七年刊本）

## （嘉慶）禹城縣志

**【禹廟戲樓】** 禹廟，在西門內，舊祀麗譙樓上。萬曆十二年，知縣張克寬改建今地。天啓四年，知縣姚德溥重修，置祭田十五畝。……嘉慶二年，知縣程義莊修崇聖祠及戲樓。（清·董鵬翱：《（嘉慶）禹城縣志》卷四，清嘉慶十三年刻本）

**【上元張燈演劇爲樂】** 元旦昧爽，燃香燭，供牲果，禮天地神祇，拜祖先及尊長已，乃往親友家，交相拜賀。上元，張燈演劇爲樂。（清·董鵬翱：《（嘉慶）禹城縣志》卷六，清嘉慶十三年刻本）

## （道光）武城縣志續編

**【關帝廟演劇臺】** 關帝廟，在河西街北，殿宇宏敞。大門內有演劇臺、山西商人會館。（清·厲秀芳：《（道光）武城縣志續編》續卷五，清道光二十一年刻本）

【城隍廟演劇臺】清・吳士超《重修城隍廟碑記（節錄）》：邑有社稷尚已，自隋唐以來，又設城隍之神，建廟立祀。莅斯土者，朔、望展拜。一歲中清明節、七月望日、十月朔日奉神出巡於壇，以賑遊魂之無所者。載在祀典，率以爲常。……廟前面北巍然而峙者有臺，凡祈禱報賽，演劇以侑神明，其長吏之爲民請命與群黎芹曝之獻，胥藉以罄其悃忱。臺址欹圮，從眾請而作新之計，匝歲落成。（清・厲秀芳：《（道光）武城縣志續編》續卷十四，清道光二十一年刻本）

【大王廟演劇臺】清・蕭以霖《重修大王廟碑記（節錄）》：道光，歲在乙酉，冬十月，漕艘返至武城，時秋汛已逝，源微流弱。……時先配以南廂，即並北廂而崇高之。又更頭門爲演劇臺。大殿金身，敬謹裝修。四面牆宇，胥爲開闢。雖未能大肅觀瞻，似較從前稍爲增色。（清・厲秀芳：《（道光）武城縣志續編》續卷十四，清道光二十一年刻本）

## （同治）臨邑縣志

【歌謠】歌謠：農號、牧唱、鼓說、啞謎、士人雅吟、齊民淫哇。邢《志》。（清・沈淮：《（同治）臨邑縣志》卷二，清同治十三年續補刻本）

【戲劇】戲劇：面具、胡旋、甲仗、風箏、鷄毬、筑踝、百索、跳月。邢《志》。（清・沈淮：《（同治）臨邑縣志》卷二，清同治十三年續補刻本）

【泰山行宮戲樓】清・葛椒栽《重修泰山行宮碑記（節錄）》：……若戲樓，則從前所未有也。前年劉公創修之，鳩工庀材，心力俱竭者累月。演劇賽神，觀聽爲之傾倒焉。（清・沈淮：《（同治）臨邑縣志》卷十三，清同治十三年續補刻本）

## （道光）東阿縣志

【殯期盛集優伶】喪禮：……至殯期，盛集優伶，雜以角觝。墓門棚綵，干霄入雲，所費動踰千金。末俗流失，所在多有，宜申明禮制，示之準而遏其流也。（清・李賢書：《（道光）東阿縣志》卷二，清道光九年刊本民國二十三年鉛印本）

【三月二十八日祀東嶽大帝天齊廟演劇】三月二十八日，祀東嶽大帝，天齊廟演劇。遠近香客雲集，商賈因以爲市，前後七八日甫散。（清·李賢書：《（道光）東阿縣志》卷二，清道光九年刊本民國二十三年鉛印本）

**【十月十五日三官廟演劇】**十月十五日，三官廟演劇，遠近香客雲集，商賈因以爲市百物，前後半月甫散。（清·李賢書：《（道光）東阿縣志》卷二，清道光九年刊本民國二十三年鉛印本）

**【喪事徵伶演戲例有明禁】**按：司馬溫公言，上行下效謂之風，民心安定謂之俗。蓋薰陶漸漬，非一朝一夕之故也。……獨於送死一節，競事美觀。……其所竭力措辦，皆無益於化者。死而有知，徒增怨恫，仁人孝子之心安乎？今除徵伶演戲例有明禁，其餘一切，量力審禮，黜華崇實，正士君子主持風俗之要務也。（清·李賢書：《（道光）東阿縣志》卷二，清道光九年刊本民國二十三年鉛印本）

**【關帝廟戲樓】**關帝廟，在縣治東。莫詳所建始。……乾隆八年，當商梁培基等就其地改建會館，建大殿三間，抱廈三間，前爲戲樓三間，下中爲大門。（清·李賢書：《（道光）東阿縣志》卷八，清道光九年刊本民國二十三年鉛印本）

**【城隍廟戲樓】**城隍廟，在縣治東。正殿五間，東西廡各五間。前爲中門，左、右各旁門一座。中門外東西各廊房一間。東祀財神，西祀土地。外各□棚五間，前爲戲樓，樓下爲大門。（清·李賢書：《（道光）東阿縣志》卷八，清道光九年刊本民國二十三年鉛印本）

**【龍神廟戲臺】**龍神廟，在城南二里許。正殿三間，抱廈三間，東廂房三間，前大門一間，繚以周垣，外戲臺一座。（清·李賢書：《（道光）東阿縣志》卷八，清道光九年刊本民國二十三年鉛印本）

## （道光）冠縣志

**【每年二月十五日演戲報神】**仙姑塚，未詳肇自何代，迄今土阜巍然，高與屋齊。塚前有祠，創明崇禎十二年。塑仙姑像，每年二月十五日爲會期，演戲報神，香火頗盛。民國十九年毀除神像而祠宇猶存，內設初級小學。（清·梁永康：《（道光）冠縣志》卷一，清道光十年修民國二十三年補刊本）

【殯時演戲或用高蹺平臺等技】邑之冠禮，不行久矣。婚禮，搢紳家猶遵之。小民定婚，往往女大於男，甫十一二歲即娶。年不相若，易致乖離。喪禮溺於厚葬之說，多停柩不殯。殯時每演戲，或用高翹（蹺）、平臺等技，以爲觀美，恬不爲怪。至逢旱求雨，村人聚集，插柳圈爲轎，抬神沿村祈禱，惟諠譁跳躍，鑼鼓齊鳴。戲玩故事，褻瀆已極，且觀者雲集，易起爭端。種種惡習，亟宜革除。（清・梁永康：《（道光）冠縣志》卷一，清道光十年修民國二十三年補刊本）

【四月初八百戲雜陳】四月初八日，設醮泰山行宮，凡境內碧霞元君祠，咸集有會場。商賈喧闐，士女雜遝，競執香楮，進廟祈禱，謂之朝山進香。會期百戲雜陳，粉墨登場，附近男女多兢趨之。（清・梁永康：《（道光）冠縣志》卷一，清道光十年修民國二十三年補刊本）

【六月初六設醮演劇】六月初一日，食瓜菜餛飩，遍祭諸神，城鄉皆同俗，謂過小年。初六日，洗器皿，曬書籍、衣服。南關菩薩廟內藏有唐時古經四箱，計數千卷。是日，十里內外之善男信女，群來燒香曬經，并設醮演劇。（清・梁永康：《（道光）冠縣志》卷一，清道光十年修民國二十三年補刊本）

【劫匪扮盜九龍杯裝束】光緒二十五年，本境土匪常五、花貴、黃三太等聚眾數十人，四出搶掠。演劇高座，雄冠劍佩，故扮盜九龍杯裝束。時縣兵單薄，力不能制，故爾縱橫無忌。適一顯宦過直境，攜帶眷屬，爲彼輩所要刼，滿載金帛，悉掠奪之。一艷女腕佩金環，光耀奪目，匪拔之倉猝，急不得下，抽刀斷其腕取之，呼嘯而去。事上聞，牒縣緝捕。時冠縣知縣丁兆德，嚴諭捕頭李雙興限期破案，李用鉤距術，於城東胡疃村悉弋獲焉。（清・梁永康：《（道光）冠縣志》卷十，清道光十年修民國二十三年補刊本）

## （道光）重修博興縣志

【祭馬神演劇】（邑人）賈昉《剩贅錄》：雍正八年，歲次庚戌，六月二十三日，縣主姬調陽祭馬神，使人來命作對聯、題匾額，演劇。予題匾額云「傾盆」，蓋義取唐明皇取名馬四百，衣以文繡、鬃繫金鈴、步中金鼓，其作詞曲名傾盆也。誰知竟成讖語，是日大雨傾盆，至二十七日五晝夜不息。（清・周壬福：《（道光）重修博興縣志》卷十三，清道光二十年刊本）

## （光緒）惠民縣志

**【藥王廟四月二十八日演劇祭賽】**藥王廟，在縣治西南，內有十代名醫。廟後有呂祖廟。《會典》：先醫廟，每歲春秋二仲上甲致祭，正位列三皇，左右四配兩廡名醫二十八人。按：各郡、縣所祀，互有不同。謹載之，一示定制。邑人於四月二十八日演劇祭賽，作會三日。府、縣各官亦順輿情前往拈香。（清·沈世銓：《（光緒）惠民縣志》卷十，清光緒二十五年柳堂校補刻本）

**【泰山行宮三月初八日演劇作會】**泰山行宮，在府治東，舊察院基。道光四年知府恩特亨額刱建。碧霞元君行宮也。太守恩公以禱雨靈應，立廟祀之。各官相沿，朔、望行香。邑人於三月初八日演劇作會，香火之盛，與藥王廟同。（清·沈世銓：《（光緒）惠民縣志》卷十，清光緒二十五年柳堂校補刻本）

**【賓興優樂】**賓興：賓興之禮，先期遣人請優等生員。賓興至日，堂下設優樂，儀門內搭龍門，伶人執桂花以俟。禮房報諸生到齊，知縣升堂，吉服，東北隅坐，禮生唱，諸生上堂，行四拜禮，受二拜，免二拜。諸生列坐，領批者同諸生出席獻爵，免。知縣使人與諸生斟酒，諸生出席謝免。宴時，報馬三報喜兆，散給諸生花紅，諸生謝免。宴畢一揖，由龍門各折桂花先赴文廟，立戟門外。知縣至，率諸生入廟行辭廟禮。畢，諸生遂行，知縣回署。（清·沈世銓：《（光緒）惠民縣志》卷十一，清光緒二十五年柳堂校補刻本）

**【民團盤據關帝廟演劇飲宴】**咸豐十一年，守武郡以考院爲公廳。時髮逆鴟張，民團蜂起。王九者，清河無賴子，不逞之徒推爲團長。盤據郡城關帝廟，演劇飲宴，招集鹽梟宋林等倚爲聲援，目無法紀。（清·沈世銓：《（光緒）惠民縣志》卷十八，清光緒二十五年柳堂校補刻本）

**【北泊秧歌詩】**北泊秧歌：莫歎年年悮正供，自將田器教村農。綠雲堆裏行秧馬，流水聲中走竹龍。足弄翻車歌踏踏，腰懸畫鼓響鼕鼕。阿儂久有歸耕意，風景江南此地逢。（清·沈世銓：《（光緒）惠民縣志》卷三十，清光緒二十五年柳堂校補刻本）

**【六月初九城隍夫人誕日演劇】**城隍夫人，相傳白姓，於六月初九日誕日。是日土人演劇作會。邑內百姓來進香者，道人謂夫人母族，倍加敬禮。城隍有夫人，且有姓，土俗相沿，亦莫知所由來矣。（清·沈世銓：《（光緒）惠民

縣志》卷末「雜記」，清光緒二十五年柳堂校補刻本）

【北泊秧歌】北泊秧歌。八方寺窪，向爲積水之區。北人不解種稻，一經水潦，視若石田，邑令沈世銓親製水車，教民栽種。每當綠雲遍野，畫鼓連村，謳歌聲與桔槔相應，江南風景具見於斯。（清・沈世銓：《（光緒）惠民縣志》卷末「雜記」，清光緒二十五年柳堂校補刻本）

## （光緒）霑化縣志

【王典斷蛙獄】王典，字克從，號愼齋。由監生任兵馬司指揮，不畏權貴，擿伏如神。有河南軍役至京，夜盜斷其首。典召其婦，問與夫同來者，趣召之，曰：「盜若婦復殺其夫耶？」其人駭愕服罪。一日出行河上，蛙迎馬首，百千群沸，典異之，曰：「冤聲也。」視水有屍，旁遺利刃，急捕之，獲殺人者衣，汙血尚鮮也。都人演劇，傳聞禁中權璫馮保所狎閹周瑜殺人，保爲行千金求釋，竟謝遣之，論殺瑜。保大慚恚，賴上悉其斷蛙獄，保挾毒不得行。長安女子詭言不食，鬨動市人。佞閹以兩宮向道，將延入宮。典曰：「此上仙，莫市廛溷也。」逆而閉諸靜室，戒舍人謹伺之。三日後與飯，則盡斗矣，群疑乃消。歷陞蘇州同知，擒太湖劇賊袁良。織造局太監橫恣，典裁以法。蒞蘇十四年，上官倚信如左右手，吏民畏懷。蘇人比諸況鍾，歌曰：「儂庾朽，況太守；儂莫苦，王少府。」（清・聯印：《（光緒）霑化縣志》卷七，民國二十年手鈔稿本）

## （乾隆）東明縣志

【劉晏詠王大娘戴竿】唐劉晏。玄宗御勤政樓，大張樂，羅列百伎。時教坊有王大娘者，善戴百尺竿。竿上施木山，狀瀛洲、方丈，令小兒持絳節出入於其間，歌舞不輟。是時，劉晏以神童爲秘書正字，年方十歲，形狀獰劣而聰悟過人。玄宗召於樓中簾下，貴妃置於膝上，爲施粉黛，與之巾櫛。玄宗問晏曰：「爲正字，正得幾字？」晏曰：「天下字皆正，惟朋字未正得。」貴妃復令詠王大娘戴竿，晏應聲曰：「樓前百戲競爭新，惟有長竿妙入神。誰謂綺羅翻有力，猶自嫌輕更著人。」玄宗與貴妃、諸嬪御歡笑移時，聲聞於外，因命以牙笏及黃文袍賜之。（清・儲元昇：《（乾隆）東明縣志》卷七，清乾隆二十一年刊本）

【再祭蜾蠃大將軍暨虮蜡廟諸神文】螽斯薨薨，黔首愴忙。爰恭明神，祈誅孽蝗。神不我吐，信宿別翔。巡驗茁苗，何遽齧傷。幸無大菑，荷神降祥。詎蝗雖遠，未殄厥疆。民遵舊典，演劇載禳。蝗飛不到，村氓陽陽。迺召優工，穆卜以颺。用洽神歡，和氣滋良。閱今三日，神在洋洋。載成邑乘，載集耆商。僉報明末，邑苦蝻殃。當事俎君，設位致觴。名號將軍，蜾蠃煌煌。維神居歆，來格來嘗。以赫厥靈，黑蜂載揚。齧蝻入土，悉化蜂行。三宿蝻盡，蜂亦飄亡。神護茲土，歷用降康。頃觀隴畝，復被噬戕。亦既易種，蝻不丕昌。憂心如惔，中夜徬徨。念人曷制，維神克防。禦災捍患，載祀孔彰。虔恭爾奠，率由舊章。犧牲粢盛，敬告肅莊。籲諸神聖，其佑此方。冀我將軍，亟奮騰驤。蝻乎發生，立顯折殤。螟螣蟊賊，俾悉仆僵。百穀函活，乃求千箱。席庇神庥，詎敢忽忘。（清·儲元昇：《（乾隆）東明縣志》卷八下，清乾隆二十一年刊本）

## （道光）鉅野縣志

【城隍廟戲樓】城隍廟，縣治內西北隅。明洪武乙酉間建，隆慶辛未重修。正廟五間，寢廟三間，聯以川廊，中奉本郡城隍之神。東、西兩廊各五間，中爲拜亭，甬道前爲戲樓，兩廊南左土地祠、右廣生祠，外爲大門三間，左、右角門各一間，繚以周垣。大門前爲彰善癉惡坊，傍列旗臺，左、右各一，前爲照壁。（清·黄維翰：《（道光）鉅野縣志》卷八，清道光二十六年續修刻本）

【鉅野城南豐樂亭】清·邱克承《豐樂亭記》：鉅野縣城南五十里，有金山，秦王避暑洞在焉。山上多廟宇，而碧霞元君一祠，層巖疊嶂間，位置肅然，俯視一切。其中更爲靈爽，有禱必應。遠邇士女，各齎瓣香，祈默佑者，四時不絕。惟至暮春望日，爲元君誕辰，無論本鄉、他省，皆齋肅竭誠，不憚千百里之遙，驅車策馬，接踵而至。其山下設帳列肆，聚四方之貨財，互相交易，聲聞遠近。惟時，風光佳麗，桃李成蹊，士人携手而遨遊，婦女比肩而憩息，盈山徧野，一望無際。若此者凡三日，甚盛觀也。且於是日，每集梨園子弟演劇慶祝，此方耆老請爲捐貲鳩工，築歌臺於祠下。既落成，乞余顏額，余名之曰「豐樂臺」，蓋取時和年豐、神人共樂之意也。夫山水之神，非有關於出雲興雨、裨益政教者，不在祀典。今余觀金山居縣城之巽方，城之四面平蕪，惟此方雄峙一邑，鍾英毓秀，大野人文之盛皆係乎此，又豈徒有裨於政教已哉？余將於公餘邀同紳士講射讀法於此山之下，俾耆老扶杖而觀、少者環堵而集，成喜色，相告曰：「五穀皆已豐登，四民皆已和樂」。則觀斯臺也，余竊有厚幸焉。是爲記。康熙三十四年立。（清・黄維翰：《（道光）鉅野縣志》卷十八，清道光二十六年續修刻本）

**【文昌閣演劇樓】**（邑廩生）卞敦本《重修金山文昌閣記（節錄）》：世皆謂帝君聲靈赫奕，顯福報於文章，而不知其輔元開化。所以司科名而掌祿籍者，則以文章爲標、忠孝爲本。……邑明經魏君鈐、監生王君悅峰、解君峻等協力續修。適魏君鈐遽歸道山，而其弟幹與悅峰之喆嗣名璘洎諸位同人醵金董理，以經其事。門牆宮閣，視昔加隆。□奎樓、塾房、山椒廟、觀稼亭、演劇樓，亦皆次第落成。且解君峻等又植栢樹數株以資庇蔭而壯觀瞻，此固合兩世之擘畫、萃十餘稔之經營而後能成此鉅觀也。（清・黄維翰：《（道光）鉅野縣志》卷十八，清道光二十六年續修刻本）

**【正月間各集場多演戲雜耍】**是日，市肆不張，工商輟業，聚談嬉遊，交相娛樂。半月之內，設饌招飲，名曰「春酒」。正月間，各集場多演戲雜耍，慶賀神廟。（清・黄維翰：《（道光）鉅野縣志》卷二十三，清道光二十六年續修刻本）

**【元宵通衢演戲】**元宵，比戶張燈，祭天地、神祇、祖先，與元旦同。通衢演戲，點花爆煙火，紮鞦韆，架棚懸燈，辦演各般故事戲耍，謂之鬧元宵。（清・黄維翰：《（道光）鉅野縣志》卷二十三，清道光二十六年續修刻本）

**【不可喪事演劇飲客】**至於演劇飲客，忘哀作樂，主喪者既陷十惡之條，而廁席者亦失不飽之義，尤大不可。嗣後，唁弔之客，一茶便行，即喪家挽留，竟可不辭而去。始而弔客皆不肯坐席，繼而喪家亦竟可不備席，久之而酒席之費，便可永除矣。（清・黄維翰：《（道光）鉅野縣志》卷二十三，清道光二十六年續修刻本）

## （光緒）新修菏澤縣志

**【栗大王廟演劇臺】**清・趙新《栗大王廟碑記（節錄）》（代丁宮保作）：河神之號大王者四，曰「謝」、曰「黄」、曰「朱」，獨栗恭勤公無專廟，豫省亦然。自鄆城侯工化身示異，屢著靈貺。菏澤賈莊工鉅事難，仰荷神佑，有非尋常意料所及者。功成，馳請立專廟，以隆報享。得諭旨，檄胡令堃經營相度，鳩工庀材，建於大壩之南。正殿三楹，東西廡翼焉。繚以周垣，臺其

門便演劇也。於孟冬同各廟一律告成。（清·凌壽柏：《（光緒）新修菏澤縣志》卷十七下，清光緒十一年刻本）

# 河　南

## （康熙）新鄭縣志

**【呼優演劇祀祝融】**鄭爲祝融故墟，故俗極重火神。春正二月、秋八九月，家必禋祀，以禳火災。無問城市鄉集，必呼優演劇，歌舞侑觴。魯人獵較，雖極嚴飭，弗能革也。（清・朱廷獻：《（康熙）新鄭縣志》卷二，清康熙三十二年刊本）

## （乾隆）登封縣志

**【城隍廟演劇樓】**（城隍廟）在縣治西。大殿三間，前爲捲棚，後爲寢殿，左、右兩廊共三十六間。甬道周圍置石欄，再前爲演劇樓，爲儀門，爲東西兩角門。門外西爲瘟神殿，東爲鐘樓。二門三間，障以照壁。再南則大門。明正統間，知縣趙興重修。康熙三十三年，知縣張聖誥重修。雍正元年，知縣楊世達重修。（清・陸繼蕚：《（乾隆）登封縣志》卷十，清乾隆五十二年刊本）

## （乾隆）嵩縣志

**【山鄉演劇酬神】**其祭祀，士夫故家皆廟祀先祖，時節獻新之禮不廢。庶民頗忽拎祀先，恪事外神，山鄉尤甚。演劇酧神，猶春秋祈報之意。然賀雨賀晴，又疊舉無節。至冬春農隙歛錢結社，百十爲群，遠赴武當、華嶽，名曰「進香」。至有山鄉孤村男遠出、女居守者，流俗相沿，若必不可已也。（清・康基淵：《（乾隆）嵩縣志》卷九，清乾隆三十二年刊本）

## （道光）伊陽縣志

【俗尚酧神演戲】俗尚酧神演戲，二月二日、四月八日爲大會，貨物輳集，村鎮之人畢至城市。此無益靡費，宜從儉約。（清・張道超：《（道光）伊陽縣志》卷一，清道光十八年刊本）

【元宵演神戲爲賽社】元宵掛過街燈，演神戲爲賽社。十六夜，老幼俱出過橋，名走百病。（清・張道超：《（道光）伊陽縣志》卷一，清道光十八年刊本）

【喪葬召優伶演劇】喪葬之家，親友吊唁，居然召優伶演劇，名曰「鬧喪」。大乖名教，殊堪痛恨。（清・張道超：《（道光）伊陽縣志》卷一，清道光十八年刊本）

【衰絰中延頸戲場】素衣冠而與晏會已非。乃斬焉，在衰絰中白衣白冠，延頸戲場，尤爲可怪。是在詩書仕宦之家，閉門讀禮爲之表率，此風庶可衰息。（清・張道超：《（道光）伊陽縣志》卷一，清道光十八年刊本）

## （光緒）宜陽縣志

【元宵演劇】十五日夜，元宵佳節。鼓吹演劇，點花燈，放花炮，街明如晝。粧扮故事，兒童喧笑，士女閑遊，爲之鬧元霄（宵）。俗用米磨粉，加豆芽菜煮粥，曰「打茶」。又添豆麵作燈盞，蒸熟，燃同油燭。糯米丸元宵，甘美可食。城鄉鐃鼓喧闐，聲同雷震，有古儺之遺意焉。至二十三日，合家食元宵節所遺米粉、豆麵、打茶、蒸燈。兒童歌云：「正月二十三，打茶熘燈盞，老幼食之保平安。」（清・謝應起：《（光緒）宜陽縣志》卷六，清光緒七年刊本）

【四月十五日祭城隍演劇】四月麥秋清和節，初八日浴佛會。十五日祭城隍，商販如雲。街市農器山集，逞鬬繁華，占年豐嗇。同日演劇者，不止七八處所也。（清・謝應起：《（光緒）宜陽縣志》卷六，清光緒七年刊本）

【中秋笙管嗷嘈通宵歡樂】八月十五日中秋節，獻月餅，陳時菓。韻士賞月賦詩，酣歌飲酒，笙管嗷嘈，通宵歡樂，所謂金吾不禁者是也。（清・謝應起：《（光緒）宜陽縣志》卷六，清光緒七年刊本）

【村中夜戲因風而輟演】胡喜孫，順里坡底人。生員大士子。家貧好施。年二十讀書古廟，有一姥乞丐爲生，寄廟檐下。一日聞檐外呻吟聲，視之則姥擁敗絮臥病。自是喜每飯歸，袖餅餽之，或飲以湯水。姥病見瘥，謂喜曰：「王孫憐我，甚可感也。今將別矣，德不敢忘。吾家有世藏秘笈一冊，囊之襟袋有年矣，敢以相贈。」遂去。喜取展讀，則硃書符籙也。由是知休咎，善隱身法，能役使鬼神。……然喜跡涉詭異，爲人除疾，不取財賄，不索酒食，人以是服其清介。喜平生無匹雛力，遇方丈巨石，咒之，一拳而碎。嘗在北山見洛河行舟，曰：「吾能使之不得前。」即作法，船果洄漩不前。船上舵工取刀斫船頭者。三喜見取刀，急取大石戴之，石立碎。村中夜演劇，燈已燃矣。鄰人約喜偕往，喜曰：「今夜有風，不能觀也。」鄰人不聽。及至，大風起，西北沙石俱飛，燈皆撲滅，劇竟未演。（清・謝應起：《（光緒）宜陽縣志》卷八，清光緒七年刊本）

【三月連昌盛會開】清・張恕《宜陽縣竹枝詞十二首（之九）》：三月連昌盛會開，萬花爭豔鼓鐃催。聞聲驀地齊翹首，雲擁飛仙閣上來。福昌閣爲連昌宮故址，每歲上巳，遠近會集於此。擇姣好小兒，衣以彩服，扮演故事。鑿几設機，擎小兒於上，舁之遊戲，俗名擡垛。（清・謝應起：《（光緒）宜陽縣志》卷十四，清光緒七年刊本）

編者案：實爲二十首。

【重修城隍廟舞樓碑記】（楚北）龔文明《重修城隍廟舞樓碑記》：宜城中街有城隍廟，威靈顯赫，爲一邑保障。內有舞樓一座，重修於道光十二年前典史張君仲烈，今已四十餘年，失修矣。光緒三年春三月，明來攝捕篆，時和獄簡，人民熙熙，常於廟樓演劇，以答神庥。維時，明父迎養在署間，或往觀，因見棟宇無色，牆壁將傾，恐致坍塌，曾諭明設法倡修以壯觀瞻。明謹志之，而力有未逮焉。厥後，歲遭旱荒，莠民滋事，疊蒙上憲籌撥銀穀，曉諭勸捐，按戶賑濟。明襄理賑捐，緝挐匪類，日在四鄉梭巡，朝夕不遑，又未暇及。四年五月，陡被烈風摧折，修更難緩。適年歲轉稔，遂於五年二月間，面稟酒紫雲堂臺，邀集紳董孝廉、陳一經、封職張東銘、監生于鳳儀、胡光祖、胡金鼎諸君勘估集捐，庀材鳩工，擇吉重建。閱兩月而工竣，輝煌丹雘，輪奐一新。固不敢邀福於神明，而事既告成，竊幸克體親心於萬一耳。爰將捐戶姓名及需用木料各數目，刊刻碑陰，以垂永久云。（清・謝應起：《（光緒）宜陽縣志》卷十四，清光緒七年刊本）

編者案：同書卷七謂：「龔文明，號煥章，監生，湖北襄陽縣人，光緒三年三月署（典史）。」

## （嘉慶）濬縣志

**【立春前一日陳傀儡百戲】**立春前一日，知縣率僚屬迎春於東郊。土人陳傀儡百戲，鼓樂前導。農人競驗土牛之色以卜雨暘。是日多竹爆聲。上元爲燈節，先期試燈，至期放燈。剪采錯金，爲鳥、獸、蟲、魚之形，羅列巷陌，謂之燈市。揉米粉爲團曰元宵，以相饋遺，即范石湖所謂浮圓子也。十六日，男子結侶遊戲，謂之走百病。祀火神，遊人更眾，雜遝衢路間。（清・熊象階：《（嘉慶）濬縣志》卷五，清嘉慶六年刊本）

**【文昌閣戲樓】**文昌閣。……曾、馬《合志》：知縣梁通洛重修並建戲樓。（清・熊象階：《（嘉慶）濬縣志》卷六，清嘉慶六年刊本）

**【賓興禮演劇】**《府志》：《周禮・地官・大司徒》：「以鄉三物教萬民，而賓興之。」後□三年大比，行賓興禮，蓋其遺意。按今大比之年，先試期一月，知縣擇吉具啓，延致應□諸生。屆期，公堂設宴演黎□。架彩橋於中門外，諸生至□□縣，行四拜禮，與廣文三揖。即席，知縣命送酒演劇，席前三報。酒三巡，筵畢，諸生簪花披紅由彩橋出，知縣祖送郊外，禮畢。（清・熊象階：《（嘉慶）濬縣志》卷七，清嘉慶六年刊本）

**【內伶爲戲】**陳鉞爲兵部尙書。上嘗曲宴，而內伶爲戲者以貴人裝，兩手各操金鉞，恣睢前。問：「何人？」曰：「汪太監。」「所持何物？」曰：「兩鉞耳。不仗此，不能一步。」（清・熊象階：《（嘉慶）濬縣志》卷二十一，清嘉慶六年刊本）

**【唐故滎陽鄭府君夫人博陵崔氏合祔墓誌銘】**《唐故滎陽鄭府君夫人博陵崔氏合祔墓誌銘并序》（存）

正書在西門外大王廟壁間，又一碑在大伾山玉皇殿，石少小，俱存。

給事郎試太常寺奉禮郎攝衛州司法參軍秦貫□（小本作「譔」）。

鄭之先自周皇封舅之地也，因而氏焉。則派五流，深源一。至是，以滎陽之望得爲首冠，其下公侯□（小本作「接」）武，臺衡繼跡，雕軒繡軸之榮，羽蓋朱幡之盛，由魯史記迄於唐春秋，實鄭氏爲衣冠之泉（小本作「藪」）也。高祖世斌，皇左司郎中，磁、隰二州刺史，新鄭縣開國男，食邑三百戶。曾祖元嘉，皇新都長水縣令，襲封新鄭縣開國男。祖有常，皇吏部常選，襲爵新鄭縣開國男。烈考探賢，皇魏州昌樂、朝城、莘縣令。府君諱恒（小本作「遇」），字□□，皇試太常寺協律郎，文業著於當時，禮義飾於儒行。少有倜儻之志，長負環（小本作「擅懷」）之名，不苟譽以求容，每親仁以□□，爲中外模範，成（小本作）友朋宗師。樂善孜孜，不愠知鮮；量苞江瀆，氣合風雲，今之古人。人雖上出（小本作「士」），神不優德，配壽胡差，先夫人之亡，蓋世一霜也，享年六十。夫人博陵崔氏，令門清族，慶餘承善；四德兼備，六親雍和。仁讓得於天眞，慈惠立於素尚。母儀內則，動靜可師；禮行詩風，進止成法。雖婕妤女史，大家經教，承之於諷習，推之於行源者，亦異代殊人，其歸一旨。未亡之歎，孀齡杳然，玉沒何先，蘭然（小本作「凋」）遽至，以大中九年正月十七日病終於淇澳之私第，享年七十有六。以大中十二年二月廿七日合祔於先塋之側。其鄉里原隰之號，載於舊記，此闕而不書。女一人，適范陽盧損之。嗣子六人，長曰頊，攝汲縣丞，知縣事，早亡；次曰珮，早亡；次曰瑾，次曰玘，次曰璩，次曰琬，咸繼遺芳，克修至行，銜哀茹毒，追攀罔極。將營護窆，泣□（小本作「告」）於業文者，爲之銘云：

□（小本作「仕」）門雙美兮，令德咸芳；

甲族齊茂兮，英華克彰；

允文武兮，□□（小本作「書劍」）名揚；

蘊儀度兮，閨門譽長；

珠沈玉沒兮，人誰靡傷；

□□□（小本作「桂殞蘭」）凋兮，共泣摧香；

垂修名兮，允謂不亡；

傳盛事□（小本作「兮」），多□□□（小本作「載弥光」）；

聽悲風兮，松韻連崗；（以下缺小本作）

刻貞石兮，永志元堂。（清・熊象階：《（嘉慶）濬縣志》「濬縣金石錄」卷上，清嘉慶六年刊本）

**【讀崔鶯鶯墓誌後】**《容臺集》：昔年見一書，載崔鶯鶯有子七人。客有言鳳皇一將九子者，余以爲喻，然其書不知所出。今日讀鄭恒爲崔夫人埋誌，子六人，曰頊、珮、瑾、玘、璿、琬；女一人，適盧損，字行甫。崔七十有六而合葬。此碑成化間出於舊魏縣廢塚，古之淇澳也。碑立於大中十二年，當以《會眞記》歲月參考之。《古文品外錄》：此誌瘞諸土中者久矣。自皇明成化間，黎人得諸廢塚。塚居邑之西北五十里，曰舊魏縣，蓋古之淇澳也。乃鬻之崔氏，爲中亭香案石，又若干年而莫知之。尋得其家，有胥吏名吉者識之，遂白於邑長吏邢公，邢置之邑治而其跡始著。崔氏鶯鶯一辱於元微之《會眞記》，再辱於伶工，戲狎褻侮越數百載，而後爲崔氏一洗冰玉之恥，故拈出之。（清·熊象階：《（嘉慶）濬縣志》「濬縣金石錄」卷上，清嘉慶六年刊本）

【**題崔鄭墓誌後**】《澣餘草·題崔鄭墓誌後》：此誌世傳以爲鄭恒、崔鶯鶯同穴之驗，吾鄉董元宰、陳眉公兩先生皆未深考，亦復傳訛語，具《古文品外集》、《容臺集》中。余至濬訪得原刻，初猶以諛墓薄之。眉山黃稚恭，好古士也，共余以《會眞》年月參之，此碑則崔夫人者，計其生平尙長雙文四歲，然後一破此惑。黃君謂博陵、滎陽世爲婚媾，何必鶯、恒，斯論篤矣。而余復謂鄭君姓名本傳不載，豈實甫、漢卿輩其言反足徵信耶？況鄭又諱遇，不諱恒也。第此碑入地千餘年而始出，出又百餘年，而余兩人爲之辯其誣。文之行世，固有幸有不幸哉？陳氏吳炎《曠園雜志》：唐鄭恒暨夫人崔氏鶯鶯合袝墓，在淇水之西北五十里，曰舊魏縣，蓋古之淇澳也。明成化間，淇水橫溢，土崩石出，秦給事貫所籑誌銘在焉。犁人得之，鬻諸崔氏，爲中亭香案石。久之尋得，其家有胥吏名吉者識之，遂白於縣令邢某，置之邑治。誌中盛稱夫人四德咸□，乃一辱於元微之《會眞記》，再辱於王實甫□□□《西□記》，歷久而誌銘顯，出爲崔氏洗冰玉之恥，亦奇矣。或傳此誌銘，又於康熙初年崔氏見夢於臨清州守，守往學官，自穢土中清出。夫臨清與淇邑道里遼遠，何以墓石又在臨清耶？姑存以備考。（清·熊象階：《（嘉慶）濬縣志》「濬縣金石錄」卷上，清嘉慶六年刊本）

【**崔鄭墓誌辨**】《中州金石記》：鄭恒崔夫人合葬墓誌，大中十二年二月立，秦貫撰。正書在濬縣。碑云：高祖世斌，皇左司郎中，磁、隰二州刺史，新鄭縣開國男；曾祖元嘉，皇新鄭、長水縣令，襲封新鄭縣開國男。按：《宰相世系表》：鄭氏有世武左司郎中。子元嘉，長水令，頗與碑合。碑下云：祖有常，烈考探賢。府君諱恒，子曰「瓊」、曰「謹」、曰「玘」、曰「璩」、曰「琬」。此《世系表》所無。《世系表》又有恒爲守忠之子，在前數十格，不知何故。又云「鄭之先周皇封舅之地」，且至以「皇」爲「王」；「負環奇之名」，以「環」爲「壞」，大謬，即後人僞爲之，亦必有舊文可据，何爲若此。又一碑文字，悉同。府君諱恒，「恒」字作「遇」，恐後人得鄭遇碑改爲鄭恒以衒世者。二碑俱在濬縣。《曠園集》誌云：鄭恒暨夫人崔氏合葬墓，在淇水之西北五十里。成化間淇水横溢，土崩石出，秦給事貫所纂誌銘在焉。犁人得之，鬻諸崔氏，爲中亭香案石。久之尋得，其家有胥吏名吉者識之，遂白於縣令邢某置之邑治。或傳此誌銘又於康熙初年崔氏見夢於臨清州守，守往學宮，自穢土中清出。据此，則碑不識何時移至濬縣。臨清之說，尤屬傳譌，不足信也。（清・熊象階：《(嘉慶）濬縣志》「濬縣金石錄」卷上，清嘉慶六年刊本）

**【崔鄭墓誌辨訛】**按：二碑小字者，似貭人得鄭遇碑僞作一大字鄭恒，□以惑人耳。豈有文同名異，一時頓出兩碑之理？張忠穆《澣餘草》辨之，修《濬志》遂不載入碑文。云卒於淇澳私第，祔於光塋，不知何所，故余於陵墓亦不載焉。不入辨訛者，人人知其訛，則不必辨矣。（清・熊象階：《(嘉慶）濬縣志》「濬縣金石錄」卷上，清嘉慶六年刊本）

## （道光）武陟縣志

**【元宵有飛杆舞絙之戲】**正旦親友拜賀，元宵張鐙設宴。……富豪之家，亦放煙火，銀花散飛，觀者如堵。以至兒童扮演故事，擊鼓鳴鑼，雜遝喧囂，或歌或舞。間有飛杆舞絙之戲，來自遠方，然民間亦知禁令，過而不留也。（清・王榮陛：《(道光）武陟縣志》卷十，清道光九年刊本）

**【喪事飲酒觀劇】**三年之喪，必三十六月始釋，其敢於忘先聖之禮、背國家之制，荒謬甚矣。然猶曰愚人盡孝，不嫌過厚。及考其所爲，則婚娶、應試、飲酒、觀劇，與常人無異，獨此白衣素履，則必待三十六月而始除，是誠何心哉？（清・王榮陛：《(道光）武陟縣志》卷十，清道光九年刊本）

**【普寧觀演劇樓】**普寧觀，在二鋪營。明萬曆時建，國朝乾隆五十三年重脩，有河督李公亨特《碑記》。《記》曰：……正殿以祀北方元帝，左右二殿分祀三仙、四聖，東西兩廂廣生、司瘟諸神。又建齋宿、更衣之廳凡六間，附諸其側山門内，翼以鐘鼓兩樓。山門外建演劇樓一、東西坊門二。敬題額曰「普寧觀」。（清・王榮陛：《(道

光）武陟縣志》卷十九，清道光九年刊本）

**【李燿嗜學不喜觀劇】**李燿，字子昭，自幼嗜學，已補博士弟子員。族父朝議大夫如蘭甚器重之，康熙己酉春，招延入城，肄業。每演劇置酒，召燿與座。燿意不自得，居數旬，遂謝歸。（清·王榮陛：《（道光）武陟縣志》卷二十六，清道光九年刊本）

## （光緒）靈寶縣志

**【十月演劇報賽】**十月初一日，祭祖先，焚紙帛，謂之送寒衣。十日，祀牛王、馬王。越日演劇并祀各神，互相酌飲，謂之報賽。（清·周淦：《（光緒）靈寶縣志》卷三，清光緒二年刊本）

## （咸豐）淅川廳志

**【關帝廟演劇樓】**關帝廟有二，一在北門外。明萬曆二十九年知縣錢淛建，三十一年重修。邑人史學千加修、撰碑。三十三年，邑紳彭凌霄又加修，撰碑。康熙十二年，知縣張國用修，五十九年知縣崔錫重修。一在城內廳治西。明成化間建，萬曆間修。崇禎十六年，流寇李自成屠城，廟燬。順治初年，知縣馮爾遲率士民客商重建。康熙四十四年，同知何錫爵、王娗，知縣魏重輪修。乾隆元年，同知、知縣黃廷佀重修。十一年，同知王穆、知縣李林創建崇聖殿。二十四年，同知佟世虎重修。三十一年，同知謝昌言、知縣沈文亨於廟內建財神殿。四十九年，同知楊廷芳、羅楯，知縣許耀廷重修，加建拜殿前軒，圍牆門戶，增飾演劇樓，大門口神馬一，大門外石獅二。嘉慶十一年，山陝商人拆修正殿，高於前者二尺，基高於前者三尺。後殿拜殿山門、戲樓、圍牆，一律修整，作爲山陝會館。至道光三十年，同知崔燾因商賈雜遝，褻瀆神靈，飭令會館他徙，遂爲關廟如初。（清·徐光第：《（咸豐）淅川廳志》卷一，清咸豐十年刊本）

**【城隍廟演劇樓】**城隍廟在廳治西，周圍共池基七畝一分三釐五毫。明成化九年，知縣武文建，隆慶四年，知縣陳柏重修。明末傾圮，我朝順治十一年知縣盧敏莪、十六年知縣鄭廷才重建。乾隆十三年，同知王穆、知縣汪文在、李林建大門三間，有左右角門。中係二十四年同知佟世虎、知縣支廣德、賈克昌重修，計演劇樓東西廊房各十四間。（清·徐光第：《（咸豐）淅川

廳志》卷一，清咸豐十年刊本）

【賓興】每大比之歲，七月初旬，本廳預結奎樓、架彩橋，卜吉具啓，延致貢、監生員。至期，諸生詣廳堂酌酒，如送學儀。具鼓樂，由中門送至明倫堂，廳官親舉觴，酌科試首名。謂之貢比。依次命酌諸生畢，各即席。廳官西向，教官東向，諸生依次東、西列坐，作樂侑食。畢，各官送諸生出東郊，登彩橋，優人簪花，諸生揖謝而退。（清・徐光第：《（咸豐）淅川廳志》卷二，清咸豐十年刊本）

## （康熙）商邱縣志

【蔡挺寓意詞曲】（蔡）挺，字子政。第進士，調處州推官。後歷數州，俱有善政。擢陝西轉運副使，進直龍圖閣，知慶州。夏人大入，挺盡斂邊戶入保，戒諸軍無輕出戰。又多伏強弩，壕外飛矢貫其鎧，敵人驚擾潰去。熙寧五年，拜樞密副使。帝問挺涇原訓兵之法，召部將按於崇政殿。帝善之，下爲諸部法。尋以疾罷。爲資政殿學士，判南京留司御史臺。卒，贈工部尙書，謚敏肅。挺在渭久，鬱鬱不自聊，寓意詞曲，有玉關人老之嘆。優伶歌之，達於禁掖，神宗愍焉，遂有樞密之拜云。（清・劉德昌：《（康熙）商邱縣志》卷八，民國二十一年石印本）

編者案：個別缺字據清人王士俊《（雍正）河南通志》（清文淵閣四庫全書本）卷五十八補。

【御史余珹禁演劇】余珹，字洪崖，萬曆丙辰進士，授中書舍人。天啓改元，擢御史。會三案議起，璫燄漸熾，南京大理寺丞王命新、寧夏撫臣郭之宗皆璫私人，珹劾罷之。巡視南城，禁演劇。朝士有用以置酒者，亦召珹，珹至，麾役收伶人徑去，四坐悚然。權璫出私人，羅織異己者，珹輒捕之，復上章言「清狐鼠，嚴請託」。璫益不能堪，思有以中珹而未發。珹鑒一時璫錮之禍甚烈，曰：「人方含沙，而我授以影，可乎？無益，徒亂人國耳。」絕一切交際宴會，落落孤行。即其里人至，亦不具一杯。璫無所捃拾而去，乃命珹出按滇。時水西、東烏交叛，道梗。又沙普土司搆難，日尋干戈，而沐黔公尤怙勢不法。珹由劍闊渡瀘閒道西行。檄下水西、東烏，諭以天子威德，二酋皆束戈受約。召沙普，平其宿怨，亦稽首謝罪。惟黔國冥行罔覺。先輦金賂珹，珹不受；遣刺客刺珹，不中；又於通衢疊石爲坊而伏機於下。將殺珹，珹抵坊下，心動，疾驅輿人過，而機發石下，中一輿人，死。珹曰：「吾天子法吏也，知行吾法而已。」擒其將之尤横者，榜殺之。黔國益怒，集部下，將裹甲而殺珹，遂以反。其母固止之，不聽。母曰：「若既不可回，飲我卮酒三，用壯爾膽。」飲之，立死，蓋酖也。珹還朝，熹宗崩，懷宗立。襲黔公者愬珹殺前公，上下其事於滇撫。滇人交章訟故黔國不法事而直珹，上意乃釋，上亦由是知珹。未幾，有巡漕之命，復按山右，奉特旨巡視九邊。九邊諸帥皆股栗曰：「是不爲黔公屈者也！」累遷兵部左侍郎，恊理戎政。壬午，天下益亂，以珹爲南兵部尚書。陛見奏陳方略甚悉，上頷之。而宜興相有所請，不遂，惡珹。未幾，以到官失期，免珹。著有《西臺諫草》若干卷。甲申之變，北向稽首，哭而焚之曰：「老臣不忍以空言取名後世，而彰先朝之失策也。」南遁閩橋，後歸，鬱鬱不自得，卒於戊子歲。（清·劉德昌：《（康熙）商邱縣志》卷八，民國二十一年石印本）

**【悍僧樂妓恃藩府殺人】**沈瀚，字東之，成化甲辰進士，授西安府推官。有悍僧樂妓恃藩府殺人，憲臣莫敢問，瀚執寘於法。歷禮部主事員外，出知建甯府。（清·劉德昌：《（康熙）商邱縣志》卷九，民國二十一年石印本）

編者案：個別缺字據明代過庭訓《本朝分省人物考》（明天啓刻本）卷八十九補。

**【宋森雅好園林聲伎】**宋森，字干木，貢生。性至孝，八歲而孤，哀毀踰成人。寇亂，躬負母渡河，得脱於險。事母誠敬，四十年如一日。母歿，森已五十餘，猶作孺子啼。森平生慷慨任事，急人之難甚於己。雅好園林聲伎，而治家嚴肅，門庭秩然。年八十五卒。（清·劉德昌：《（康熙）商邱縣志》卷十，民國二十一年石印本）

**【宋家伎樂】**清·劉德昌《二賢祠碑（節錄）》：鄉先生歿而祭於社，古禮也。後世則建祠宇以祀之。孔門之通「六藝」者七十二人，而宋有其二，原子、司馬子是已。道以孔氏爲極，通其藝者即通其道者也。……或謂：「宋君故巨室，其尊人明經翁爲相國介弟、中丞季父，負材幹，饒智略，雖隱居不仕而品望崇重，鄉邦仰之如高山鉅谷。平生豪舉，蓄伎樂，廣苑囿，歌鐘甲第，甲於一郡。今宋君出其翁貲之百一，即足以興曠典而博義聲，無難也。」（清·劉德昌：《（康熙）商邱縣志》志卷十六，民國二十一年石印本）

## （康熙）上蔡縣志

【知縣楊廷望禁戲文】夫靖盜，源在清保甲，人人而知之，誠古今良法也。然中州之盜，有保甲所不能清者。第一聚盜之場，莫如赶會一事。兩河風土，自秋成以後，冬月以至新春三、四月間，無處不以唱戲爲事，其中爲害不可勝言，請備陳之。凡不逞之徒，欲有所爲，亦必群謀密計，再四偵探而後出。然鎮店村落，平居無事，而忽有一人焉，家聚來歷不明之人，什伍成群，勢必驚人耳目。地方隣佑，豈肯默默處此？惟有會場之中，高臺扮戲，雜劇備陳，於是四方奸宄群焉，聚集莫可稽查。白晝則飲酒賭博，黑夜則打村刼舍，奸淫擄掠，無所不至。是以凡唱戲之處，無有不以失盜告者。每拿獲匪類，口供無不稱以赶會聚者。且若輩以殺人爲兒戲、視財帛如泥沙，輕裘駿馬，馳騁炫耀，稍有相犯，立遭屠毒，里鄰側目，親戚畏懼。少壯愚民，血氣方剛，胸無定見，覩此行徑，無不嘖嘖稱羨，恒以不得與於斯會爲耻。況每一會所費金錢，盈千累百，豪強因之射利，貧民典鬻衣資。男女雜沓，舉國若狂，風俗之偷，莫甚於此。卑職目擊心傷，力爲嚴禁，一切清戲、囉腔，盡行驅逐。各鄉村鎮，有十人以上無故聚飲者，著約地立拿懲責，一年之內幸得稍爲寧靜。然蔡地彈丸，東西南北所轄不過百里，凡境以外之社會戲場，又不知其凡幾。伏乞憲臺，通行申飭，無論祀神報賽，總不得扮戲演劇。一鄉之中，除婚喪而外，有十人無故相聚者，必舉以報；有三人以上燒香結盟者，必置以法。知此，則奸徒既無駐足之所，地方自獲昇平之福矣。（清・楊廷望：《（康熙）上蔡縣志》卷一，清康熙二十九年刊本）

【上蔡書院規條】一、矗胥鄉地，不得假稱上司過往，暫□驛舍郵亭。間有官司借寓、遊客及宴賓演戲者，院長婉辭。至於鄉紳衿士借院設席，及閒人擅入坐臥騷擾者，輕則院長面斥，重則鳴公。（清・楊廷望：《（康熙）上蔡縣志》卷二，清康熙二十九年刊本）

【帝欲以伶人爲禮尚書】張珪，字公端，淮陽王弘範子也。年十六攝管軍萬戶，佩父虎符，鎮建康。……仁宗嗣位，太后用陰陽家言，命即位隆福宮。珪言：「大明殿，天子正朝，不當以禨祥小數失大體。」移仗大明殿，禮成，解所御衣金帶賜之。進平章政事。帝欲以伶人爲禮尚書，珪力諫曰：「宗伯禮官，令伶人爲之，何以示後？」命得寢。時鐵木迭兒怙太后寵橫恣，珪劾之。皇太后怒，與帝如上都，方度居庸關，潛召珪切責，杖之創甚。輿

歸京師，明日出國門去。（清·楊廷望：《（康熙）上蔡縣志》卷九，清康熙二十九年刊本）